中国刑事审判制度的近代嬗变：
基于南京国民政府时期的考察

Transition of China's Criminal Justice System in Modern History:
Based on the Period of Nanjing National Government Investigation

谢冬慧　著

图书在版编目(CIP)数据

中国刑事审判制度的近代嬗变:基于南京国民政府时期的考察/谢冬慧 著.—北京:北京大学出版社,2012.8
（国家社会科学基金后期资助项目）
ISBN 978-7-301-21020-8

Ⅰ.①中… Ⅱ.①谢… Ⅲ.①刑事诉讼-审判-司法制度-研究-中国-民国 Ⅳ.①D929.6

中国版本图书馆 CIP 数据核字(2012)第 170503 号

书　　　名：中国刑事审判制度的近代嬗变——基于南京国民政府时期的考察
著作责任者：谢冬慧　著
责 任 编 辑：李燕芬
标 准 书 号：ISBN 978-7-301-21020-8/D·3148
出 版 发 行：北京大学出版社
地　　　址：北京市海淀区成府路205号　100871
网　　　址：http://www.pup.cn　电子信箱：law@pup.pku.edu.cn
电　　　话：邮购部 62752015　发行部 62750672　编辑部 62752027
　　　　　　出版部 62754962
印　　刷　者：北京宏伟双华印刷有限公司
经　　销　者：新华书店
　　　　　　730 毫米×1020 毫米　16 开本　16.75 印张　296 千字
　　　　　　2012 年 8 月第 1 版　2012 年 8 月第 1 次印刷
定　　　价：36.00 元

未经许可，不得以任何方式复制或抄袭本书之部分或全部内容。
版权所有，侵权必究
举报电话：010-62752024　电子信箱：fd@pup.pku.edu.cn

国家社科基金后期资助项目
出版说明

后期资助项目是国家社科基金设立的一类重要项目,旨在鼓励广大社科研究者潜心治学,支持基础研究多出优秀成果。它是经过严格评审,从接近完成的科研成果中遴选立项的。为扩大后期资助项目的影响,更好地推动学术发展,促进成果转化,全国哲学社会科学规划办公室按照"统一设计、统一标识、统一版式、形成系列"的总体要求,组织出版国家社科基金后期资助项目成果。

全国哲学社会科学规划办公室

目录 | Contents

第一章　绪论 / 1

1　　一、南京国民政府刑事审判制度的历史沿革
6　　二、南京国民政府刑事审判制度的研究现状
14　　三、本书的研究方法

第二章　南京国民政府时期的刑事审判政策 / 17

18　　一、总刑事政策：刑事审判的指导思想
38　　二、基本刑事政策：刑事审判的基本原则
54　　三、具体刑事政策：非常时期的"从重从快"

第三章　南京国民政府时期刑事审判的法律依据 / 58

58　　一、宪法及其相关规定
60　　二、刑法及其相关法律
68　　三、刑事诉讼法及其相关法律
72　　四、其他规定

第四章　南京国民政府时期刑事审判的机构组织 / 78

78　　一、刑事审判机构的设置
81　　二、刑事审判机构的类型
94　　三、刑事审级制度的变化

99 | 四、刑事审判组织的配备

第五章 南京国民政府时期刑事审判的主要制度 / 104

104 | 一、刑事管辖制度
112 | 二、刑事回避制度
116 | 三、刑事证据制度
127 | 四、刑事羁押制度

第六章 南京国民政府时期刑事审判的一般程序规范 / 134

134 | 一、刑事诉讼程序概说
138 | 二、一般程序规范解析

第七章 南京国民政府时期刑事审判的特别程序规范 / 172

172 | 一、刑事审判特别程序的理论
174 | 二、特别刑事审判程序的类别
188 | 三、简易程序规范
194 | 四、刑事附带民事程序
199 | 五、巡回审判程序
202 | 六、刑事裁判的执行

第八章 南京国民政府时期刑事审判的监督机制 / 212

212 | 一、审判监督的理论基础
214 | 二、刑事审判监督的体系
227 | 三、刑事审判监督的意义

第九章 南京国民政府时期刑事审判制度的成就与不足 / 233

233 | 一、南京国民政府时期刑事审判制度的特点
240 | 二、南京国民政府时期刑事审判制度的价值
247 | 三、南京国民政府时期刑事审判制度的不足

参考文献 / 255

后记 / 262

第一章 绪　　论

随着人类社会的衍生,刑事审判制度开始萌芽、产生乃至发展、发达。自然,在人类发展的不同历史时期,刑事审判制度呈现不同的样态及价值。南京国民政府作为近代中国一段特殊的历史时期,它的刑事审判制度应然和实然的状态如何？有什么价值？

一、南京国民政府刑事审判制度的历史沿革

"刑事者,即关于犯罪惩罚之事项也。"[①]而"刑事审判是由国家专门机构主导进行的刑事诉讼活动的重要组成部分。在这一重要诉讼阶段上,受追诉者的刑事责任问题要得到最终的确定,法院要对被告人是否有罪问题作出权威的裁决。"[②]由此,刑事审判制度是国家专门机构主导刑事诉讼活动,追诉刑事责任规则的总和。南京国民政府时期,刑事审判制度作为国家制度的重要组成部分,无不打上了时代的烙印,它是特定历史的产物,其历史沿革是我们今天研究它的必要环节。

(一) 中国刑事审判制度的近代转型

我国古代无专门系统的刑事审判制度可言,直至近代,从戊戌变法以后,开始引进西方司法理论和诉讼模式,实行法律变革,中国的刑事审判与民事审判逐渐开始分离,专门的刑事审判得以诞生。因此从本质上看,近代中国刑事审判制度的演进过程也就是从传统审判制度向现代审判制度的转型过程。也即传统中国固有的建立在传统社会、政治、经济条件下的以中华法律文明为基础的刑事审判制度,向近现代法治文明环境下的刑事审判制度转变。

中国近代的刑事审判制度肇始于清末新政,历经南京临时政府、北洋政府、南京国民政府的进一步发展,形成了一整套较为完善的刑事审判制度。这种转型可以追溯至清末光绪皇帝的政治改革那里。1902 年,光绪帝下诏决定

---

① 刘澄清:《中国刑事诉讼法精义》(上册),刘澄清律师事务所 1948 年版,第 1 页。
② 陈瑞华:《刑事审判原理论》,北京大学出版社 1997 年版,第 2 页。

修订律例是中国法制近代化的起点。1904年,修订法律馆成立,沈家本与伍廷芳主持开展修订法律工作。1905年,随着日俄战争的结束,中国鉴于日本立宪而强的史实,动议官制改革,由此拉开了近代司法审判制度改革的序幕。1906年,光绪上谕,"刑部改为法部,专任司法,大理寺改为大理院,专掌审判"。紧接着颁行《法院编制法》、《大理院审判编制法》与《各级审判厅试办章程》等多项法律,其中《大理院审判编制法》是中国近代法制史上第一个正式颁行的采用近代法院编制的法律,也是清廷为更改司法审判制度而公布的第一部法律文件。

更为重要的是,《大理院审判编制法》确立了实行民事诉讼和刑事诉讼分别审理的制度,该法第3条规定:"自大理院以下,各审判厅、局均分民事、刑事二类为审判事。"这是我国第一次从法律上明定实行刑事案件和民事案件分别审理的新型审判制度。在此后的1910年颁布的《法院编制法》①及《各级审判厅试办章程》都是以《大理院审判编制法》为蓝本制定的。《法院编制法》的第一章即规定民刑诉讼及军法审判分理,而《各级审判厅试办章程》兼具法院组织法和刑事民事诉讼法两方面的主要内容,是清朝唯一付诸施行的具有近代资产阶级程序法特征的审判法规,以后还被北洋政府长期采用。因此,有人评价《大理院审判编制法》,认为:"该法在很大程度上采用了近代的司法制度,展现了从封建司法制度向近代司法制度的转变,从组织形式上比旧律前进了一步。"②它所开启的刑事与民事诉讼分离的制度,无疑奠定了近现代司法审判的基础。民国建立之后,基本上沿袭了清末法制改革的方向。

《法院编制法》及《各级审判厅试办章程》出台后,部门法领域积极回应,其中刑事审判所必需的《大清新刑律》③与《大清刑事诉讼律草案》④相继出台。尽管这一年清末帝制的退出而使刑律及刑事诉讼法草案未能颁行,但它

---

① 《法院编制法》吸收了外国先进的司法制度和诉讼程序,对民事案件、刑事案件、非诉案件进行了区分,并且正式承认了律师代理和辩护制度,独立的检察制度也趋于健全。
② 李光灿:《中国刑法通史》(第8分册),辽宁大学出版社1987年版,第88—90页。
③ 《大清新刑律》是在1910年12月颁布的。作为中国历史上第一部单纯的刑法典,同时也是一部半殖民地半封建性质的刑法典。《大清新刑律》体例上完全仿效西方资本主义国家的刑法典,分为"总则"和"分则"两编。《大清新刑律》采取了资本主义国家"罪刑法定"原则;在刑罚制度上,以自由刑为中心的资本主义近代刑罚制度,规定由主刑和从刑构成,主刑包括死刑、无期徒刑、有期徒刑、拘役、罚金五种,从刑包括掠夺公权和没收两种。此外,还有缓刑、假释制度。
④ 1911年1月24日,《大清刑事诉讼律草案》编成奏呈朝廷。该草案是由清末修律大臣沈家本主持,在日本刑法学家冈田朝太郎的帮助下,经过三年的努力,模仿日本1890年刑事诉讼法而编成的,共分6编15章514条。虽说是在1906年刑事民事诉讼法草案基础上修订的,但内容已大大地增加,规定得比后者更详细周密了。在篇章结构上,该草案基本上采用了近代资产阶级的诉讼制度。在内容上,以审判为中心,没有诉讼阶段的区分,对程序法制的现代化产生了深远的影响。

仍为民国时期刑事审判制度的制定奠定了基础。南京临时政府除了吸收西方的一些宪法原则和对清末法律的部分援用外,当时还无暇顾及包括刑事诉讼法在内的各个部门法的修订。① 北洋军阀和国民政府统治时期,在《大清新刑律》及《大清刑事诉讼律草案》的基础上,继续依照德国、日本的法律模式,先后于1912年4月制定了《暂行新刑律》,1914年制定了《暂行新刑事诉讼法》;1921年修改而成的《刑事诉讼条例》是我国历史上第一部在全国颁布施行的刑事诉讼法。并且名称上从刑律到刑事诉讼条例,体现了立法的时代性和科学性。国民政府又于1928年制定了《刑法》与《刑事诉讼法》,稍后又修改和颁布了1935年《刑法》和《刑事诉讼法》。在法典名称上,刑事诉讼法作为刑事审判制度更加的科学化。诚如学者所言,以法相称,展现了中国审判法制从律到法的变化轨迹和事物发展从低到高的演进规律。② 此时,刑事审判制度的近代转型基本走向成熟,当然其中所经历的过程是极其复杂和曲折的。

南京临时政府成立时,内务部曾宣布:"前清政府颁布之一切法令,非经民国政府声明继续有效者,应失其效力。"到了1912年3月,"南北议和"已达成协议。3月10日袁世凯在北京宣布就任民国临时大总统,立即通电宣称:"暂行授用前清法律及暂行新刑律"。4月3日,参议院开会议决,《新刑律》及《刑事诉讼律草案》,"除与民主国体抵触之处,应行废止外,其余均准暂时适用"。清末法律未及实施,即发生政权更迭;临时政府存时短暂,来不及制定新法,所以大量援用前清制度。

到了北洋政府时期,再遇政局动荡,法制变革一度受阻。但是,历史潮流不可逆转,在当时世界政治格局之下,中国领土丧失、领事裁判权被剥夺,政治岌岌可危,法制变革已经成为中国任何统治者的必然追求。面对西方列强施压中国改良法制的要求,虽然北洋政府初期南北对峙,但是南北政府各自都颁行了刑事审判制度,以维护各自统治的需要。因此,"北洋政府时期,虽然军阀混战,政局动荡,但是清末开启的法律近代化事业并没有中断,北洋政府将清末的各项法典以及法典草案进一步完善,为后来南京政府完成六法体系奠定了基础。"③ 不过,北洋政府的立法工作,继续沿着清末修律所确定的航标前进。④ 北洋政府以清末1910年完成的《刑事诉讼律草案》为蓝本,由

---

① 李春雷:《中国近代刑事诉讼制度变革研究(1895—1928)》,北京大学出版社2004年版,第65页。
② 郭成伟:《清末民初刑诉法典化研究》,中国人民公安大学出版社2006年版,第304—305页。
③ 张晋藩:《中国民法通史》,福建人民出版社2003年版,第1143页。
④ 郭成伟:《清末民初刑诉法典化研究》,中国人民公安大学出版社2006年版,第274页。

修订法律馆着手制定刑事诉讼法典。编成后,由北洋政府于 1921 年 11 月以教令公布,定名为《刑事诉讼条例》,并明令于 1922 年 7 月 1 日施行。

北洋政府在编订和公布《刑事诉讼条例》之际,广州军政府也对前清刑事诉讼律进行修改。删改与《临时约法》和现行法令有抵触的条款,于 1921 年 3 月以《刑事诉讼律》的名义公布,这是我国有正式施行的独立的刑事诉讼法典的开始,但是该法仅在西南各省施行。这样在 1921 年中,南北两个政府各自颁布一个刑事诉讼法典,并在不同地区施行。一定程度上反映了当时法令不统一的状态,与政治上的局面相一致。此外,北洋政府还公布了《地方审判厅刑事简易庭暂行规则》、《县知事审理诉讼暂行章程》以及《县知事兼理司法业务暂行条例》等地方刑事案件适用法律,作为当时建立各级司法机关的法律依据。除普通刑事案件的程序法律之外,北洋政府还制定了《陆军审判条例》、《海军审判条例》以及《审理无领事裁判权国人民民刑诉讼章程》等特殊刑事案件审判适用规则。

(二) 国民政府的刑事审判制度

广州、武汉国民政府开始虽然反对北洋军阀的统治,但对于刑事案件的处理,基本上仍依据北洋军阀政府所颁行的《暂行新刑律》及《刑事诉讼律》,除了他们认为和革命原则有抵触的条文以外。后来,武汉国民政府在"司法改革"中,还明确宣布废除北洋军阀政府炮制的《暂行新刑律补充条例》、取消《暂行新刑律》中有关禁止集会结社和对同盟罢工治罪的条款,并且明令废除北洋军阀政府的《惩治盗匪法》等。

南京国民政府建立之初,一度沿用北洋政府时期的《暂行新刑律》。后在北洋政府改定第二次草案的基础上,国民政府制定了《中华民国刑法》,于 1928 年 3 月 10 日公布,7 月 1 日施行。此后,又于 1931 年开始修订刑法,1935 年 1 月 1 日国民政府公布了新的《中华民国刑法》,共包括总则和分则两部分,总则 12 章 99 条,分则 35 章 258 条,共计 47 章 357 条。这次修正,主要变化是:原来刑法多采用"客观主义",即重视犯罪事实,主要以犯罪造成后果的大小为科刑的依据,而修改后则多采用"主观主义",即强调犯刑者在犯罪行为中所表现出的恶性及社会危险性,以犯罪者主观恶性的大小为科刑的依据;这次修正主要以"参酌最近外国立法例"。① 的确,1935 年之《刑事诉讼法》,乃是在 1928 年《刑事诉讼法》的基础上增删而成,基本上仍与日本

---

① 详见《立法院公报》民国 23 年 10 月。

大正十一年之刑事诉讼法立法例相似。①

整个南京国民政府时期,刑事审判立法发生了一系列变化。从1927年4月到1937年6月,是国民政府立法的主要时期。在这一时期,国民政府在刑事立法方面主要是编制刑法典和刑事诉讼法典,制定某些十分"急用"的刑事特别法。而从1937年7月到1946年10月,在抗日战争时期和蒋介石集团发动新的全面内战的时期,国民政府的刑事审判制度也随着当时的形势以及刑法的变化而变化。总的趋势是继续沿着法西斯化的方向发展,越来越反动。② 首先,国民政府于1937年12月公布了《戡乱时期危害国家紧急治罪条例》,与此相配合,国民政府又于1948年4月公布了《特种刑事法庭组织条例》和《特种刑事法庭审判条例》。

随着刑事审判立法的发展,带来具体刑事审判制度的变化,对此,我国学者张培田和张华做过考察,认为国民政府执掌政权后,先后于1927年和1933年两次大规模修改《刑事诉讼法》。通过修改,国民政府时期的刑事审判制度出现了以下变化③:(1)军事审判与普通审判分别进行。(2)严格审判管辖,除内乱、外患及妨碍国交罪外,其余案件归地方法院一审受理,同时取消一审管辖争议的指定管辖和合并管辖的旧制。地域管辖不明的,可实行指定管辖。(3)增加法官在紧急情况下于管辖区域外执行职务的特例。(4)改上级法院决定推事回避的规定为该法院院长裁定推事回避的申请。(5)增设法院为无辩护之当事人指定公设辩护人的制度。(6)明确审判中延长羁押的权限不得超过3次。(7)增加法庭审理刑事案件准备程序的制度。(8)对检察官决定不起诉自诉或当事人重复起诉案件,特许法官裁决不予受理;不得提起自诉的,法官须裁定驳回;已经受理的,除告诉乃论或请求乃论的,法官应裁定不予撤诉;对不到庭的自诉人,法庭可以拘提。(9)法院对科以拘役和专科罚金以下的案件,可以径行判决;简易程序只能适用于徒刑6个月以下或拘役及单科罚金的案件。(10)被告上诉,不加重处刑;上诉违反法院命令的,上诉法院可以驳回上诉。(11)增加法院刑事判决中有关适用保安处分和训诫处分的内容。(12)详加补充对刑事附带民事诉讼的审理制度。

---

① 陈健民:《中国台湾地区刑事诉讼制度之变革与前瞻》,四川大学2003年博士学位论文,第4页。
② 李光灿:《中国刑法通史》(第8分册),辽宁大学出版社1987年版,第315—316页。
③ 张培田、张华:《近现代中国审判检察制度的演变》,中国政法大学出版社2004年版,第43—44页。

刑事审判制度是刑事诉讼法制的中枢,密集了许多重要的理论问题。①西方的诉讼理论将审判视为法院解决特定争议各方之间利益争端的国家活动。我国刑事诉讼法专家陈瑞华认为,刑事审判是由国家专门机构主导进行的刑事诉讼活动的重要组成部分。与民事审判不同的是,刑事审判不是对所谓诉讼主体之间的权利、义务或责任作出分配和确定的活动,而主要是对国家追诉机构提请裁断的被告人刑事责任问题作出权威判定的活动。现代刑事审判制度建立在国家追诉主义理论基础之上,检察机关代表国家行使刑事追诉权,并有权发动刑事审判程序。②

在刑事诉讼中,案件一般要经过侦查、起诉和审判三大阶段才能得到处理,但只有审判才是对案件从实体上作出最终处理的关键阶段。美国学者富勒曾对审判作出过深刻的论述:"使审判区别于其他秩序形成原理的内在特征在于,承认那些将要受到审判所做决定直接影响的人能够通过一种特殊的形式参加审判,即承认他们为了得到有利于自己的决定而提出证据并进行理性的说服和辩论。"③对刑事诉讼的研究,主要以审判为核心,南京国民政府的刑事审判制度是民国时期发展较为成熟、且具有代表性的刑事法律。

总之,具有现代意义的刑事审判制度,产生于前清颁行的《各级审判厅试办章程》。其后,中国的刑事审判制度又经过了五次大的改进和变迁:一是清末聘请日本法学专家起草《大清刑事民事诉讼律草案》,并未颁行,至民国元年以后,先后经旧司法部呈准援用;二是1921年11月北洋政府颁布《刑事诉讼条例》,适用范围从东三省特别区域到广东军政府乃至全国;三是1928年7月28日,国民政府重颁刑事诉讼法,于同年9月1日施行,此为国民政府的旧刑事诉讼法;四是1935年1月1日,国民政府颁布《刑事诉讼法》,于同年7月1日施行,此为新《刑事诉讼法》,也是适用时间最长的国民政府《刑事诉讼法》;五是1945年抗战胜利后,国民政府重新修订了1935年《刑事诉讼法》,于1945年12月26日颁行。

二、南京国民政府刑事审判制度的研究现状

在法律制度的学术研究上,刑事审判制度并非陌生的领域,绵延数千年的古代历史长河中,刑事审判制度几乎代表了法律的全部,因此成为学人关

---

① 宋世杰:《刑事审判制度研究》,中国法制出版社2005年版,第3页。
② 参考《刑事审判原理论》,北京大学出版社1997年版,第1页。
③ Lon L. Fuller, The Forms and Limits of Adjudication, in American Court Systerm, 1978 by H. Freman&Company.

注的重心。相形之下,新中国成立后的国民政府时期刑事审判制度研究则显得有些冷清,然而,国民政府时期的制度设计曾经达到了旧中国立法水平的顶峰,因此,国民政府刑事审判制度值得研究。

(一) 国内研究

我国对国民政府刑事审判制度的研究,总体上与这一时期刑事审判制度的发展是相应的,它作为刑事诉讼法学的重要组成部分,其研究成果颇丰。有学者做过总结:"20 世纪初,在引入西方刑事诉讼法学成果,对中国传统司法体制进行改造的基础上诞生了中国近代刑事诉讼法。"① 作为一门独立的法律学科,刑事诉讼法学在 20 世纪 20 至 40 年代得到了初步发展,中国法律学者对现代刑事诉讼制度中的一系列理论和实践问题均进行了研究和探索,刑事诉讼法学的理论体系得以初步建立。② 具体说来,有以下几点:

1. 当时的研究

国民政府时期的刑事审判研究是非常投入和有成效的,以致在 20 世纪 40 年代,中国的刑事诉讼法学得以初步形成一个较为完整的理论体系。当时的学者围绕国民政府《刑事诉讼法》的制定和修正,对刑事审判制度进行了大量的探讨,仅专著就出了几十本,如下表:

国民政府时期刑事诉讼法著作、译著和教材主要书目表③

书名	著者、译者	出版社	时间
刑事诉讼法新论	朱采真	上海世界书局	1929 年
刑事诉讼法通义	陈谨昆	北平朝阳学院出版社	1930 年
刑事诉讼法释义	戴修攒	上海法学编译社	1930 年
非讼事件程序法	邵勋	北平朝阳大学	1931 年
刑事诉讼法要义	周定枚	上海法学书局	1934 年
刑事诉讼法	孙绍康	上海商务印书馆	1935 年
刑事诉讼法论	康焕栋	上海会文堂新记书局	1942 年
强制执行法	余觉	上海商务印书馆	1944 年
刑事诉讼法释疑	夏勤	北平朝阳学院	1944 年
刑事诉讼法教程	蔡枢衡	河北第一监狱	1947 年
强制执行法释义	韦步青	上海大东书局	1948 年

这里主要是理论性的专著,例如,夏勤的《刑事诉讼法释疑》曾被誉为当时"法学界公认之权威著作",该书于 1944 年在重庆首次出版,后经过多次再

---

① 陈瑞华:《二十世纪中国之刑事诉讼法学》,载《中外法学》1997 年第 6 期。
② 同上。
③ 何勤华:《中国近代刑事诉讼法学的诞生与成长》,载《政法论坛》2004 年第 1 期。

版,影响很大,其编辑体例仿德国李斯特《刑法问题集》,除对条文进行释义以外,还列有疑难问题和解答。夏勤的《刑事诉讼法要论》也是当时刑事审判方面的名著,该书中论述了一系列刑事诉讼法的概念,包括刑事诉讼阶段、刑事诉讼法律关系、刑事诉讼条件、刑事诉讼方式、刑事诉讼之主义、诉讼主体和诉讼行为。而蔡枢衡的《刑事诉讼法教程》一书尽管名为"教程",实际上却是一部长期被人忽略的刑事诉讼法学专著。该书是1947年出版的中国刑事诉讼法学初步发展时期的一部极为重要的著作,除了理论性的专著以外,国民政府时期出版了较多应用性的参考书,如朱鸿达编的《刑事审判实务》①、东吴大学法学院主编的《刑事审判实务讲义》②、陈纲编著的《刑事审检实务》③及殷吉杰等编的《民刑裁判大全》④。

论文方面,学术界与法律教育界利用各种刊物,发表了众多的刑事诉讼法研究论文,何勤华教授做过统计,其中,国民政府时期主要的刑事诉讼法论文有⑤:

作者	文章题目	期刊	出版年
邵勋	关于证人能力问题	《法律评论》第199期	1927
曾勉	法国司法制度大纲	《中大季刊》第1卷第4期	1927
曹树钧	中国周代陪审制度之研究	《法律评论》第232期	1927
燕树棠	苏俄的司法制度	《现代评论》第7卷第167期	1928
杜鸿藻	检察制度刍议	《法律评论》第6卷18—19期	1929
翁赞年	论现行承发吏制度	《法律评论》第6卷第49期	1929
王宠惠	二十五年来中国之司法	《中华法学杂志》第1卷第1期	1930
钱泰	上海特区法院成立之回顾	《中华法学杂志》第1卷第3期	1930
谭比辉	日本司法视察谈	《法学丛刊》第1卷第5期	1930
吴昆吾	上海法租界中国法院之设置	《时事月报》第5卷第3期	1931
董其鸣	证据学在法学中的地位与发展	《中华法学杂志》第3卷第8期	1932
吴绂微	中国司法制度的改造	《东方杂志》第33卷第7号	1936
刘肇福	论检察制度	《法制月刊》第1卷	1941
罗志渊	人身保护状制研究	《政治季刊》第5卷第1—2合刊	1947

---

① 该书由上海世界书局1934年8月初版,共3编,包括诉讼用纸、裁判及诉状格式。凡法院、检察官制作笔录、填写函片,以及缄案卷等均有详细说明。
② 该书由上海编者1934年出版,包括侦查、起诉、审理、裁判等内容。
③ 该书由正中书局1943年12月初版,审检实务指审判和检察实务的合称,编者据自己听讼的经验,参考研究《吕刑》的心得及古今刑法精神,汇集当时的判例解释编成。分上下编。上为检察实务,包括检察官、侦查、起诉及不起诉、陈述及辩论、上诉及答辩、裁判的执行6章;下为审判实务,包括审判机关、审判、裁判等7章。
④ 由上海法学编译社1933年10月初版、1937年3月4再版,该书收录国民政府省、县两级法院民、刑审判中各种类型的判决书、裁决书,供当时各级法院审判之参考,所引用的法律有1921年北洋政府公布的《民事诉讼条例》和国民政府1928年公布的《刑事诉讼法》及《刑法》。
⑤ 参照何勤华:《中国近代刑事诉讼法学的诞生与成长》,载《政法论坛》2004年第1期。

总体上,20 世纪 20 至 40 年代的中国刑事审判研究是深入的,涌现了夏勤、陈瑾昆、蔡枢衡等著名学者,成果颇丰,水平上说法不一。何勤华认为,中国近代刑事诉讼法学的诞生与成长,深受日本刑事诉讼法学的影响。在理论深度和研究方法上,都带有比较幼稚的痕迹。比如,在理论深度上,一是条文注释性著作比较多,理论问题研究比较少;二是对各国的司法制度以及刑事诉讼程序的介绍比较多,而对其中的问题进行深入研究的比较少;三是对近代刑事诉讼法中的一些重要课题,如辩护律师的诉讼地位和参与时间问题,强制措施的性质、体系和种类问题,证据制度问题,死刑复核与刑事申诉程序问题,审判监督问题等专项研究的成果不多。① 但是,学术研究也是受时代条件限制的,不能用今天的标准来苛求前人。

2. 新中国成立后的研究

(1) 大陆的研究

新中国成立后,大陆进入了全面批判国民政府法制的时期,根本谈不上研究。1949 年 2 月,中共中央在新中国成立前就发布了《关于废除国民党六法全书与确定解放区司法原则的指示》,指出:"国民党全部法律是保护地主和买办官僚资产阶级反动统治的工具,是镇压和束缚广大群众的武器,应该彻底废除,以人民的新的法律做依据。"1949 年 9 月,第一届全国政协会议通过的《共同纲领》明确规定:"废除国民党反动政府的一切法律、法令和司法制度,制定保护人民的法律、法令,建立人民司法制度。""在这一思想指导下,一场以改革旧的司法机构,反对旧法观点、旧法作风为主要内容的司法改革运动,在全国范围内开展起来。"②因此,在废除国民党六法全书,批判国民党旧法统的背景下,中国大陆除了批判旧法观点外,有关国民政府刑事审判的研究几乎是空白。这样,经过 20 世纪 20 至 40 年代 30 余年积累起来的学术传统、理论体系和研究方法,从 40 年代末期开始在中国大陆遭到抛弃,而只在台湾地区得到继承和发展。③

直到十一届三中全会以后,大陆才出版了一些国民政府时期的史料性著作,如自 1981 年开始,中国第二历史档案馆修订出版《中华民国史档案资料汇编》和《中华民国史档案资料丛刊》两套大型资料。1982 年始,中华书局陆续出版了《孙中山全集》;1985 年由荣孟源主编、光明日报社出版的《中国国民党历次代表大会及中央全会资料》,同年,由中共中央党校党史教研室编、中共中央党校出版社出版的《中国国民党文献选编》;1986 年由查建瑜编、湖

---

① 何勤华:《中国近代刑事诉讼法学的诞生与成长》,载《政法论坛》2004 年第 1 期。
② 陈光中:《刑事诉讼法学五十年》,警官教育出版社 1999 年版,第 4 页。
③ 参见陈瑞华:《刑事诉讼的前沿问题》,中国人民大学出版社 2000 年版,第 26 页。

南人民出版社出版的《国民党改组派资料选编》；1989年由罗福惠等编、华中师大出版社出版的《居正文集》；1991年中国第二历史档案馆再版了《中华民国史档案资料汇编》，1993年南京大学出版社出版了《中华民国史史料长编》。这些档案资料涉及国民党党政军决策运作等许多重要综合性史料，是研究事审判制度背景的第一手材料。1995年由刘寿林、万仁元等编、中华书局出版的《民国职官表》，1997年由季啸风、沈友益主编、广西师大出版社出版的《中华民国史史料外编》，通过它们可以了解南京国民政府刑事审判制度的设计者及其背景资料。继这些史料性成果问世后，大陆逐渐兴起了国民政府政治制度的学术研究，有关刑事审判制度研究也开始起步。

首先，发表了几篇论文：何勤华《中国近代刑事诉讼法学的诞生与成长》、陈瑞华《二十世纪中国之刑事诉讼法学》、刘敏教授的《传统与现代性：南京国民政府刑事诉讼模式论略》(《法制现代化研究》1997年卷)①，蒋秋明研究员的《南京国民政府刑事自诉制度述论》(《南京社会科学》2010年第11期)②等，主要以刑事诉讼法学和单一刑诉制度为研究对象，论述的是刑事诉讼法学的学科成长及单一刑诉制度的理论问题。另有学者赵秉志与王新清在文章《关于两岸刑事诉讼法的比较研究(上)》(《法治论丛》1993年第6期)中谈台湾现行刑事诉讼法典的渊源时，自然涉及了南京国民政府的刑事审判制度，主要介绍了1928年《刑事诉讼法》。③ 这些文章从微观层面触及到南京国民政府刑事审判制度的主题，但不够系统全面。

其次，出版了相关著作，其中直接涉及南京国民政府刑事审判内容的著作是张培田、张华合著的《近现代中国审判检察制度的演变》④、赵金康的《南

---

① 该文指出南京国民政府的刑事诉讼在形式上选择了近现代大陆法系的职权主义模式，它的确立及其价值取向的选择具有丰富的理论渊源。
② 该文对国民政府刑事诉讼中自诉制度的渊源及问题进行了分析，认为国民政府虽然厉行自诉制度，但对于自诉制度的完善却无所为。不仅带来严重的滥诉现象，而且造成司法资源的无谓虚耗。
③ 该文指出1928年国民政府司法部在北洋军阀政府制定的《刑事诉讼条例》基础上，拟定了《刑事诉讼法(草案)》，同年7月28日由国民政府司法行政部在参酌"近今世界各国立法精神及国民党司法机关经验"的基础上，拟具了"修正刑事诉讼法草案"，交行政院转立法院审议通过。1935年1月1日，国民政府颁布该刑事诉讼法，并于同年7月1日施行。这部刑事诉讼法典共计九编，516条。该法颁布后，在1945年、1967年、1968年和1982年，分别作了4次修改，修正了共计13条。
④ 本书于2004年5月由中国政法大学出版社出版，它系统地研究了我国近现代审判检察制度的演变。作者按清末、民国、根据地人民民主政权及新中国的时间脉络，详细地介绍了有关各个时期的民、刑、行等方面的审判与检察制度。特别是通过展现新中国成立后，审判检察制度的发展，表明"有法可依、有法必依"的重要性与必要性。在建构与完善的基础上，提出改革的方向与目标，即学习、借鉴古今中外审判检察制度的精华，结合中国国情，完善我国审判检察制度。

京国民政府法制理论设计及其运作》①,遗憾的是,这两部著作中仅用几百字的篇幅阐述了南京国民政府刑事诉讼法的制定修改过程,其他方面未见详述。李春雷的《中国近代刑事诉讼制度变革研究(1895—1928)》,"对中国近代刑事诉讼制度的变革做了一个远景化、立体式的勾勒,向我们揭示了这一变革的艰辛历程与丰富内容。"②该书是作为中国近代刑事诉讼制度研究新领域的论著,偏重于考察清末及北洋政府时期的内容,对于南京国民政府时期则并无涉及。另外,郭成伟教授的《清末民初刑诉法典化研究》分析评价了北洋政府对清末刑事诉讼法的探讨与推进,以及中华民国南京国民政府在20世纪20年代后期制定《中华民国刑事诉讼法》,最终完成刑诉法典化的过程及其社会效果。③ 但是,该书只是将南京国民政府刑事法典作为"清末民初刑诉法典化"的一个成果做一交代,没有深入细致研究。而南京大学法学院张仁善教授在《司法腐败与社会失控(1928—1949)》(社会科学文献出版社2005年版)中对南京国民政府司法腐败问题的研究颇为深入,还有邱涛教授的《中华民国反贪史:其制度变迁与运行衍异》(兰州大学出版社2004年版)一书中涉及南京国民政府时期反贪立法与审判运作的内容。此外,最近几年,网络已登出了几篇相关的硕士学位论文,例如,江西师范大学近现代史专业孙西勇的《民国刑事立法概论》(2005年),该文主要论及了民国刑法现代化的进程,未涉及刑事审判的内容。

(2) 我国台湾地区的研究

国民党政权移居台湾后,在国民政府统治下,台湾地区仍然实行民国时期制订的六法全书及有关法律,所以,台湾地区学者没有中断对民国时期刑事审判制度的研究。首先,中国国民党党史会从20世纪50年代初至80年代末,陆续编辑出版了一套《革命文献》史料共113集,其中收入了不少与国民政府政治法律活动有关的原始资料。其次,有关国民政府审判制度研究的成果集中在黄源盛先生那里。其一,国立政治大学丛书(47)——《民初法律变迁与裁判》,对民国初期刑法吸纳西方理论,克服中国传统,艰难演进的过程做了详细阐述和客观评价,但没有涉及南京国民政府的刑法内容。其二,《大理院刑事判决汇览》是通过对民初大理院司法档案收集整理而成,该成

---

① 本书于2006年11月由人民出版社出版,该书从法律理论设计与南京国民政府法制运作的角度,系统研究了南京国民政府的法制,把孙中山的法律思想同南京政府的立法、司法实践结合起来,进行动态的比较研究,全面探讨了南京政府时期的立法体制和司法制度。
② 李春雷:《中国近代刑事诉讼制度变革研究(1895—1928)》(序一),北京大学出版社2004年版。
③ 郭成伟:《清末民初刑诉法典化研究》,中国人民公安大学2006年版,内容简要部分。

果对民初三年大理院刑事判决择其典型,分类浅释,分析刑事法则的实态,借以阐明其演进的轨迹与承转的因果关系,从而对近代中国刑事诉讼的生成与开展做一清晰的阐述。① 其三,黄源盛先生还单独撰文《民国初期近代刑事诉讼的生成与展开——大理院关于刑事诉讼程序判决笺释(1912—1914)》,发表在《政大法学评论》1999 年第 61 期上。此外,他的论文集《民初法律变迁与裁判》中有关于刑事立法及其草案的变迁、刑事诉讼制度的开展等内容,但主要是民国初期的情况,未涉及南京国民政府时期的审判制度。

除了黄源盛,学者张丽卿对台湾地区现行"刑事诉讼法"的源头——1935 年《刑事诉讼法》的地位做了评价:现行"刑事诉讼法"之演变,第一个阶段为 1935 年至 1967 年,可谓为"草创期"。1935 年之《刑事诉讼法》,乃是在 1928 年《刑事诉讼法》的基础上增删而成,基本上仍与日本大正十一年之刑事诉讼法立法例相似。因此该法乃系第一部在台湾地区正式施行之"刑事诉讼法"。② 还有学者荆知仁对国民政府刑事诉讼法的立法依据做了探讨,即:1928 年之前,中国立宪的过程纷扰,除了临时约法外,始终无法制定一部全国承认且通行之宪法。1928 年,北阀成功,全国统一,此时亦未立即制定宪法或任何与宪法效力相当之根本大法;直到 1931 年,国民政府始制定训政时期约法,作为国家根本大法。易言之,1928 年公布之刑事诉讼法,因无任何根本大法之授权,只能算临时、措施性之规定,虽然在法制史上具有意义,似仍不属正式法典。③ 廖与人的《中华民国现行司法制度》一书中,专门有一节内容"民国以来司法制度之变迁"谈到民国刑事审判的管辖、审级等问题。④ 然而,这些研究成果都是着眼于刑事立法,几乎没有对国民政府刑事审判制度的设计及运行做系统的理论考察和价值分析。另外,李模主编的台湾国史馆 1994 年刊行的《中华民国史法律志》(初稿),也提供了一些关于民国刑事法律方面的资料,对本课题的研究具有重要价值。

(二) 国外研究

国外与本课题相关的理论研究成果不多见,主要是日本和美国的学者对民国历史关注得稍多一些。例如,日本学者古屋奎二的《蒋总统秘录》(第 4 册)(台湾"中央日报"社 1975 年版),东京中国现代史研究会的《中国国民政

---

① 黄源盛:《近代刑事诉讼的生成与展开——大理院关于刑事诉讼程序判决笺释(1912—1914)》,载许章润主编:《清华法学》(第 8 辑),清华大学出版社 2006 年版,第 267 页。
② 张丽卿:《刑事诉讼百年回顾与前瞻》,载台湾《月旦法学》2001 年第 75 期。
③ 荆知仁:《中国立宪史》,台湾联经出版公司 1992 年版,第 389—391 页。
④ 廖与人:《中华民国现行司法制度》(上),台湾黎明文化事业公司 1982 年版,第 17—26 页。

府史的研究》(日本东京1986年版),美国学者菲史密斯的《民国时期独裁协合统治的出现——上海商会的变迁》(美国芝加哥大学出版社1980年版),祁锡生的《战时的国民党中国——军事溃败和政治瓦解》(美国芝加哥大学出版社1980年版),小科布尔的《上海资本家与国民政府》(中国社会科学出版社1988年版),易劳逸的《流产的革命——1927—1937年国民党统治下的中国》(中国青年出版社1992年),费正清的《剑桥中华民国史(1912—1949)》(上下卷)(中国社会科学出版社1993年版),黄宗智的《民事审判与民间调解:清代的表达与实践》(中国社会科学出版社1998年版),吉尔伯特·罗兹曼主编《中国现代化》(江苏人民出版社1998年版),高道蕴的译作《美国学者论中国传统法律》(清华大学出版社2004年版),日本学者家近亮子的《蒋介石与南京国民政府》(社会科学文献出版社2005年版)。还有日本学者久保亨的《国民政府的政治体制和经济政策》,美国学者斯卡拉皮诺、于子桥的《二三十年代政治制度的困境》,罗伯特·F.尤特的《中国的纠纷解决》,哈佛大学法学院欧阳正氏的《民国初期中国法律的现代化(1912—1927)》等论文。这些国外研究成果大都从宏观历史的视角探讨国民政府的政治体制和法制建设问题,或者阐发了外国学者对民国时期法律制度和思想的种种看法和观点,其中不乏对南京国民政府的政体及法律有过深入的思考,但是未特别涉及当时的刑事审判问题,只是为南京国民政府刑事审判研究提供了一些背景资料。

(三) 现有研究评析

从研究现状来看,尽管南京国民政府时期法学界对刑事审判制度的研究成果较多,但是,当时的研究视角仅限于对刑事诉讼制度条文本身的释义,以及结合当时的社会条件和刑事诉讼制度的需要作出调整等。1949年以后,有关直接研究南京国民政府时期刑事审判制度的成果不多,只是有一些相关性的研究,而直接涉及南京国民政府刑事审判内容的著作也只是仅用几百字的篇幅阐述了南京国民政府刑事诉讼法的制定修改过程。除此以外,没有发现其他相关的文章发表。现有研究成果有如下特点:第一,从学科领域看,已有成果对历史学和法学两个领域均有涉及,但大都是比较零散的、不系统的研究;第二,从法学专业看,已有成果比较集中在立法方面也即制度层面研究,而在司法也即实践层面的研究,相对比较薄弱;第三,从研究方法看,现有研究比较单一,很少将刑事审判与其所处的社会政治背景、经济利益环境、社会文化意识等方面的因素联系起来考察;第四,从研究的时段看,已有成果主要相对集中在清末和民国初年,包括北洋政府时期,南京国民政府时期稍有涉猎。可以说，迄今为止，对南京国民政府的刑事审判工作尚没有系统全面研究的力作。

（四）未来研究前景

随着内地学术思想的活跃，近些年来，无论是政治、经济、文化、军事领域，还是司法领域都掀起了研究"民国热"。南京国民政府时期是民国时期一个比较重要的阶段，其历史地位决定了其成为今人研究的热点。目前我国正在进行司法体制改革，刑事诉讼程序改革的根本目标是在我国建立一个科学公正的现代刑事诉讼制度。而刑事诉讼制度的核心就是刑事审判，所以，研究刑事审判对刑事诉讼改革的意义是非常明显的。本书将力求对南京国民政府刑事审判制度进行系统研究，从历史渊源、理论体系、制度创新等方面挖掘其为我国今天刑事审判制度所值得借鉴的地方，为我国现行刑事审判制度的改革提供借鉴和参考。

三、本书的研究方法

这里的研究方法也就是方法论问题，"把某一领域分散的各种方法组织起来并给予理论上的说明，就是方法论。"[①]方法论本身的种类及科学性与否是决定研究对象成败的关键因素。本书试图从法理学和法史学的视角，综合运用历史分析、文本分析及比较分析等方法，对南京国民政府刑事审判制度进行深入系统的研究和探索，与研究审判制度的一般方法不同。

（一）历史分析的方法

历史分析也即将所研究的对象放到特定的历史背景之下去考察，揭示当时的政治经济、思想文化、社会心态等因素对所研究对象的影响。任何一种法律制度都是一定社会关系的反映，而社会关系又总是存在于一定历史条件下的社会关系。尽管法律制度相对于它调整的各种社会关系而言具有一定的滞后性，但若就一个较长历史时期的法律制度及其反映的社会关系进行考察，二者在大体上还是保持一致的，即社会关系所体现的社会发展状况，基本上能在法律制度里得到体现。关于历史分析方法的功用，早年列宁曾给予高度评价："在社会科学问题上有一种最可靠的方法，它是真正养成正确分析这个问题的本领而不被淹没在一大堆细节或大量争执意见之中所必需的，对

[①] 张文显：《法理学》，高等教育出版社1999年版，第34页。

于用科学的眼光来分析这个问题是最重要的,那就是不要忘记基本的历史联系,考察每个问题都要看某种现象在历史上怎样产生、在发展中经过了哪些主要阶段,并根据它的这种发展去考察这一事物现在是怎样的。"① 历史分析方法强调资料的真实可靠,着重对制度的历史合理性的论证。著名的历史学家梅特兰曾有句名言:历史的精神并不与改革为敌,研究历史的目的在于争取进步,使历史不致阻滞现实。法律是人类生存与发展的规范理性,制度的发展受历史发展规律的客观作用。由此,研究南京国民政府时期刑事审判制度,离不开对南京国民政府时期国情的历史考察,只有把南京国民政府时期的刑事审判制度与同一时期的政治制度及经济发展水平结合起来研究,才会对南京国民政府时期的审判制度不仅知其然,而且知其所以然。本书在"刑事审判制度的时代背景"、"刑事审判的主要制度"、"刑事审判的机构组织"、"刑事审判制度的成就与不足"等多处的论述中都采用了历史分析的方法。可以说,本书的论题决定了历史分析方法贯穿于本书之始终。

(二) 文本分析的方法

国外有学者认为,文本分析指的是"探索、调查和检验文本中出现的态度、思想、模式和观点的分析方法的集合"②。通俗地说,文本分析法是按某一研究课题的需要,对一系列相关文本进行比较、分析、综合,从中提炼出评述性说明的方法。文本分析法是研究本论题的主要方法,因为南京国民政府时期刑事审判制度已成为历史,它的设计、颁布、运行及社会效用均被相关的文献资料所记载。一方面,法律文本作为法律的载体,它不仅是执法、守法的依据,也是法学研究的依据。另一方面,法律不是死的条文,法律是"活"的东西,法律条文的真正涵义并不是体现在书面的法律文本中,而是体现在具体案件中,判例是对法律精神和条文涵义的最好解释。因此,法学研究除了研究法律条文之外,必须研究案件,不研究案件就不能对法律的精神有透彻的理解。本书在讨论问题时,将引证当时的刑事判例,许多新的见解和认识实际上就是从这些案例中得来的。而这些案例也都被记载下来,以文本形式存放在司法行政部门。因此,对南京国民政府时期刑事审判的依据、政策、原则、主要制度及程序规范等问题的论述,均得益于当时的刑事诉讼法规文本、司法行政部门的文书资料等为依据进行的语义分析与思想提炼。

---

① 《列宁选集》第 4 卷,人民出版社 1995 年版,第 26 页。
② Andersont H C. From unstructured text to valuable in sight leveraging text analytics to meet competitive intelligence needs. *Competitive Intelligence Magazine*, 2008, 11(1).

（三）实证分析的方法

实证分析方法原先仅在经济领域适用,对经济现象或经济活动及其发展趋势进行客观分析,得出一些规律性的结论。回答"是什么"的问题,其分析问题具有客观性,得出的结论也可以通过经验事实进行验证。由于历史分析方法强调资料的真实可靠,客观上是一种实证分析的方法。运用实证分析方法对制度进行研究是为了弄清楚制度是什么,而不是制度应当是什么,同样具有重要意义,所以将这种研究方法引入法学领域。正如上文所提到的,历史分析方法着重对制度的历史合理性的论证,从有关制度研究的客观结果上看,就是通过对制度的外部条件的实证分析,取代对制度本身的价值判断。[①]实证研究方法是社会科学研究的一个基础性的方法,但是,囿于科学研究的主客观条件,在我国的社会科学研究中,这种方法使用得并不普遍,多数研究者还是惯于运用逻辑思辨的方式进行理论推演,只做定性分析,不做定量研究,使许多研究缺乏实证基础而显得空洞。本书试图运用实证研究的方法,克服纯理论思辨的不足。实证研究的核心是定量分析,本书多处讨论中进行了定量分析。比如,刑事审判制度在司法实务中如何运用,其效果如何,均可以通过考证当时司法行政部的报表等统计数据资料予以说明,以反观该制度设计的科学性及合理性。因此,在探讨刑事审判制度时,离不开实证分析的方法。就本书而言,对"刑事审判的主要制度"、"刑事审判的程序规范"、"刑事审判的监督机制"、"刑事审判制度的成就与不足"等主题的论述,必不可少地要涉及实务案例、司法档案、统计数据等内容,去定量分析国民政府刑事审判的各个制度在司法运行中的实际情况,以检验制度设计的优劣程度。

[①] 任喜荣:《论宪法学研究中的历史分析方法》,文章来源:北大信息网 2007-05-13 09:14:11。

第二章 南京国民政府时期的刑事审判政策

刑事政策是一种宏观性的指导原则。德国刑法学家李斯特认为:"刑事政策是国家和社会据以与犯罪作斗争的原则的总和。"①在法学领域,原则是指构成法律规则和法律学说基础和本源的综合性、稳定性原则或准则。② 而"在最一般的意义上,政策指的是政治国家或社会公共组织为管理公共事务而制定的指导方针和行动方案。所有的政策都是针对一定的公共事务而制定的,都是基于一定的政策目标而用以解决公共事务的。"③那么,预防和控制社会公共事务的犯罪问题的国家和社会的对策,也即是刑事政策。这种刑事政策是当时国家主流指导思想的体现,它不仅转化为法律条文,更成为指导司法的基本原则,支撑着各种制度的运作。

史实证明:"我国古代刑事政策思想的观点大多是由当时统治阶级或政治、法律思想家从维护皇权和社会秩序为出发点而提出,服务于阶级社会的阶级统治。"④作为社会思潮的重要组成部分,政策在我国历史上具有重要的地位,很多情况下,都是先有政策,后有法律。"刑事政策思想早就存在了,但较为系统的刑事政策理论的则是近现代才出现的。"⑤南京国民政府时期,刑事审判制度的设计及运行自然也受到这种刑事政策理论的影响,以致延续国民政府法制传统的台湾地区学者非常强调刑事政策的重要作用,例如台湾地区学者林纪东指出,"刑法之定罪论刑,本身不是目的,而只是达到一定目的——防卫社会,预防犯罪的手段,即是一种政策的作用,刑事政策,也就是为刑法定罪科刑的政策。所以,刑法之制定与运用,罪刑之确定与执行;都应以刑事政策的观点出发,以是否合于刑事政策的要求为依归,不合于刑事政策的立法,是不良的立法,离开刑事政策的裁判和执行,也必定是不良的裁判和

---

① 转引自曲新久:《刑事政策的权力分析》,中国政法大学出版社2002年版,第35页。
② 陈瑞华:《刑事审判原理论》,北京大学出版社1997年版,第120页。
③ 梁根林:《刑事政策:立场与范畴》,法律出版社2005年版,第1页。
④ 张曦、李益明:《论刑事政策的演进与贯彻》,载《法学与实践》2009年第3期。
⑤ 梁根林:《解读刑事政策》,载陈兴良:《刑事法评论》(第11卷),中国政法大学出版社2002年版,第2页。

执行。"①

那么,刑事政策理当是我们研究南京国民政府时期审判制度所不可或缺的重要部分。根据相关研究成果,政策是一个系统整体,任何政策都不是孤立的,而是处在不同层次的政策系统之中。从纵向层面可分为总政策、基本政策、具体政策。② 相应地,刑事政策也可分为三个层次:即总刑事政策、基本刑事政策、具体刑事政策。因此,我们对南京国民政府时期刑事政策的研究,也不妨从这三个层次来展开。

一、总刑事政策:刑事审判的指导思想

刑事政策通常是与一个国家的现实国情以及大政方针是紧密相联系的,只有这样才能制定出切实可行的刑事法律,达到惩治和预防犯罪的目的。

(一) 刑事审判指导思想的一般理论

刑事立法指导思想贯彻在全部刑法之中,只有对刑律进行认真的分析,始能从全部律条中抽象出其立法的指导思想。③ 诚如学者所言:"刑事政策是刑法的灵魂和核心,刑法是刑事政策的条文化与定型化。因此,刑事政策对于刑法的制定与适用都有着直接的指导意义。"④刑事审判自然不能违背刑事立法的指导思想,而应与其保持一致,积极贯彻落实蕴涵于法条中的基本精神。这种精神与制度设计的目的是吻合的,法官在心目中一定要保持这种目的论的理解,而"目的是内在的生活和被掩盖的灵魂,但它却是一切权利的源泉"⑤。

当然,这种指导思想不是一成不变,而是与时俱进的。中国古代"刑罚世轻世重"⑥,实际上讲的就是当时的刑事政策。所谓"乱世用重典,治世用轻典",正是"刑事政策"的一种雏形。又如中国秦朝以法家重刑原则作为刑事审判的指导思想,认为只有重刑才能制止犯罪。法家的代表商鞅认为,行

---

① 林纪东:《刑事政策学》,台湾中正书局1969年版,第9页。
② 张国庆:《现代公共政策导论》,北京大学出版社1997年版,第22页。
③ 宁汉林、魏克家:《中国刑法简史》,中国检察出版社1997年版,第57—58页。
④ 陈兴良:《刑法的人性基础》,中国方正出版社1999年版,第386页。
⑤ 〔美〕本杰明·卡多佐:《司法过程的性质》,商务印书馆1998年版,第63页。
⑥ 《吕刑》规定:"刑罚世轻世重,惟齐非齐,有伦有要。"其大意是说,在各个不同的历史时期,对于刑罚的适用,其轻重程度是各不相同的。主要根据不同时期犯罪的不同情况,依照客观形势的需要,制定出不同轻重的刑罚,使其符合于各个不同时期同犯罪作斗争的实际需要;正确执行轻重不同的刑罚,才能有区别有分析地去适用用刑,以求得安定社会秩序的一致需要。这种思想和制度,既是对刑罚适用的历史总结,又反映出适用刑罚的客观规律性。自其形成以后,即受到历代统治者和思想家的普遍重视。

刑轻重,轻罪重罚,刑去事成,国家则强;重重而轻轻,重罪重罚,轻罪轻罚,刑去事生,国家则弱。因此提出"以刑去刑"、"以杀去杀",用高压手段,来维持君权的威信。① 所谓"行刑轻重","轻"是指"罪行轻","重"是指"刑罚重"。法家的另一代表韩非讲过,重罪连重刑,轻罪连轻刑,则犯罪所得到利益和因犯罪受到刑罚惩罚所失去的利益相等,罪犯犹存侥幸之心,是不能制止犯罪的。只有轻罪处重刑,重罪处以更重的刑罚,犯罪所得的利益小于由犯罪受到刑罚所丧失的利益,才能制止犯罪。② 可以说,重刑是秦朝刑事审判的突出指导思想。并且,在中国古代两千多年的历史长河中,重刑思想及其实践一直不同程度地存在着,发挥着其应有的功能。

清末随着法律的近代变革,刑事审判的指导思想也发生了一定的变化。沈家本在编修法院组织法及刑、民事诉讼法中,坚持以"会通中外,折衷新旧"为指导思想。③ 集中体现了他融会中西法律,贯通古今学说,寻求最新最善之法治理中国的思想。在此思想指导下所制定的大清刑律及刑事诉讼律摆脱了古代中国"重刑"甚至"酷刑"主义的倾向,"新的《民事、刑事诉讼法草案》从法律体系上改变了相沿数千年的中国法律传统,并引进了西方的法律观念和制度。"④可以说,经过清末变法乃至民国初期的发展,到国民政府时期,刑事审判已经逐渐走向文明化、法律化,这一趋势与当时的刑事政策是分不开的。可以说,刑事审判的指导思想与刑事政策的宗旨是相一致的。

但现代意义上的刑事政策思想真正发端于西方。首次提出"刑事政策"概念的人是被誉为"刑事政策之父"的德国学者费尔巴哈,刑事政策作为一个独立研究的学科领域逐步发展起来,并有不少中外学者开始做专门研究。然而时至今日,关于刑事政策的概念仍存在分歧。日本学者木村龟二将刑事政策归纳为五种:第一,在最广义上说,刑事政策意味着有关预防和克服犯罪现象的一切方针策略;在这个意义上的刑事政策,并不限于立法政策,而是包含其他一切犯罪对策特别是社会政策、教育政策,不仅包括刑法的对策,而且

---

① 《商君书·说民》记载:"行刑,重其重者,轻其轻者,轻者不止,则重者无从止矣,此谓治之于其乱也。……重重而轻轻,则刑至而事生,国削。"
② 《韩非子·内储说上七术》说得很透:"重罪者,人之所难犯也;而小过者,人之所易去也。使人去其所易,无离其所难,此治之道。夫小过不生,大罪不至,是人无罪而乱不生也。"
③ 早在1905—1906年五大臣考察活动中,戴鸿慈等到德国考察观览,发现德国"与中国最为相近,大有一见如故之感慨,似乎突然醒悟,'旧т维新以来,事事取资于德,行之三十年遂致勃兴。中国近多欲羡日本之强,而不知溯始穷源,正当以德为借镜。"贺嘉:《近代中国法制变革的先声——论五大臣出洋考察及其结论》,载汉中师院学报(哲社版)1993年第4期。
④ 徐家力:《中华民国律师制度史》,中国政法大学出版社1998年版,第20页。

包括刑法以外的方法的对策。第二,刑事政策意味着通过对犯罪人以及有犯罪危险的人实行个别化教育所采用的对策。第三,刑事政策意味着对犯罪的立法政策,虽然立法政策以外的政策被排斥在外,且作为立法内容的事项范围没有受限定。第四,刑事政策意味着直接作为犯罪对策以外的处分,这种刑事政策不一定限于立法政策,但将社会政策排斥在外,而且将刑法中的犯罪对策排斥在外。第五,将刑事政策理解为基于合目的的犯罪对策的见地,对现存的犯罪对策进行批判、修正、补充;将刑法作为现存的犯罪对策的中心来理解。① 日本的另一位刑法学家平井彦三郎认为,"刑事政策云者,乃探究犯罪之原因倾向,为预防计,而讲求其适用于特定行为者的立法上,司法上最适切之对策也。"②两位日本学者对刑事政策的理解有较大偏差。

　　刑事审判制度与刑事政策及社会形势紧密相连的,例如,欧洲战前的德国惩役刑渐渐减少,罚金刑渐渐增多;欧洲战后,则正好成反比例。而且死刑的增加,也是欧洲战后资本主义诸国多数共通的现象,并不只是德国如此,早已废止死刑的国家也都恢复了死刑。欧洲战后的资本主义国家为维持适应于支配阶段利益的社会秩序起见,在刑事审判方面强调刑罚的教育和预防功能。国民政府时期,刑事政策也起到一定作用,从当时的著作表述中可以得到验证,如:"现今刑事政策,注重社会之防卫,故刑法特设保安处分一章。"③

　　关于刑事政策思想与刑事审判制度之间的关系,民国时期的学者也做过专门研究。"以学理论,应先有刑事政策,然后有刑事法规,盖刑事法规系应刑事政策之委任而发生者也。以实际论,则先有刑事法规,而刑事政策之发达反在其后。""毋庸置疑,制定刑法的目的,全应防止犯罪的发生,应适应社会当时状态之需要。"④不仅如此,"刑法之制定,应受刑事政策之指导,刑事政策之使命,实为制定刑法而来。换言之,刑法即系受刑事政策之委任而执行其职务,其关系之密切不得繁言矣。"⑤也就是说,刑法的运用,必须以刑事政策学的知识为其根据,必须出于刑事政策的要求,恰如人类在社会上之活动与发展。正因为如此,有学者指出:"在影响刑事政策演变的诸要素中,犯罪与刑事政策之间的关系最为密切,因为刑事政策的目标就在于减少犯罪。当某一项具体的刑事政策发挥效用的时候,犯罪就会在一定时期相应地

---

① 〔日〕木村龟二:《刑法总论》,日本有斐阁1978年版,第8页。
② 〔日〕平井彦三郎:《刑事政策论》,陈士诚译,载何勤华、李秀清:《民国法学文萃》(第5卷),法律出版社2004年版,第2页。
③ 郭卫:《刑事诉讼法论》,会文堂新记书局1946年发行,第306页。
④ 郭卫、元觉:《最新刑事政策学》,上海法学编译社1937年版,第1—2页。
⑤ 同上书,第10页。

减少。"①

刑事政策思想对刑事裁判影响巨大。"大陆法系国家的刑事司法活动奉行绝对的起诉法定原则和有罪必罚的政策思想,以确保法的安定性、公平运作性、整体一致性以及人们对司法机关的信赖等。"②例如,加重公务员处罚就属于刑事政策范畴。因为"我国人民历来对于官吏常怀一种尊崇畏惧的心理。这种心理常可助长公务员作恶的机会。""特别加重公务员的处罚,或则可以渐渐纠正这种畸形的心理而使我国吏治日趋澄清。同时,我们更当知道:公务员既为国库所供养,处处自当以身作则,使其行动能为人民之表率。"③刑事政策对审判的影响是极为明显的。其一,影响定罪。刑事政策通过影响刑事立法,来影响法官对罪名的选择。其二,左右量刑。法定刑种和刑度以及刑罚适用制度的建立要依靠立法,但是如何取得良好的司法效果,还有赖于刑事政策的调节。简言之,在特定的刑事政策思想指导之下,刑事裁判的结果是与其相适应的。

(二) 国民政府刑事审判的时代背景

刑事政策是一个国家特定时代的产物。审判制度的产生和发展是随着国家的产生和发展而产生及发展的,也是随着时代的变革而变革的,所以研究审判制度离不开社会发展的历史和时代背景,只有在社会历史的背景中考察审判制度,才能找寻其发展演变的规律,做到客观科学地评价它。

1. 政治经济形势的影响

法律和政权、政治有着密切关系,国民政府的刑事审判制度是国民党政权政治制度的重要组成部分,它的主要任务之一就是维护国民政府的政治统治。因此,诚如学者所言,国民政府的刑事审判制度的内容以及各个时期的刑事立法活动,必然和当时的政治形势有密切联系。事实正是这样,国民政府的刑事立法的变化,同其政治形势的演变正好相适应。④ 具体表现在:

1927年在"宁汉合流"、"二次北伐"⑤之后,蒋介石等人建立的南京国民政府不仅控制了中国最富庶的江浙等核心地区,而且在名义上统一了全国。

---

① 朱琳:《法国刑事政策研究》,中国政法大学2008年博士学位论文,第19页。
② 周长军:《刑事裁量权论》,中国人民公安大学出版社2006年版,第234页。
③ 梅汝璈:《刑法修正案的八大要点述评》,载何勤华、李秀清:《民国法学论文精萃》(第5卷),法律出版社2004年版,第46页。
④ 李光灿:《中国刑法通史》(第8分册),辽宁大学出版社1987年版,第245页。
⑤ 1928年6月,国民革命军进入北京,由于东北易帜北伐顺利完成,为国民政府政权的建立打下了良好的基础。北伐完成,标志着国民党在全国统治的基本确立,政治形式也由军政时期进入训政时期。

统一以后的南京国民政府面临复杂的国际国内形势,坚决贯彻孙中山先生的思想,重视法制建设。孙中山先生曾明确地提出:"国家除了官吏之外,次重要的是法律。"①在南京临时政府刚建立时,孙中山立即任命伍廷芳为司法总长,并声称:"中华民国建设伊始,宜首重法律。"孙中山重视法律的思想对国民政府审判制度影响较大。

孙中山把国家和法制的建设分为三个时期,即"军法之治"(军政时期);"约法之治"(训政时期);"宪法之治"(宪政时期)。"军法之治"是以军法为依据,是革命的军政府"督率国民扫陈旧污之时代",由军政府总摄地方行政权。"约法之治"是以约法为依据,由军政府授地方自治权于人民,并训练国民,使之适应民权政治。"宪法之治"是以宪法为依据,军政府解除权柄,还政于民选政府,"由宪法上国家机关分享国事"。以孙中山为首的资产阶级革命派的这些政治法律思想,对于南京临时政府的立法以及后来国民政府的法制建设都起着一定的指导作用。

国民政府取得全国统治权之后,决定贯彻孙中山关于革命与建设的"军政、训政、宪政"方针②,随即宣布"军政"时期结束,"训政"时期开始,从而拉开了党政体制建设的序幕,也开启了法制建设的进程。虽然后来,"国民党通常被认为是保守的。然而,这易于使人误解,因为这个政权的领导人事实上强烈不满于现状,他们期望骤然地、甚至是'彻底地'与中国当前的民族衰老状况分手。例如,他们赞美西方科学及工业的进步,殷切期望运用西方技术来改善中国民众的经济福利。他们也希望重建中国的社会、政治秩序。"③并且,"与历代统治者无不依靠运用国家力量制订出各式各样的法律规范强制社会遵行、以维护自己的统治地位一样,国民政府从其成立的第一天起,就十分重视法制建设。"④

完备的法制是实现政治民主的前提,国民政府领导集体对此已达成共识,因此在国民政府成立不久即设立了法制局,专掌法制事务。1927年5月7日,中央执行委员会政治会议第89次会议通过《中央法制委员会组织条

---

① 孙中山:《三民主义之具体办法》,载《孙中山全集》(第3卷),三民公司1929年版,第41页。
② 南京国民政府的目标是:"秉承总理全部遗教,继续努力,一方面集中全国革命分子于三民主义之下,共同奋斗,务使一切帝国主义、残余军阀及一切反革命派断绝根株;尤须于最短期间开国民会议,废除不平等条约,实现三民主义,使中华民国成为独立自由国家,中华民族成为自由平等之民族,同享民有民治民享之幸福。"张宪文等著:《中华民国史》(第2卷),南京大学出版社2006年版,第3页。
③ 〔美〕费正清:《剑桥中华民国史》(上册),孟庆龙等译,中国社会科学出版社1998年版,第165页。
④ 孔庆泰等:《国民政府政治制度史》,安徽教育出版社1998年版,第56页。

例》，并由国民政府公布，确定了在中央执行委员会政治会议与国民政府双重领导下，以中央法制委员会专司草拟与审查一切法制、由中央执行委员会政治会议最后核准交回国民政府公布施行的立法体制。后颁布《国民政府法制局组织法》，规定法制局直隶国民政府，掌理：（1）草拟并修订法律、条例案；（2）保存法律、条例之正本；（3）整理及刊行现行法规。最重要的是，法制局修订民刑等法规及一切关涉司法之法律、条例。1927年8月12日，南京国民政府发布的命令表明："国民政府一应法律待用恐亟"。1928年6月12日的《国民政府对内宣言》表达了国民政府实行法制的决心："厉行法治，欲谋政治之建设，必先发扬法治之精神，……今全国统一，开始训政，一切政治主张务使成为有条理之法律"①。无疑，政治统一带来法制的统一，法制是维护政治的有力手段。

在国民政府的政治背景之下，加强立法成为政府的主要职责。为此，1928年12月国民政府成立立法院，作为国民政府最高立法机关，议决法律、预算、宣战、媾和以及其他重要国际事项之职权。1928年2月22日，中央政治会议第129次会议通过《立法程序法》，规定中央政治会议得议决一切法律，由中央执行委员会交国民政府公布之，概称曰"法"。国民政府为执行法律或于法律之委任，得制定施行法律之规则，概称"条例"。条例不得与法律抵触。中央政治会议得命法制局起草法律案，国民政府命法制局起草条例案时亦同。法律案或条例案，除经中央政治会议或国民政府常务委员会认为有特殊紧急情形者外，于议决前须由法制局为初步审查。此外，1929年5月14日，国民政府专门公布了《法规制定标准法》，以强化立法的质量。

而"法律为社会经济制度之反映，在某种社会经济制度以及文化阶段之下，基本条件如未成熟，其法律思想及法律形态，绝不能发生变动；如其物质的基础已进入新阶段，其社会组织上之新关系，亦必及时反映于当时的观念形态。"②因此，"法律生活，首重经济背景，故近代研究司法者，莫不注意于社会经济生活。"③研究刑事审判制度也一样，离不开对经济背景的考察。

史实表明，国民政府初期在经济上的状况不佳，"随着国民政府军事上的胜利，各种与财政经济相关的问题日趋紧迫。"④1928年1月，宋子文出任国民政府财政部长时所面临的最大困难是中央财政严重不足，税收仅依靠江

---

① 参见：《国民政府对内宣言》，载《大公报》（天津版），1928年6月19日。
② 蔡枢衡：《刑法文化之展望》，载《法律评论》1934年总第559期。
③ 国民政府宣传部：《国民政府的战时体制》，中书书报发行所1943年版，第151页。
④ 张宪文等著：《中华民国史》（第2卷），南京大学出版社2006年版，第129页。

苏、浙江两省。① 为此,国民政府召开全国财政工作会议,以统一全国的财政,革新税制、划分国家与地方收支、厉行预算决算制度、厘定新的工商经济政策,改进金融体系。

如此同时,社会上也频频出现了经济犯罪现象,"惟年来盐商专卖,积弊丛生,流毒社会至深且巨,如盐中搀水和泥及硝土、面汤、石膏等杂质,秽浊不堪,加之短斤少秤,居奇垄断,人民之卫生、经济极遭蹂躏,最显著者如首都发现毒盐,中毒者达百余人,豫省盐价奇昂,方城一带每斤售价一角六分,可换麦八斤、红粮十余斤,乡民以故多淡食,至于私盐充斥、硝盐盛行更是国内普遍之事实。"② 由于积弊难除,盐税流失严重。为了打击这种危害社会的经济犯罪,必须建立和完善刑事审判制度,严厉打击和惩治经济犯罪行为。"几年以来,国难的严重,农村的破产,城市的不景气。无论在罪责上、刑度上,现行刑事法律实不足尽他社会防范的目的! 急切需要对原有刑事法律进行必要调整。"③

就当时的司法界而言,在政治经济的压力之下,也积极地投入改革和建设之中。1927年《法律评论》时评分析:"司法当局,于疲敝之余,犹能积极改进,其勇气固丝毫未馁也。时至今日,国库困难,已达极点,而储才馆之计划,依然实现,此非司法前途之曙光而何乎?"④ 尽管当时的财政经济比较困难,但是司法机关仍积极工作,与破坏经济秩序的犯罪分子进行斗争,严厉打击经济犯罪,惩治贪污腐败。正如当时的学者所指出的那样:一国有一国之社会环境,自不可高鸣新奇,另倡法例。凡能适应社会情形之法条,决不可轻易更改。现行法施行数载,已深入于一般司法官、律师及民众心理之中,故修正时应绝对的持此主张。⑤

2. 思想文化背景的考察

任何法律的形式、运行都有其特定的文化基础。正如学者指出的那样,法律烙上了深刻的文化烙印,或者说,法律的发展本身就是文化的发展,法律随着文化的演进而演进。不仅在社会条件不同的国家,即使在相同的社会条件下,由于文化的差异而致使规则或制度差别较大。⑥ 法律发展的真正源泉

---

① 中国第二历史档案馆编:《中华民国史档案资料汇编》第5辑,第1编"财政经济"(1),第194页。
② 中国第二历史档案馆编:《中华民国史档案资料汇编》第5辑,第1编"财政经济"(2),第205页。
③ 俞承修:《刑法修正案的时代背景》,载《法令周刊》1935年总第235期。
④ 时评:《司法前途之曙光》,载《法律评论》1927年总第188期。
⑤ 子锵:《刑法修正案之精神》,载《法学杂志》1935年第1期。
⑥ 陈文兴:《司法公正与制度选择》,中国人民公安大学出版社2006年版,第256页。

在于社会现实,南京国民政府时期刑事审判的立法及司法也是当时社会思想文化的反应。诚如当时的学者在谈到刑法修正案的时候所提到的,"法律是时代的产物,步着时代不断地前进,事实告诉我们,专制时代,需要擅断主义的刑法;民权思想发达时代,需要罪刑法定主义的刑法,可知,刑法同样地不能背着时代或者超越时代而独立。"①各个时代刑事审判的立法及司法都有其思想文化背景,就国民政府而言,其基本情形如下:

首先,国民党为了纯洁自身组织,开展了"清党"运动,有积极的一面,但是也制造了恐怖气氛。南京国民政府成立不久,随即在其所控制的东南各省开展"清党"运动。为此,1927年5月17日,国民政府成立清党委员会,接着又成立"清党审判委员会",负责审判各处捕送的"清党对象"。② 为了加强清党工作,清党委员会制定了《清党条例》,规定:"将共党分子、土豪劣绅、贪官污吏、投机分子及一切腐化恶化分子清除之;审查合格者,方得新的党证;对阻碍'清党'进行者,得通知军警或行政单位严刑缉拿。"③在这种高压的社会思想氛围之下,刑事审判及其制度的设计也一定程度受到影响。

其次,"在进入20世纪30年代后,中国政坛和文坛上以'保守'形态出现的思潮纷纷登台亮相"④,表现在社会法西斯主义、新传统主义和新法家运动等几个方面。社会法西斯主义源自20世纪20年代的意大利,它以独裁统治而著称,相继在德国和日本蔓延。30年代初,中国内忧外患空前严重,社会动荡,经济落后,民族生存受到威胁,社会法西斯主义在中国找到了合适的土壤。1931年5月5日,蒋介石在国民会议开幕式中对法西斯主义进行了公开宣传,在蒋介石的号召下,当时的中国掀起了一股法西斯主义的狂潮。但是,也遭到国民党理论界的斥责和抵制,使得政府当局不再公开宣传法西斯思想。新传统主义相对于旧传统主义而言,旧传统主义在1911年趋于崩溃。大一统政治制度的崩溃,给社会和民众带来动荡和不安。因此,20世纪30年代,由于当局的提倡,"复兴传统"成为时髦,思想界掀起了复兴传统主义的思潮。⑤ 与此同时,"新法家运动"在当时的理论界悄然兴起,代表人物陈启天主张用法家的富国强兵之策⑥去拯救当时的乱世中国,也迎合了官方的

---

① 俞承修:《刑法修正案的时代背景》,载《法令周刊》1935年总第235期。
② 中华民国史事纪要编辑委员会编:《中华民国史事纪要》(1927年1—6月),第951页。
③ 同上书,第1069页。
④ 张宪文等著:《中华民国史》(第2卷),南京大学出版社2006年版,第435页。
⑤ 同上书,第437页。
⑥ 陈启天认为,战国时代,诸侯争霸,秦最后并吞六国,所依靠的正是从商鞅到韩非、李斯所创立的一整套法家政策措施。现今世界,列国纷争,实际上是一个以全世界为范围的新战国时代。

需要,为蒋介石等的专制统治提供了思想文化基础。

　　复次,跟随世界立法的潮流,继续移植和借鉴西方大陆法系国家的法律传统和法制技术,从清末修律开始,中国刑事审判制度便深深烙上了大陆法系的印迹。至南京国民政府时期,在继承原有部分刑事审判制度的基础上,继续广泛移植大陆法系德国、日本等国的刑事审判制度。自20世纪初期开始,世界各国修订刑法工作广泛开展,当时的日本学者安平教授认为,"大战后时势变迁,不得已而为刑法之修改。"①其中德意草案系一战之后修订的,它代表20世纪形式立法的最新现象。还有日本自1907年颁布刑法后,不断修改完善,且有《刑法改正纲领》指导其修改。以这些比较成熟的刑事法律作为蓝本,制定本国的相关制度,无疑是比较明智的选择。日本安平教授还认为:"近代刑法思想,无大变迁,即统观最近诸国之草案,不外乎以行为责任主义为中心,反映报应主义之精神;犯人人格主义及基于人格主义之保安处分,不过居于次位而已"。②

　　再次,审判是由法官主持和操纵的,因此法官的思想观念在审判中的作用不可忽视。20世纪20年代,日本著名的法学家末弘严太郎在东京《改造杂志》上发表了题为《法官与社会思想》的文章,认为:当时日本司法存在的问题就是法官社会思想的缺乏,因法官有认定事实与解释法律的自由,在审理案件时,法官的思想统御了这两种自由,从而产生裁判。③ 可以说,社会思想文化是刑事审判及其制度产生和发展的重要的意识形态基础。因为法官生活于社会之中,不可避免地要受到社会思想文化的影响。中国的法官何尝不是这样?!

　　此外,外来法律文化的影响。从19世纪中后期到20世纪前半叶,日本大规模地学习、吸收和借鉴西方大陆法系国家的法制经验,先学法国,后学德国,最后以德国法学理论为模板建立本国的法律体系。这样,日本刑事审判制度与德国法学之间形成了极深的渊源关系。20世纪初,中国留日的学者自然通过日本学者那里间接学习到了德国刑事审判制度的理论,在思想、观点、方法甚至使用的名词和概念等方面都受到了德国法学理论的影响。官方层面,国民政府在其立法活动中,也一再强调"参酌世界立法趋势","依据最新刑法学说","采择世界各国最新立法例",仿效西方先进刑事立法。在他

---

① 〔日〕牧野英一:《二十世纪之刑法思想与制度》,述文译,载何勤华、李秀清:《民国法学论文精萃》(第4卷),法律出版社2004年版,第392页。
② 同上书,第398页。
③ 〔日〕末弘严太郎原著:《法官与社会思想》,荷衣译,载《法律评论》第195期,1927年3月27日。

们眼里,所谓"最新刑法学说",就是英美资产阶级的刑法学说,而所谓"最新立法例",就是德、意等国家的法律制度。

可以说,国民政府的刑事审判一定程度上迎合世界刑法之潮流。自清律以来,中国刑法二十余年之沿革,即为抄袭"多数国立法例"的历史。① 国民政府时期,比较注重借鉴西方法律文化,刑事立法受西方立法潮流影响较大。正如蔡枢衡所言,"固中国立法之原理与原则,应以三民主义为依归,如求三民主义社会之实现,刑事之立法,固不能过重社会事实,亦未可无批判接受潮流。因为如果三民主义处处重视社会事实而予以维持,根本即无须革命;无批判地接受思潮,亦有违背三民主义,走入歧途的危险。历史的昭示,中国二十余年刑法之立法,其特色在于'吾从众'。换言之,在于以仿多国立法例为能事。"②国民政府在修订 1935 年刑法典时,就宣扬该刑法要采用世界刑事立法的"新精神、新法例",主张刑事立法应由所谓"个人本位"过渡到"社会本位",应采用"社会防卫主义"的新刑事学说。因此,国民政府刑事审判制度受外来法律文化的影响是不容怀疑的。

3. 社会心理状态的作用

社会心理状态,即社会心态,是指在某一历史时期内社会上广泛形成和存在的社会心理状态,包括人们的精神状态和道德面貌,它与政治、经济、文化等密切联系,它以人为载体,是通过人的作用对历史运动发生影响的社会力量。韦伯在《新教伦理与资本主义精神》一书中最早探讨了社会心态问题,并强调了社会心态在社会变革中的重要作用。他认为,源于西方文化深处的精神动力在当时的社会背景下形成了广泛的社会心态,从而决定了资本主义制度只会在西方世界产生。③ 我国的学者也主张,在考察中国法的发展时,我们应该更多注意的,恰好不是各项成文的法典、法令,而是法律生长于其中的各种社会条件,包括民族的观念和心态,是这些东西决定着法律的命运,它们才是支配社会的真实的法律。④

社会心态来源于每一个社会个体,又以一种整体的形态存在着和影响着每一个社会成员,使人以为这就是自己的观念、态度和意志,或者自己的行为无法摆脱这种观念、态度和意志的控制。法律发展离不开社会,包括社会生活、社会习惯、社会结构以及社会心理。法律规则来源于社会生活方式,法律

---

① 《法律评论》1934 年第 560 期。
② 蔡枢衡:《刑法文化之展望》,载《法律评论》1934 年第 559 期。
③ 〔德〕马克斯·韦伯:《新教伦理与资本主义精神》,彭强、黄晓京译,陕西师范大学出版社 2002 年,第 38 页。
④ 梁治平:《中国法的过去、现在与未来:一个文化的检讨》,载《比较法研究》1987 年第 2 期。

体系因维系社会结构稳定或社会秩序的需要而定，法律理念基于社会群体的心理认同，法律的演进趋向取决于社会变迁的大趋势。[①] 西方著名的学者罗素说过，社会思想"并不是卓越的个人所做的孤立的思考，而是曾经有各种体系盛行过的各种社会性格的产物与成因"[②]。社会思想也即社会心态的反应。

从主体的角度来说，任何行为都是其主观支配的活动，主体的主观状态决定了其行为的方式和内容，越是主体内心中深层的坚定的心理现象，对其行为的支配性就越强。犯罪学研究表明，人的犯罪行为都是在一定的犯意支配、推动或促使下实施的。社会心态失衡导致犯罪现象剧增，在许多案件中显示无遗：一是在盲目求富的心态支配下，人们往往为获得眼前利益而不计后果，偷税、造假、走私、诈骗、抢劫等经济违法犯罪现象层出不穷。

社会心态和刑事审判具有密切的关联。社会心态是对于社会现实生活的认识、情感和意向的一种表达，刑事审判活动是现实生活的生动组成部分，国家对犯罪行为评价所持的标准，直接影响到社会心态。由此，国家在制定刑事法律和刑事审判活动时也受社会心态的背景影响。而一个社会，由司法审判而形成的社会心态往往源自于对法官的信赖，这也是法官自身的表现被社会所接受的标志之一。日本学者在《法官与社会思想》一文中指出："我国（日本）社会一般对官员的信赖，今日确已日见稀薄，而在一般的倾向中，独司法官仍依然维持很厚的信用；其公正廉洁，愈为社会所尊重。"[③]在日本社会，法官赢得了社会的信任。国民政府时期，通过实行严格的司法资格制度和执业培训机制，在一定程度上，纯洁了司法队伍，提高了司法人员素质，为公正、效率地行使审判权提供了前提基础。理论上，南京国民政府时期的刑事审判由这支训练有素的法官队伍主持和操作，极大地提高了司法的威信。[④] 但是，在刑事审判实践中，也有一些不和谐的因素，导致人们对司法的不信任，从而影响了刑事审判制度的运行和发展。

（三）国民政府刑事审判的指导思想

每一个统治阶级的立法，除了受经济基础的制约之外，总是要以某种思

---

① 参照张仁善：《论中国近代法律精英的法治理想》，载《河南省政法管理干部学院学报》2006 年第 1 期。
② 〔英〕罗素：《西方哲学史》（上卷），何兆武译，商务印书馆 1982 年版，序言。
③ 〔日〕末弘严太郎：《法官与社会思想》，载《法律评论》1927 年总第 195 期。
④ 谢冬慧：《民事审判的法理基础——以南京国民政府为例》，载《台湾法研究》2008 年第 4 期。

想或理论为指导,国民政府的刑事立法也有其指导思想和理论依据。① 刑事审判制度作为法律上层建筑的一部分,反映经济基础,接受政治、文化及思想观点的影响。其中对刑事审判制度具有政策导向性质的官方意识形态,即构成了刑事审判的指导方针,它是刑事审判立法与司法权威性的基础,刑事审判受此种观点的控制和指导,这在中国近代的刑事审判制度史上也有明显的表现。南京国民政府时期刑事审判的政策指导思想主要有:

1. 从"三民主义"到"社会本位"

国民政府时期,无论立法还是司法方面,都是以"三民主义"为指导方针,宣扬"三民主义"是"最高原则"。1929年3月召开的国民党第三次全国代表大会的决议中,就确定总理主要遗教——《三民主义》、《五权宪法》、《建国方略》、《建国大纲》及《地方自治开始实行法》为训政时期中华民国最高根本准则。就立法而言,曾任国民政府立法院院长的胡汉民,在《社会生活之进化与三民主义的立法》一文中,极力宣传"三民主义的立法"是"革命的立法"。② "我国的革命为国民革命,是就整个民族、民权、民生问题而立法",是最能"适应于现代社会之生存关系"的立法。之所以如此,按照胡汉民的说法,就在于"三民主义"不赞成近代立法以"个人为单位",而主张以"社会为单位";但是,"三民主义"又反对将"社会生存关系"看成"阶级对立关系",而将"社会生存关系"视为"协作关系,为连带关系,须以整个社会为单位,决不能分化社会以任何阶级为单位也"。胡汉民在这篇文章中还论证"三民主义的立法是科学的立场,不是唯心主义的立场"。而他所谓的"科学的立场","乃以法律之所应用——社会为主,因时因地去考察全社会的需要,以全社会共同的福利或全民族共同的福利为法律的目标,法律应能够保障社会群体的利益……若以为他个人的生活生存而有害于社会国家,法律便不能保护他,故一切权利行使,应受法律的约束与制裁。法律一面是改造社会;同时,也维持其人在社会上必要的关系与地位,这是我们立法的根本意义"。③ 自然,在司法方面也不能偏离这一原则。当时学者评价:"今日的中国是个三民主义的社会和党治国家。三民主义为我国一切国家作用之最高的根本规范。"④ "所以三民主义在立法上,正如航海的罗盘、远行的南针,应该遵行毋

---

① 李光灿:《中国刑法通史》(第8分册),辽宁大学出版社1987年版,第246页。
② 《胡汉民先生文集》(第4册),中央文物供应社1978年,第784—785页。
③ 转引自杨鸿烈:《中国法律思想史》(下册),中国政法大学出版社2004年版,第347—350页。
④ 王晋伯:《中国法律目前最需要的是什么》,载《法律评论》1935年第633期。

悖"。①

然而,也有学者认为,"民国十七年国民政府颁布之现行刑法,表面上虽为三民主义领导下之产物,实际上现行刑法修正之点,不过集历次修正案之大成,及参以审查者意见之结果,其内容大部分可谓全属清律或刑律立法当时即为疏漏欠妥之处。故其修正之性质,不出整理与修饰之范围,其以三民主义为理想而加入之新原则,殊不多见。"②无论如何,三民主义政治理论对国民政府的刑事审判制度的指导是不可否认的。

在"三民主义"立法的口号之下,有人将国民政府刑法典的某些规定拿来比附"三民主义"。例如,20世纪30年代初国民政府重新修订刑法时,就有人将"加重外患罪,改订妨害风化、婚姻、家庭等罪",说成是"扶植民族之发展";将"增补渎职罪及妨害投票罪"说成"以维护民权之伸张";将"妨害农工商、窃盗、抢夺、强盗、侵占、诈骗、背信、恐吓、掠人弹药各罪之增减,及重利罪之添设"说成"所以解除民生之痛苦"。表面上,这一刑法典,无一不合乎"三民主义"的精神,从而为法西斯刑法涂上一层虚伪的保护色。有学者批判:在理论上,国民党借"三民主义"之名,反对资产阶级国家前期的法律学说,认为以"天赋人权"为理论基础的"个人本位"的立法精神已经过时,而且"不切于中国的国计民生,违反了中国固有的文化精神",因而应代之以"社会为本位"的立法思想,具体到刑法领域,就是主张采用所谓的"社会防卫主义"。③

"社会为本位"的立法思想,既是"三民主义"的延伸,也顺应了世界形势。一方面,当时中国的目标是要建造三民主义的国家,所以立法的精神,就要注重于整个民族的社会生活和社会力量的规范。另一方面,"现代世界各国立法之趋势,颇偏重于社会公益之保护。关于刑法上之立法例,尤以保护社会公益为前提。"④因为"法律为社会生活中人类行为不可破的规范,为社会科学之一,由社会关系产出,其应随社会科学演进而演进,实属明甚,故法律之社会化(socialization of law),近代各国已逐渐见诸施行。我国国民政府成立,所立法典,亦多以社会为依归,实一极佳之现象。"⑤因此,国民政府"社会本位"的刑事立法思想是符合当时的世界发展趋势的。

---

① 胡汉民:《二年来立法工作之回顾》,载罗家伦:《革命文献》第23辑,1978年版,第594页。
② 蔡枢衡:《刑法文化之展望》,载《法律评论》第559期,1934年。
③ 李光灿:《中国刑法通史》(第8分册),辽宁大学出版社1987年版,第251页。
④ 李开棣:《现代刑法上犯罪故意与责任能力标准之探讨》,载何勤华、李秀清:《民国法学论文精萃》(第4卷),法律出版社2004年版,第217页。
⑤ 郑保华:《法律社会化论》,载何勤华、李秀清:《民国法学文萃》(第1卷),法律出版社2003年版,第135页。

当时的司法院长王宠惠也指出:"欧战以后,世界经济,变迁剧烈,社会现状,偏畸日甚,平民生活之困难,阶级斗争之防止,昔日以个人主义为根据之法律,至今日乃不有不以社会为本位。各国新订法制,权利多趋于社会化、契约多趋于集合化,职是故也,流风所播,我国亦不能自外斯例。"①在王宠惠看来,"国父所提倡之三民主义,即为法律社会化之指标。""法律既随时代而变迁,故每一时代之法律,均具有独特的新精神和新趋向。就现代化而论,法律在趋向于社会化,以往法律侧重保护个人利益,今则趋向不同,于保护个人利益之外,亦须顾及社会利益,盖个人为社会之一分子,欲保护个人利益,当同时促进整个社会的利益。"②国民政府对于"三民主义"理应是真诚的。

这一法律思想的变化,是世界思想潮流所致。19世纪末以来,世界主要资本主义国家民事法律宗旨发生了由个人本位向社会本位的转变。19世纪末20世纪初,随着社会的发展和变迁,西方各国正在向垄断资本主义阶段过渡。此时,占统治地位的垄断资本主义要求对政治制度及国家法律进行相应的改革,改变传统资本主义所奉行的自由原则。社会本位思潮应运而生,国家放任主义政策逐渐没落,国家干涉主义逐渐盛行。在法律思想领域,社会连带主义法学和社会法学派占据了西方主要发达国家的思想阵地,法律社会化的倾向越来越明显。传统的权利义务观念受到极大的挑战,权利的行使不再是绝对的,必须符合社会公共利益。其中,德国法学界的耶林在这次法律改革中提出了著名的"利益法学"观,影响很大。在耶林看来,法律的目的在于谋求社会利益,并认为这种思想特别适用于司法。司法人员对待一定的法律最重要的是确定立法者所要保护的社会利益。③这种社会利益法学观强调社会公益,适应了当时资本主义社会政治经济的需要,因此,影响深远,国民政府在刑事法制方面受其影响很大。

2. 从贯彻"党治"原则到依法"独立"审判

(1) 贯彻"党治"原则

中华民国建立后,实行的是国民党一党执政的政治体制,党与司法的关系本来仿行法、美等国模式实行"司法官不党"的司法体制,但1917年以后,情况发生了变化。孙中山取法苏俄"以党治国"之路,对政治上一切设施以党纲为统帅,并由此建立起"党化"的司法体制。南京国民政府的政治体制

---

① 王宠惠著、张仁善编:《王宠惠法学文集》,法律出版社2008年版,第302页。
② 同上书,第310页。
③ 孙文恺:《社会学法学》,法律出版社2005年版,第40页。

就是建立在国民党"以党治国"、一党专制基础之上的。① 南京国民政府的立法活动,在很大程度上是按照"一个党,一个领袖,一个主义"的原则行事。"一个党"的原则,体现于立法活动之上,就是由国民党控制立法权,贯彻"以党治国"方针,也就是由国民党治理国家。该方针最先由孙中山先生提出来的,用来强调以革命政党的整体力量的作用,主张在党内实行民主制度,是要"主义治国"。南京国民政府建国后,继续使用该原则作为政府一切事业的指导方针。

国民党厉行党治,从此中华民国立法权,也大都由国民党行使,并未成立正式立法机关。此时,党的政策在很多情况下都是高于法律的,并且可以取代法律。中央执行委员会,为国民党全国代表大会闭幕期间之最高权力机关,凡关于国家根本组织之法及最重要之法,如历次国民政府组织法、军事委员会组织大纲、国民革命军总司令部组织大纲等,均为该会所通过。政治委员会,或政治会议,为国民党特设之最高政治指导机关。党治初期虽无正式立法机关,唯关于法律之起草与审议,曾设有专管机关。

1927年5月,国民党政治会议第80次会议决议组织中央法制委员会。委员由中央政治会议决定,咨请国民政府任命,名额暂定9人,设常务委员3人,处理常务,召集会议。承中央政治会议及国民政府之命,草拟并审查一切法制,亦得自行草拟并审查各项法制,建议于中央政治会议及国民政府。6月,国民党中央政治会议第100次会议,决议设立法制局,隶属于国民政府,法制局置局长1人,编审6人至9人,职责之一是修订民刑等法规,及一切关于司法之法律条例案所有草拟或修订之法律条例等案,均应呈由国民政府交中央法制委员会审议,提经中央政治会议通过,再交国民政府公布施行。到10月,国民政府实施五院制,设立立法院,法制局即奉令结束。国民政府依全会之决议,试行五院制。立法院于12月5日成立,为党治下之正式立法机关。② 事实上,国民党中央执行委员会在立法中仍起着重要的作用,无论是民事立法还是刑事立法,贯彻"党治"原则的倾向极为明显。

在《训政大纲案》中,胡汉民提出了在当时的内外情势下推行"训政"的三条原则:(1)"以党求统一,以党训政,培植宪政深厚之基";(2)"本党重心,必求完固,党应担发动训政之全责,政府应担实行训政之全责";(3)"以五权制度作训政之规模,期五权宪政最后之完成"。③ 这里,胡汉民提出了国

---

① 张明楚等:《在历史的漩涡中——抗日时期的国民政府》,广西师范大学出版社1996年版,第49页。
② 参见谢振民:《中华民国立法史》,中国政法大学2000年版,第211—213页。
③ 《胡汉民致谭延闿电》(1928年6月3日),台北国民党中央党史馆藏。

民党在训政时期内,以国民党为政治领导核心治理国家的方针。《训政纲领》核心就是在"训政时期"由国民党控制国家的所有权力。① "以中国国民党独负全责,领导国民,扶植中华民国之政治治权"。② 无疑,在胡汉民看来,贯彻"党治"精神也是当时的国情所驱使。

1929年12月5日,胡汉民在立法院成立一周年纪念会之报告中指出:"我们的立法,从在根本上,有总理的主义做最高的原则;在立法系统上又有党的政治会议在指导着。"③1930年12月5日,在立法院成立二周年纪念会演讲词中,胡汉民再次强调:"…的确,在训政时期,立法院是奉从党的命令,推行党的政策,而施以治权之机关之一,其一切自然应该以党的主义为依归。"④当时的司法院院长王宠惠也坚持"党治"司法的观点,他在1929年3月3日在关于"今后司法改良之方针"讲话中指出:"以党治国,无所不贬,法官职司审判,尤育密切关系。何况中央及地方特种刑事法庭业已裁撤,所有反革命及土豪劣绅案件,悉归普通法院受理,为法官者,对于党义,苟非明澈之体验,恐不能得适当之裁判。是以法官党化,实为目前首应注意之点。"⑤如何实现司法官党化,王宠惠指出,关于此项计划,约分三种:其一网罗党员中之法政毕业人员,使之注意于司法行政及审判实务,以备任为法院重要职务,俾得领导僚属,推行党治。其二训练法政毕业人员,特别注重于党义,以备娴熟,以备任用。其三全国法院一律遵照中央通令,实行研究党义,使现任法官悉受党义之陶镕,以收党化之速效,此应注意者一也。⑥ 而且,按照党化司法体制的设计,司法活动中采用参审制和陪审制。参审员和陪审员的选派标准是,当事人为党员的,由党部选派;当事人为农民的,由农民协会选派;当事人为商人的,由商民协会选派。

司法实践中,党的部门对司法事务及司法人员经常直接或间接干预,司法人员不严格遵守国民党党务规定,也会成为司法人员政治观念不够鲜明的证据,而遭到党务部门的指责。⑦ 国民党坚持"以党治国",《训政时期约法》将"约法之解释权"赋予了国民党中央,更使其成为法定的国家最高权力机

---

① 张宪文等著:《中华民国史》(第2卷),南京大学出版社2006年版,第82页。
② 《确定训政时期党、政府、人民行使政权治权之分际及方略案》,见荣孟源主编:《中国国民党历次代表大会及中央全会资料》(上),第658页。
③ 胡汉民:《一年以来立法新制的试行》,载《国民政府政治制度档案史料选编》(上册),第256页。
④ 胡汉民:《二年来立法工作之回顾》,载《国民政府政治制度档案史料选编》(上册),第260页。
⑤ 王宠惠著、张仁善编:《王宠惠法学文集》,法律出版社2008年版,第285页。
⑥ 同上书,第285—286页。
⑦ 张仁善:《司法腐败与社会失控(1928—1949)》,社会科学文献出版社2005年版,第77页。

构,国民党以其党权取代全国人民政权从此获得了正式的法律依据。1932年的《立法程序纲领》中规定,国民党中央政治会议可以自行决定政治会议提交的一切法律案,对其他各院部的提案也有决定权,立法院通过的议案,国民党中央政治会议有权提出修改。

在国民党"党治"原则下,司法院院长居正提出了具体的党化司法措施:即(1)法律所未规定之处,应当运用党义来补充它;(2)法律规定太抽象空洞而不能解决实际的具体问题时,应当拿党义去充实它们的内容,在党义所明定的界限上,装置法律之具体形态;(3)法律已经僵化之处,应该拿党义把它活用起来;(4)法律与社会实际生活明显地表现矛盾而没有别的法律可适用时,可以根据一定党义宣布该法律无效。① 这样,在刑事领域,刑事审判制度的建构和刑事审判活动的开展无疑都打上了"党治"的烙印。例如,1926年9月12日公布施行的《党员背誓罪条例》规定,国民党党员违背其誓言,或虽未宣誓担任官职,其所为的不法犯罪行为即构成党员背誓罪。党员知其他党员犯罪而不举,以从犯论。该条例还规定,党员违背誓言而为不法行为者,分别情形按刑律加一等以上处罚之。党员反革命图谋内乱者,不分既遂未遂,一律处死刑。党员以职权操纵金融,图利并没收其财产。又如1929年12月31日颁行修正的《反革命案件陪审暂行法》规定,国民党最高级地方党部对于法院所判"反革命案件"的第一审判决不服的,可于上诉期间内,要求检察官上诉于最高法院。当该案发回重审时,先由国民党党员组成的"陪审团"进行评议,对该案作出"有罪"、"无罪"或"犯罪嫌疑初步能证明"的答复,法院必须根据这个答复作出判决。特别是"司法官如果发现无法文可以适用时,应该本于党义之精神以为裁判,也即'适用'法律之际必须注意党义之运行"。② 显见,国民政府刑事审判的过程多少贯穿着"司法党化"的政策精神。

对此,有学者提出批评,认为南京国民政府时期的国民党丧失了革命精神,党内民主不彰,少数人控制着党权以谋个人或小团体的利益,实际上是"党员治国"、"个人治国",在"以党治国"的口号下控制一切,强化国民党在国家政权各方面的作用,最终导致少数强势党员的"个人独裁"。③ 这种批评不无道理,也是国民党自身的弱点所在。

(2)依法"独立"审判

所谓依法"独立"审判是指法院依照法律从事审判活动,制作司法裁判

---

① 居正:《司法党化问题》,载《东方杂志》第32卷第10号,载李贵连主编:《近代法研究》(第1辑),北京大学出版社2007年版,第150页。
② 朱苏人:《中国法制史》,北京大学出版社2010年版,第251页。
③ 张宪文等著:《中华民国史》(第2卷),南京大学出版社2006年版,第84页。

而不受其他外部机构任何个人的干涉,全面实现其实质独立、身份独立、集体独立以及内部独立。但是这种独立应是相对的、受到一定制约和监督的,因为没有制约和监督的审判是无法实现公正的。这种"独立"审判的思想源自西方的影响。"清季以降,欧风东渐,至民国时期,已呈全方位蔓延之势。在司法界,提出了'司法独立'、'司法公正'的口号,大量的西方法学理论和法律制度诸如公开审理、辩护制度等等,相继引进国内的法律实践。"①国民政府时期继续传承了这一传统,理论上比较重视审判的独立性问题。

鸦片战争以后,我国一些先进的思想家,为挽救民族危机,主张模仿西方的政治制度。梁启超主张"君主立宪"、"立法、司法、行政三权分立";邹荣在《革命军》一书中也提出了孟德斯鸣的主张;孙中山受"三权分立"思想的影响,提出"集合中外的精华,防止一切流弊,便要采用外国的行政权、立法权、司法权,加入中国的考试权和监察权,造成一个很好的完璧,造成一个五权分立的政府。"②在这一背景下诞生了近代"司法独立"原则,或说为"审判独立"原则。③ 这种原则深刻地影响到近代中国特别是民国时期的司法审判工作。

首先,1906年10月公布的《大理院审判编制法》第一次正式确定"司法独立"原则。该法第6条规定:"自大理院以下,及本院直辖各审判厅、局,关于司法裁判,全不受行政衙门干涉,以重国家司法独立大权,而保人民身体财产。"这样,以法律形式明定了司法独立原则。1907年在沈家本编纂的中国第一部《法院编制法》中,"司法独立"的原则再次得到了清晰的反映。该法第35条规定:审判厅者,为行使司法权之独立机关也。司法权既为独立,则行使之机关,自为独立之机关。法官独立审判,不受上级官厅之干涉是各审判衙门一切准成法而行,不但行政机关不能加以干涉,即使最高级之大理院,亦不能任意指挥。其所以如是者,因执行司法权之机关,依法律上之责任,于其审判范围内,有独立不羁之自主权也。④

其次,南京临时政府的司法制度,基本上是按资产阶级三权分立的原则

---

① 张庆军、孟国祥:《民国司法黑幕》,江苏古籍出版社1997年版,第1页。
② 孙中山:《三民主义·民权主义》,载《孙中山全集》第9卷,中华书局1986年版,第353—354页。
③ 日本学者认为,世界各国通行的"司法"的概念,与"审判"实为同义语。参见〔日〕伊达秋雄:《刑事诉讼法讲义》,政文堂昭和四十三年十月十日刊行,第15页。我国学者认为,在审视"司法"概念的时候,不难发现,我国当代学术中"司法"的含义与世界通行的定义有所不同,但我国民国时期通用的"司法"的定义与世界通行的定义都是相同的。参见张建伟:《刑事司法体制原理》,中国人民公安大学出版社2002年版,第10页。
④ 王治炜:《法院编制法》,平民大学1911年编制,第10页。

建立的,司法作为独立机关而存在。根据《中华民国临时约法》,司法权由法院行使。至于法院的职权,《临时约法》第 48 条规定:"依法律审判民事诉讼、刑事诉讼。"与此相应,临时政府确定实行"独立审判"的原则。《临时约法》第 51 条规定:"法官独立审判,不受上级官厅之干涉。"为了保证法官能真正独立审判,《临时约法》又规定:"法官在任中,不得减俸或转职,非依法律受刑罚宣告,或应免职之惩戒处分,不得解职。"关于法院的审判活动,则确定实行公开审判原则。据《临时约法》第 50 条规定,"法院之审判,应公开之。但有认为妨害安宁秩序者,得秘密之。"为确保审判独立公开进行,在审判制度中,南京临时政府法制员还起草了《律师法草案》,有的地方还组织了律师公会,确定实行律师辩护制度。

北洋政府时期,在内容上吸收了西方近代宪政理论并结合南京临时政府建立以来的政治实践,确立了审判独立原则。1923 年《中华民国宪法》第 101 条规定,法官独立审判,无论何人,不得干涉之。此时,审判独立的最明显标志是法官"非党化"。袁世凯统治北洋政府期间,禁止法官加入任何政党和组织,亦不得当选为全国或地方议会的代表;已经加入政党的必须退出。这一禁令从形式上显示袁世凯的北洋政府在实行"审判独立",实际上是袁世凯为压制共产党及国民党而采取的措施之一。后来,因为人员、经费等的影响,北洋政府又部分地恢复了行政与司法合一的传统。

南京国民政府,"自司法院成立以来,司法独立之精神,甚为一般民众所注意。"[①]20 世纪 30 年代的南京市市长、曾任过司法部部务的罗文干就是一个"法治的坚定拥护者,并公开赞成司法独立。"[②]关于审判独立原则,《法院组织法》及《刑事诉讼法》均无明确规定,但在某些条文中有所体现。1947 年《中华民国宪法》第 80 条则规定:"法官须超党派以外,依据法律独立审判,不受任何干涉"。需要指出的是,国民政府时期,虽然实行"审检合一",检察院设在法院内,但其职责与法院是严格分开的,1932 年国民政府《法院组织法》明确规定,"检察官对于法院,独立行使其职权。"这里明确规定了检察官独立行使职权,检察官具有实施侦查、提起公诉、支持公诉、指挥刑事裁判执行功能和"协助自诉"和"提起自诉"的职责。而审判权只能由法院行使,《法院组织法》没有将独立审判职权赋予法官。所以,当时的司法院院长王宠惠在 1929 年 3 月份的司法改革讲话中提出"宜求司法官独立之保障"的主张:

---

① 这是王宠惠在 1929 年 3 月 3 日关于"今后司法改良方针"的讲话中的观点。参见王宠惠著、张仁善编:《王宠惠法学文集》,法律出版社 2008 年版,第 285 页。
② 〔荷〕冯客:《近代中国的犯罪、惩罚与监狱》,徐有威等译,江苏人民出版社 2008 年版,第 220 页。

司法独立,人尽知之,然欲求司法真正之独立,首当力求法官之保障。关于此点其事有二:(1)职务上之保障。法官办理民刑事案件,一以法律为准,如有顾忌,即有能尽其职。军阀时代,武人干涉审判之事,屡见不鲜,法官力不能抗,或委曲迁就,或掣肘时间,至数其他障碍,以致不能行使职权之事,尤难指数。今者军事告终,一切阻力,逐渐扫除,但恐仍有顾虑之端,尚须细考原因,以求职务保障之方法。(2)地位上之保障。法官无故不得降职免职,为各国之通例。盖久于其职,乃能安心任事,所以有法官终身之称。反观国内法官之迁转频繁无论已,往往僚属之进退,俸级之高低,悉凭长官之爱憎为标准。为法官者方惴惴不能自保,更何能责其尽职耶?①

王宠惠从法官的职务和地位两方面诠释了司法独立的意义,得到学界的支持:"所谓司法独立云者,其义有三:一曰司法官之地位独立,即司法官在未受刑罚宣告或惩戒处分以前,不得随意免职、停职等之谓也。此乃保障司法官为终身官之意,盖即所以使司法官能独立行其公平裁判。二曰司法官之职务独立,即司法官行使审判上之职务时,无论何人,不得加以干涉,俾保持其独立之公平裁判。三曰裁判之效力独立,即司法官所为判决,一经确定,意指终审或经上诉期间后,当有拘束效力。无论何人,不得加以破弃。纵在未确定前,亦只能依法上诉,而不能遽行否认其判决。"②

当然,也有一些司法工作人员从司法体制的角度认为,国民政府设置具有"兼理司法行政"性质的县司法处是违背司法独立的。这里有一份"拟废除县长兼理检察职务修正县司法处组织条例实现司法独立"的提案。提案人热河高等法院院长朱焕彪,他指出:"民国肇兴,首揭司法独立之议,全国各省几已普设地方及初级审检各厅,徒以袁氏盗国而阻挠继此以还,国家多事,内政未完成统一,对于司法之改进尤非视为国家要图……"③

国民政府的法律条文从表面看,体现了资产阶级的"司法独立"原则,但是这个原则在国民政府的司法实际活动中是不存在的。因为长期以来,立法权由国民党直接掌握,而且举凡与国民政府统治有密切关系的所谓特别刑事案件,如所谓的"反革命罪"、"危害民国罪"、"妨害秩序罪"、"危害国家罪"等等,法西斯党及特务都直接干预,根本不存在"独立审判"的问题。④ 从法

---

① 王宠惠著、张仁善编:《王宠惠法学文集》,法律出版社2008年版,第286页。
② 《刑法思想之发展》,载《法律评论》1933年总第519期。
③ 中国第二历史档案馆藏:《拟废除县长兼理检察职务修正县司法处组织条例实现司法独立案》,全宗号七,案卷号6540。
④ 李光灿:《中国刑法通史》(第8分册),辽宁大学出版社1987年版,第307页。

院的许多判例或解释例可知:由于法官、检察官因为所处立场,他们所执行的法律体现的是统治阶级的意志,因而实际上仍然是在执行统治阶级的意志,特别是蒋介石集团的意志,绝非独立于统治集团意志之外的。而且,普通法院办理普通刑事案件,对于犯有"内乱罪"、"外患罪"、"盗匪罪"等特别刑事案件,则根据《危害民国紧急治罪法》、《惩治盗匪条例》等刑事特别法,明确规定国民党党部、军宪、特务可以参与特别刑事案件的审判。还有许多特别刑事案件,尤其是有关直接侵犯国民政府反动统治的案件,都是由刑事特别法庭或特别机构处理,因而国民党标榜"司法独立",并不妨碍法西斯党及特务机关干预审判,不妨碍国民党当局采用各种手段迫害革命者,反而可以起到遮羞的作用。毋庸置疑,国民政府所倡导的独立审判具有极大的虚伪性。

总体上,南京国民政府的司法独立制度与实践是分离的,从1928年开始,国民政府为了实践司法独立,加速编制法律,厉行司法改革,法律制度层面的近代化基本实现。但是,司法权的独立运作模式离司法现代化的目标相差甚远,许多旧有的司法缺陷尚未弥补,新的缺陷又不断出现,司法不独立的状况没有太大改观。事实上,在国民政府提出"司法党化"的口号后,越来越多的国民党党员充斥司法队伍,使所谓"司法独立"大打折扣。① 再看"兼理司法各县,虽酌设承审员,以资助理,其地位依法各自独立,不随县长之进退而进退。但按诸实际,每因环境关系,其审判辄受县长之指挥干涉,而失司法独立精神。"②"司法独立"成为国民政府真正的口号。

简言之,在国民政府特定的政治经济和思想文化背景下,刑事审判制度以"三民主义"为指导,贯彻"党治"原则,依法"独立"审判,但是都带有较大的虚伪性,甚至是自相矛盾的。与南京临时政府早期的充满近代民主精神的法制相比,这无疑是法律的退化。③

二、基本刑事政策:刑事审判的基本原则

刑事审判原则是刑事诉讼理论和刑事诉讼法的重要组成部分,而刑事审判中的基本原则是指对刑事审判活动具有指导意义的、带有纲领性和概括性的规则。④ 它是关于刑事诉讼中重大问题的行为规范,"是诉讼制度、诉讼程

---

① 林明、马建红:《中国历史上的法律制度变迁与社会进步》,山东大学出版社2004年版,第406页。
② 陈朴生:《中国特别刑事法通论》,上海中华书局1939年版,第159—160页。
③ 参见黄宗智:《法典、习俗与司法实践:清代与民国的比较》,上海书店2003年版,第4页。
④ 宋世杰:《刑事审判制度研究》,中国法制出版社2005年版,第31页。

序的实质精神的升华和概括"①。原则是根本规则之意,相应的,刑事审判原则是由刑事诉讼法规定的,贯穿于刑事审判全过程并为审判机关②、侦查机关必须遵循的根本行为准则,刑事审判的基本规则是刑事审判研究的重要内容。

以西方近代法律制度为模本发展起来的中国近代刑事审判制度,将刑事辩护制度与无罪推定、司法独立、程序法定等基本诉讼原则一同纳入了刑事诉讼立法的范畴。国民政府时期,刑事诉讼遵循了一定的原则,当时的学者也进行过详细研究和总结,大致有两派观点:一派提出九个"主义",即(1)国家追诉主义为原则,而以私人追诉主义为例外;(2)实际上的真实发现主义;(3)直接审理主义为原则,书面审理主义为例外;(4)直接审理主义;(5)自由心证主义;(6)公开审理主义为原则,秘密审理主义为例外;(7)双方审理主义;(8)当事人诉讼主义,强制代理主义为例外;(9)厉行主义等。③

而另一派提出十二个"主义",当时的学者魏冀征将刑事审判与民事审判放在一起考证的,共归纳出十二条原则,就刑事审判而言:(1)以两造审理主义为原则,而以一造审理主义为例外;(2)以职权主义为原则,以处分主义为例外;(3)以言词辩论为原则,书面审理为例外;(4)以本人诉讼主义为原则,代理诉讼主义为例外;(5)以直接审理主义为原则,间接审理主义为例外;(6)以自由顺序主义为原则,法定顺序主义为例外;(7)以实体真实发现主义为主,形式真实发现主义为例外;(8)以自由心证主义为原则,法定证据主义为例外;(9)以当事人平等主义为原则,不平等主义为例外;(10)以国家追诉主义为原则,以当事人追诉主义为例外;(11)以厉行主义为原则,便宜主义为例外;(12)以公开审理为原则,秘密审理为例外。④

我国著名的刑事诉讼法专家陈瑞华教授指出,20世纪"20至40年代的中国刑事诉讼法学著作在刑事诉讼原则或主义问题上,大体上都沿用了沈家本的有关论述"⑤。而这些论述在《大清刑事诉讼律草案》中可以找到,尽管《大清刑事诉讼律草案》由于清王朝的灭亡而未得到施行,但它却为后来成立的国民政府所援用。尽管沈家本的这些论述是从日本刑事诉讼法学理论

---

① 陈光中:《刑事诉讼法学》,中国政法大学出版社1996年版,第56页。
② 朱显祯:《刑事裁判上之公共辩护人制度》,载何勤华、李秀清:《民国法学论文精萃》(第4卷),法律出版社2004年版,第326页。
③ 刘澄清:《中国刑事诉讼法精义》(上册),刘澄清律师事务所1948年版,第9—14页。
④ 魏冀征:《我国诉讼法主义之研究》,载《法学论丛》1936年第2期。载何勤华、李秀清:《民国法学论文精萃》(第5卷),法律出版社2004年版,第129—134页。
⑤ 陈瑞华:《刑事诉讼的前沿问题》,中国人民大学出版社2000年版,第9—10页。

中借鉴而来的,但它是中国法学家对现代刑事诉讼法律核心内容作出深刻理解的基础上,第一次就刑事诉讼法基本原则作出的阐释。

刑事审判作为刑事诉讼的重要组成部分,其所遵循的基本原则与刑事诉讼有共同的地方,但也有自己的准则,具体到南京国民政府时期,刑事审判所遵循的基本原则有:

(一) 不告不理

不告不理是指未经控诉一方提起控诉,法院不得自行主动对案件进行裁判的一项审判基本原则。它是"体现在起诉、审判分工的一种原则,一切刑事、民事、行政案件没有起诉,法院不得自行审理,法院不能兼有控诉职能。法院在审理过程中受原告起诉范围的制约。即告谁就审谁,告什么就审什么。"① 也即无论是民事案件还是刑事案件或是行政案件,法院在审理时都必须遵循这一原则。但是,具体到每一种案件中,其意义有异:民事案件的不告不理,是指在审理中,法院只能按照当事人提出的诉讼事实和主张进行审理,对超过当事人诉讼主张的部分不得主动审理。刑事案件的不告不理,指刑事诉讼必须有公诉人提起公诉或自诉人自诉,法院才得受理的原则。

不告不理是调整起诉和审判关系的重要诉讼原则,早在古罗马诉讼法中已出现,古罗马的法谚所表达的:"没有原告就没有法官","无告诉即无审判",即是"不告不理",没有原告,法院就不依职权主动启动诉讼程序。从古代东方的古埃及到西方的英格兰,基本上都是实行这种弹劾主义诉讼,采用"不告不理"原则。在奴隶社会的初期,国家对侵犯私人利益的违法行为通常不直接干预,而是允许被害人直接处罚加害人,或以某种方式与加害人和解。只有为了证明加害人的杀人行为是否处于合法复仇,才需要通过司法程序来解决,因此对刑事案件采取"不告不理"的诉讼原则。虽然后来随着国家统治权力的加强和国家司法职能的扩张,不允许当事人"私了",但是国家司法机关对违法犯罪行为的追究活动仍然受制于当事人。即一方面在诉讼启动上坚持"不告不理",另一方面在诉讼的进行中赋予当事人决定诉讼的主动权。近代资产阶级为了保护"人权"的需要,继承和发展了这个原则,在刑事立法方面,提出了对任何人未经法定程序起诉,不得判刑的主张,并且成为大陆法系国家刑事审判的基本原则之一。

古代的"告乃坐"也即"不告不理"之意,中国旧的刑事诉讼法叫做"告乃论"。由此,诞生了起诉制度,自春秋时期就有自诉和控告两种形式,秦汉

---

① 周振想:《法学大辞典》,团结出版社 1993 年版,第 136 页。

王朝刑事起诉则有告诉、自首和官员纠举三种方式。这种起诉制度实际上是"不告不理"精神的体现,整个中国古代的刑事审判基本上是遵循"不告不理"原则的。清朝末期,在西方诉讼原则的影响下,形成了"不告不理"的制度。在《刑事诉讼律草案》完成进呈清廷的奏折中,沈家本认为,刑事诉讼的程式可分为纠问和告劾两种,纠问式程序是指"以审判官为诉讼主体,凡案件不必待人告诉,即由审判官亲自诉追,亲自审判,所谓不告亦理是也"。而告劾式程序则是指"以当事人为诉讼主体,凡诉追由当事人行之,所谓不告不理是也"。清末《各级审判厅试办章程》103条规定:"刑事案件未经起诉者,审判庭概不受理。"也即通常所说的"民不告,官不纠",民国时代沿用了这一制度。以大陆法系法律为模板构造本国法律体系的国民政府,在刑事审判制度的设计中更是将"不告不理"原则的精神纳入法条中。1935年刑事诉讼法就采用了这个原则,例如该法第245条规定:"起诉之效力不及于检察官所指被告以外之人。"第247条"法院不得就未经起诉之犯罪审判"等都是有关不告不理原则的体现。

不告不理,从其含义上看,具有一定的民主性。首先,该原则的价值在于:一方面对裁判方的权力实施有效的控制以防止专横,另一方面可以防止裁判方先入为主和产生预断,有利于其在控诉方与辩护方之间保持中立和公正。① 其次,不告不理原则最重要的法律精神就是它蕴含着保障人权的精神,符合人权保障的精神要求。如果违反"不告不理"原则,也就严重违背刑事诉讼法人权保障的内在要求,刑事诉讼法的许多规定都是宪法条文的具体化,违反了刑事诉讼法的理念也就是违反了宪法的要求,违反了最基本的人权保障的要求;如果违反"不告不理"原则将影响着司法公正的实现,不利于人权保障的社会法制理念的实现。同时,"不告不理"原则也凸显了司法权的消极性,非因当事人的主动诉请,国家司法机关不做干预。那么,国民政府时期,虽然在法条里贯彻了"不告不理"的原则,但是,违反此原则的做法是常有的,尤其是特别临时法庭。所以,有学者认为,"国民政府的刑事诉讼法表面上虽然做了类似规定,但实际上并没有真正按此原则办事。"由此,可见一斑。

(二) 不间断、不重复

所谓不间断原则,也叫集中审理原则,是指法院开庭审理案件,应在不更换审判人员的条件下连续进行,不得中断审理的原则。1935年《刑事诉讼

---

① 吴观雄:《不告不理的现实价值》,载《法制日报》2002年10月21日。

法》第285条规定:"审判期日应由参与之推事始终出庭,如有更易者,应更新审判程序。"这就是关于不间断原则的规定。也就是说,刑事案件的审判原则上应该持续不断地进行,亦即审理程序应尽可能一气呵成,即行判决。因为整个审判阶段以庭审为中心,所有的事实、证据和法律适用都应在庭审时一并提出、辨明,审判结论也应在庭审中形成。所以对一个案件的审判应该一次性连续完成,即使对需要进行2日以上审理的复杂、疑难案件也应当每日连续审理至审理完毕为止,不应有日期间隔。

不间断审理原则在英美国家的刑事审判中充分体现,大陆法系国家的刑事诉讼立法中也不反对这一原则。但是,在我国现行刑事诉讼立法不但规定在某些情况下可以延期审理,还可以因检察人员的建议退回补充侦查,法官在一段时间内审理多起刑事案件的情况也并不鲜见。审理不间断原则既可以避免审判拖延,使案件及早审结,提高刑事诉讼的效率;也可以防止来自庭外的不正当干扰,保证法官从开庭连续审理中获得对案件清晰、完整的印象,防止同其他案件混淆,以保证实现公正的裁决。

不重复审理原则,也即是一事不再理原则,1935年《刑事诉讼法》采用了这个原则。该法第231条规定,同一案件"曾经判决确定者","应为不起诉之处分"。第294条又规定,案件"曾经判决确定者","应谕知免诉之判决"。在同一案件重复起诉的情况下,该法则规定:"已经提起公诉或自诉之案件,在同一法院至行起诉者","应谕知不受理之判决"。一事不再理原则是指对已有确定判决的案件,除法律另有规定外,不得再行起诉和审判。该原则起源于古罗马法当中"不得对同一标的提起两次诉讼"的古老做法。也就是说,对同一议题不得再次提起诉讼,即不得根据同一法律事实要求同一权利。[①]

据此,罗马法确定了既判力,即法官对某案件所做的判决,即使不真实,也必须执行,不得再将审判推翻。罗马法确认既判力有三个条件:一是必须属同一案件;二是必须系同一诉讼标的;三是必须为同一当事人。古罗马法的这条审判原则一直为后世所沿袭,运用到刑事诉讼中就构成为"一事不再理原则"。世界各国的审判立法和司法中都采纳了这一原则,国民政府时期,刑事审判也无例外地使用了这一原则。我国现行刑事立法和刑事司法采取二审终审原则,对同一罪行的裁决产生法律效力后,除有法律规定的特别情况外,均不得再审,也体现了"一事不再理原则"。

---

① 〔意〕波得罗·彭梵得:《罗马法教科书》,黄风译,中国政法大学出版社1992年版,第107页。

一事不再理原则的确立意义重大。其一,它可以维护法律的尊严和法院的权威。法院对某一犯罪行为依现行法进行审理、裁判后,即获得了对该犯罪行为最具权威的法律评价和处理决定,如随意变更,势必损害法律尊严,影响法院在社会公众中的形象,在社会上产生不良后果。其二,避免诉讼资源不必要的浪费。对于审判结果,当事人很难满意,如果允许"再理"的话,势必又要动用法律资源,组织庭审,需要人力、物力和财力,还不一定有好结果。况且,国民政府时期,法律资源非常有限,财政状况很不景气。因此,审判中贯彻一事不再理原则很有必要。

我国现行刑事审判没有确立一事不再理原则,长期以来一直坚持实事求是、有错必纠的原则,但是也带来了一些弊端,导致无限申诉、无限再审的现象。因此,这种原则是和一事不再理原则相抵触的。① 笔者认为,一事不再理原则在当代的刑事审判中值得遵循。所以,国民政府时期刑事审判的一事不再理原则仍具有现实借鉴意义。

(三) 直接、公开审理

直接审理原则包括两层含义:一是指法官在审理案件时,公诉人、当事人及其他诉讼参与人应当在场。除法律有特别规定的情形外,上述人员不在场时,不得进行法庭审理,否则,审判活动无效。二是刑事庭审过程中证据的调查与采取,应由法官亲自进行,只有以直接调查并经衡量,评判后采取的证据,方能作为判决依据。也即是法官必须亲自接触案件的所有材料,如在法庭审查证据,听取辩论,然后据以进行裁判。这与清末沈家本的主张是一致的,沈家本认为,"凡该案关系之人与物必行直接询问调查,不凭他人申报之言辞辩论及文书,辄与断定"。② "随着刑事诉讼法的发展演变,近代各国对于当事人参与诉讼的规定也不尽相同,但大部分国家采用强制本人主义,即除较轻微案件可由辩护人代为出庭外,其他案件都须当事者本人出庭,直接参与诉讼。"③1935年《刑事诉讼法》规定了直接审理原则,例如该法第267条规定:在"讯问被告后,审判长应调查证据";第200条规定:"判决除有特别规定外应经当事人之言辞辩论为之。"此外,对听取证言和辩论都有规定。

审判公开是指法院审理案件和宣告判决,除法律有特别规定者外,都应当向社会公开,在法庭公开进行,允许群众旁听,允许新闻记者采访报道。审

---

① 叶青:《中国审判制度研究》,上海社会科学院出版社2002年版,第36页。
② 转引自陈瑞华:《刑事诉讼的前沿问题》,中国人民大学出版社2000年版,第9页。
③ 李春雷:《中国近代刑事诉讼制度变革研究》(1895—1928),北京大学出版社2004年版,第83—84页。

判公开原则最早渊源于古罗马。《十二铜表法》第 1 表第 6 条规定:"如当事人不能和解,则双方应于午前到广场或会议厅内进行诉讼,由长官审理。"但是,首先提出"审判应当公开"口号的是 18 世纪的意大利刑法学家贝卡利亚,他在《论犯罪与刑罚》一书中也指出:"审判应当是公开的,犯罪的证据应当公开,以便使或许是社会唯一制约手段的舆论能够约束强力和欲望。"① 资产阶级夺取政权之后,各国的法律相继规定了审判公开的制度。1787 年的《美国宪法修正案》和 1808 年的《法国刑事诉讼法典》相继确认了公开审判制度。此后,德国、日本等国纷纷仿效。《德国法院组织法》第 169 条规定:"在法庭上进行的程序,包括宣布判决和判令,都是公开的。"《日本国宪法》第 82 条规定:"法院的审讯及判决在公开法庭进行"。就这样,为了确保司法程序的公正性和合理性,审判公开逐渐成为世界各国司法制度的一项共同原则。

我国最早主张审判公开的是沈家本,他极为推崇"审判公开"原则,认为审判公开为"宪政国之第一要件",因为"公开法庭,许无关系之人旁听,具瞻所在,直道自彰",并可以杜绝司法官员营私舞弊。② 同时,这种审判公开,"于原被两造之言词辩论而折中听断,于被告之一造亦可察言观色,以验其情之真伪。"③ 1910 年《法院编制法》规定实行公开审判,该法第 55 条规定:"诉讼之辩论及判断之宣告,均公开法庭行之。"南京临时政府时期颁布的"禁止刑讯令",都明令禁止刑讯逼供,试行公开审判。国民政府《法院组织法》第 65 条做了规定,法院审理案件原则上实行公开审判,但"有妨害公共秩序或善良风俗之虞时,经法院之议决,得不公开"。并且实行秘密评议制。同时,国民政府《刑事诉讼法》也规定,"调查证据完毕后,应命依照检察官、被告、辩护人之次序","就事实及法律辩论之","已辩论者,得再为辩论。审判长亦得命再行辩论"。这种辩论自然是公开进行的。但是,"侦查案件,概不公开。在侦查中,固以被告到案为必要。"④ 可见,国民政府时期,刑事审判公开原则是清末审判公开理念及其制度的延续和完善。

但是,在国民政府统治下,这一原则只用于一般刑事案件,对于特别刑事案件则又是另一种情况,即"触及特别刑事法规的案件,一般都采取秘密审判或军事审判原则"⑤。如 1944 年的《特种刑事案件诉讼条例》、1948 年的

---

① 〔意〕贝卡利亚:《论犯罪与刑罚》,黄风译,中国大百科全书出版社 1993 年版,第 20 页。
② 参见《大清刑事诉讼律草案》,转引自王彬:《论沈家本的刑事诉讼法思想》,载《理论月刊》2009 年第 9 期。
③ 转引自陈瑞华:《刑事诉讼的前沿问题》,中国人民大学出版社 2000 年版,第 9 页。
④ 中国第二历史档案馆编:《办理刑事诉讼案件应行注意事项》,全宗号七,卷号 9928。
⑤ 张庆军、孟国祥:《民国司法黑幕》,江苏古籍出版社 1997 年版,第 306 页。

《特种刑事法庭审判条例》等,规定对特别刑事案件采取秘密审理,特别是涉及共产党人的案件,有的未经审理就被杀害,或送入集中营。① 为了快速有效地惩治战时刑事犯罪分子,《条例》规定汉奸、盗匪、内乱、外患之类严重犯罪一律适用特种刑事审判程序,由法院特设特别刑事法庭审理。只须司法警察移送法院即可,无需经过正式的公诉,审判不公开进行,所做判决不得上诉,对于汉奸、盗匪罪行可以先行摘要上报上级法院复核后执行死刑。显然,直接公开审判在国民政府的刑事审判实践中大打折扣。这与蒋介石为首的专制独裁统治是密不可分的,正如马克思所指出的,专制总是与秘密为伍,"有人把怕见天日的私人利益运进我们的法里,就必须赋予这种内容以相应的形式,即秘密的诉讼程序的形式。"② 当然,当时也有学者持这种观点:"在世界各国盛唱陪审制度之今日,忽主张刑事裁判不公开主义,岂非矫情之论。然刑事裁判之公开,实利少而害多,此乃经多年间之探讨,而为余凤主张者。"③ 而如果刑事审判是在秘密的状态下进行的,它的公正性无论如何都是值得怀疑的,政府的诚信度必将降低,这也是国民政府最后失信于民的主要根源。

(四)职权主义

职权主义审判原则,又称"审问式"(inquisitorial system)的审判原则,它具有四个基本特征:其一,在审判目的上,法院及法官倾向于利用职权在查明案件事实的基础上,作出公正裁判,实现社会控制,而不是消极地解决纠纷;其二,在侦查过程中,侦查机关的职权较大,如搜查、扣押、拘提、羁押、讯问犯罪嫌疑人等,且侦查秘密进行,而被告人的权利受到较多的限制;其三,在起诉阶段,强调公诉机关依职权提出诉讼,审判机关的自由裁量权较小;其四,在审判阶段,法官处于主导地位,法官充分利用职权,积极发现案件事实。他可以主动查明案件的事实真相,可以收集证据、讯问被告人,以及对被追诉人采取羁押等措施,依"自由心证"理念作出裁判。法官如果发现裁判的依据为变造或伪造的证据,以及无罪的人被定为有罪等情形,可以主动启动再审程序。

职权主义,系大陆法系盛行的刑事诉讼模式。在此制度之下,法官主导审判,积极指挥诉讼程序进行,负责收集、调查证据的主要义务,为审判程序中的灵魂。不论对被告有利、不利之证据,不论当事人是否主张之事实,凡与

---

① 李光灿:《中国刑法通史》(第8分册),辽宁大学出版社1987年版,第309页。
② 《马克思恩格斯全集》(第1卷),人民出版社1995年版,第178页。
③ 沈雨人:《刑事裁判不公开论》,载《法学特刊》,华北法学院法学研究社1935年编辑,第8页。

真实发现有关者,法院皆有调查之义务。有学者指出,"它从立法到司法实务,都很强调通过追究、惩罚犯罪来保障社会多数公民的权利不受犯罪行为的侵犯,并认为多数人权利的保障是刑事司法制度的重要目标。至于保护涉讼公民的个人权利问题,则被视为相对次要。"①

这种职权主义原则源自"纠问式"审判模式,中国古代社会从夏朝开始到清末修律的几千年间,一直实行的是纠问式②的审判模式。但是,到民国时代开始逐渐奉行职权主义的审判模式,整个国民政府时期采取职权主义的审判模式。近代刑事诉讼模式只有两种:一是以英美为代表的当事人主义模式;二是以法德为代表的职权主义模式。清末修律是以法德为样板的,自然选择职权主义作为刑事审判的模式。正如学者指出的那样,"清末修律,直接导致了中国刑事诉讼模式在法律上的转型。从法律形式上分析,中国自清末修律直至国民党统治结束,刑事诉讼模式与同时期大陆法系包括日本应当相同。因此,从法律条文所体现的诉讼结构看,此时期的刑事诉讼模式应当属于职权主义。"③的确,民国时期刑事诉讼的诸多规定都与当时的大陆法系的做法,特别是德国的相关规定基本一致,从这里不难分析,国民政府时期诉讼模式应当属于职权主义。

从学习获取途径上,这种审判模式的采用是直接受到日本的影响。日本的刑事审判模式也是经过几次演变,第一次是在唐朝时期大规模地学习唐律,建立了纠问式的刑事审判模式。第二次是19世纪末学习法国和德国,使得审判模式由纠问式转向职权主义。二战后又受到美国当事人主义因素的影响,但受制于传统,仍然保留了职权主义,形成了"混合式"的诉讼结构模式。那么,国民政府刑事审判制度确立时期,直接受日本的职权主义审判模式的影响。所以,国民政府刑事审判亦采取职权主义的审判模式。

效仿大陆法系的国民政府刑事诉讼原则上采用国家追诉主义,也就是高度的职权主义。由检察官代表国家追诉犯罪,承担侦查和提起公诉的职责,并赋予刑事犯罪的被害人以告诉和自诉的一定权利。在被害人的自诉方面,除规定被害人有自诉权外,又规定了某些限制。如1935年《刑事诉讼法》第313条规定:"对于直系尊亲属或配偶不得提起自诉";得提起自诉的被害人

---

① 左卫民:《刑事程序问题研究》,中国政法大学出版社1999年版,第23页。
② 纠问式审判模式的名称取自诉讼的"开始手续"——侦查与讯问。这种纠问式的"开始手续"对其后的诉讼进展起着支配的作用,并且对诉讼的结果产生重大的影响。参见〔法〕卡斯东·斯特法尼等著:《法国刑事诉讼法精义》,罗杰珍译,中国政法大学出版社1998年版,第75页。
③ 汪海燕:《刑事诉讼模式的演变》,中国人民公安大学出版社2004年版,第390页。

"以有行为能力者为限";对自诉的撤回也有某些限制,如只有属于告诉乃论或请求乃论的罪,才可撤回,如自诉人上诉,不经检察官的同意不得撤回等。

正如学者总结的那样,国民政府在追求惩罚犯罪问题上,基本上是采取职权原则。这就是说由检察官负责犯罪的侦查和提起公诉,由法院负责审判。另外,某些案件则规定被害人可以自诉,检察官得协助自诉,而且在必要时可对被害人撤回自诉进行干预。① 因此,职权主义在国民政府的刑事审判原则中占一席之地。依据职权主义,当事人的陈述及提供的证据不一定真实,此时法官代表国家行使职权,他们以客观的态度,对案件进行认真审核及自行收集证据,在此基础上作出判决,这样才使裁判更加准确公正。一定意义上,职权主义的刑事审判模式既是国民政府学习日本的结果,也是中国审判自身的需要。

(五) 辩护主义

辩护原则的主要含义是指在刑事诉讼中,原被告双方在法庭上基于地位和权利的平等性可以互相攻击或反驳,进行辩论,允许被告人委托辩护人进行辩护,法院在听取双方当事人的意见后,客观公正地审判。国民政府时期,"法院开庭审判刑事案件,不论审级,除书面审判者外,适用口头辩论主义。口头辩论,于审判期日行之,具有一定之形式,如推事、检察官、书记官、当事人、辩护人、辅佐人及其他诉讼关系人,皆须出庭。"②这一原则也应追诉到在古罗马时期,当时实行的是控诉主义诉讼,案件由控告人控告才能审判,被告人享有和控告人同样权利,案件的处理必须听取双方当事人的意见,被告人的保护人在法庭上可以帮助被告发言,反驳控诉人,法官在辩论后作出判决。由此,辩护原则因法庭辩论中被告人的需要而产生。

从世界范围看,真正的辩护原则是资产阶级民主革命的产物。中世纪时期,随着封建专制主义制度的不断强化,纠问式诉讼盛行。法官定罪处罚权无限扩大,专横和擅断肆意,资产阶级革命要求国家法律维护人们的自由、平等等基本权利。同时,强调国家权力的行使,避免专断,防止滥用。从而,从根本上结束了人类诉讼领域中最黑暗的时期。资产阶级取得政权后,辩护原则被逐步在理论上或立法中确认下来。英国 1679 年的《人身保护法》明确规定了被告人有答辩权。1695 年威廉三世以救令规定,严重叛国案的被告人可以请辩护人,1836 年威廉四世颁布了一项法律规定:"不论任何案件的预

---

① 李光灿:《中国刑法通史》(第 8 分册),辽宁大学出版社 1987 年版,第 307 页。
② 刘澄清:《中国刑法分则精义》,刘澄清律师事务所 1948 年版,第 153 页。

审和审判,被告人都享有辩护权。"从此,英国的刑事诉讼才正式实行了辩论式诉讼。在法国,1789年10月制宪会议通过法令规定,从追究犯罪时起,就允许有辩护人参加。1791年9月16日颁布的法律规定了"法庭审理"的原则,1808年拿破仑时期《刑事诉讼法典》系统地规定了诉讼中的辩护原则和律师辩护制度,1877年德国的刑事诉讼法典以及1891年日本的刑事诉讼法典都仿效了这种制度。

近代中国辨护原则是清末从西方移植过来的,在《刑事诉讼律草案》完成进呈清廷的奏折中,沈家本认为,提起公诉的检察官一般精通法律,而被告人如果没有任何学识和经验,就很难与其势均力敌。故特许被告人用辩护人辅佐人并为收集有利证据,与以最终辩论之权,以便对两造的攻击防御能力予以平衡。1906年沈家本、伍廷芳主持编定的《大清刑事民事诉讼法》首次提到了辩护原则,1910年的《刑事诉讼法律草案》中也有了关于辩论原则的规定。但其未及实施,后经北京司法部于1920年发布训令,决定推行该制度。1922年施行的《刑事诉讼条例》设"辩护"专章(第十一章辩护)。所以,真正的刑事辩护到了民国时代才正式建立。并且,北洋政府还允许外国律师在中国法庭进行辩护。1920年《东省特别区域法院编制条例》①规定,该审判厅辖区内关于外国人的诉讼案件,可以准许外国律师出庭。又规定在高等审判厅和地方审判厅,可由司法部酌委外国人为该厅的咨议和调查员。这些咨议和调查员,从在外国曾无法官或律师之人中选任,这就为外国人干预中国司法审判提供了法律依据。

南京国民政府时期,刑事辩护制度在继承清末及北洋时期发展基础的同时,也发生了一定变化,最大的不同就是将指定辩护人制度改为公设辩护人制度。1928年、1935年的国民党刑事诉讼法对辩护制度有专门规定。其一,规定被告在起诉后,可以随时选任辩护人。其二,辩护人应选律师充任。其三,实行"公设辩护人"制度。据该法规定:"最轻本刑为五年以上徒刑或高等法院管辖第一审之案件,未经选任辩护人者,审判长应指定公设辩护人为其辩护。"关于公设辩护人的概念,国民政府时期的学者朱显祯指出,"所谓公共辩护人(public defender),原来就是指官吏的刑事律师而言,但一般人则

---

① 东省特别区:原为中国与俄国合办的中东铁路的附属区域,以哈尔滨为中心,南至长春,东至绥芬河,西抵满洲里,亦即中东铁路沿线两侧各30公里的土地。北洋政府划出这一地区为特别区,系出于司法上的考虑,见于1920年11月公布的《东省特别区域法院编制条例》第1条:"东省铁路界内,为诉讼上便利起见,定为东省特别区域。"因之初时仅为一司法区域,还不是行政区域,未设行政长官。1922年12月,中国收回了中东路主权,由于该地中俄杂居,关系复杂,故特地设行政长官主管区内行政、军警、外交、司法等事项。

解为'无报酬的专心为公众利益而承办刑事辩护的律师',因之私人团体所属之此种律师,亦得称为公共辩护人。"① 从这个界定中可以判断,国民政府时期的公共辩护人也即今天的法律援助律师。并且,设置公共辩护人是非常必要的,"于裁判与无产者接触之范围内,特设一种官吏或公吏的律师为救济机关,这种救济机关,现代各国已有由国家或地方团体或慈善团体设立者。我国民政府所公布的新刑事诉讼法,亦参照各国最近法制,采用公设辩护人之制度,也就是因为上述的理由。"② "在法治国家里,不问是刑事裁判民事裁判,律师的辩护都是一种很重要的国家司法之补助。"③

为了进一步推行公设辩护人制度,南京国民政府还于 1939 年 3 月公布了《公设辩护人条例》,定于 7 月 1 日开始实施。1945 年司法部又颁布了《公设辩护人服务规则》。此立法的完成使得南京国民政府时期的公设辩护人制度体系趋于完善。1946—1947 年间,南京国民政府又先后在南京、上海、北平、天津、武昌、汉口、广州、青岛、吴县、南昌、济南、安庆、太原、开封、郑县、洛阳、汕头、堪江、琼山、万全、九江、长春、永吉、热河、承德、赤峰、阜新、朝阳、平泉、陵源、隆化、围场、建平等 33 个地方设置了公设辩护人。④

虽然,国民政府刑事案件依法采取强制辩护主义,经当事人选任辩护人时,则不用再由审判长指定辩护人,其辩护责任由选任的辩护人承担。但是,国民政府时期的辩护制度形同虚设,没有系统的制度保障。在宪法中没有任何原则性的规定,律师法也没有明确律师的积极辩护职能。只是学者们在学理上做了一下论证:在刑事诉讼,一方面有代表国家的精通法律的检察官为原告,另一方面无钱的刑事被告人又不能依赖精通法律的律师为他辩护。这样一来,裁判上机会均等的理想,哪里会实现呢?公平妥当的结果,哪里会获得呢?此种状况,究竟如何改善,实在是一个很重大的社会问题!不过于裁判与无产者接触之范围内,特设一种官吏或公吏的律师为救济机关,这种救济机关,现代各国已有由国家或地方团体或慈善团体设立者。我国民政府所公布的新刑事诉讼法,亦参照各国最近法制,采用公设辩护人之制度,也就是因为上述的理由。⑤ 具体公设辩护人承办案件的情况,这里有一份重庆市

---

① 朱显祯:《刑事裁判上之公共辩护人制度》,载何勤华、李秀清:《民国法学论文精萃》(第 4 卷),法律出版社 2004 年版,第 329 页。
② 同上书,第 328 页。
③ 朱显祯:《刑事裁判上之公共辩护人制度》,载何勤华、李秀清:《民国法学论文精萃》(第 5 卷),法律出版社 2004 年版,第 326 页。
④ 司法行政部:《战时司法纪要》,法学编译社 1948 年编印,第 63 页。
⑤ 朱显祯:《刑事裁判上之公共辩护人制度》,载何勤华、李秀清:《民国法学论文精萃》(第 5 卷),法律出版社 2004,第 327—328 页。

1942年的月报表,可以略知一二。

四川高院呈转重庆市公设辩护人承办案件月报表及辩护书①

	三十年六月七日	三十年八月十九日	三十一年四月四日			
接受指定通知日期						重庆市公设辩护人承办案件月报表三十一年十一月份
案件系属法院	四川高等法院第一分院	四川高等法院第一分院	四川高等法院第一分院	本月份新收	上月份未结	
被告姓名及案由	萧建章杀人	蒙云星杀人	廖俊杰妨害兵役	一一二案	一二九案	
到庭次数及场				本月份未结	本月份终结	
制作文书名称	辩护书	辩护书	辩护书	一三六案	一五案	
判决日期及要旨						
承办公设辩护人姓名	张凯	张凯	张凯			
备注						

上表说明,国民政府刑事诉讼对于杀人、妨害兵役等重大刑事案件的审判,适用了公设辩护人之制度。此外,国民政府制定的《律师法》规定律师应承担消极诉讼的义务,即使是在其法定职责范围内,也不得以积极的态度,开展活动。② 因此,作为刑事辩护的主体律师的作用发挥不了,直接带来辩护制度功能的退化,因为被告人自身的法律知识毕竟非常有限,自我辩护的效应也就非常弱小。因此,国民政府时期的刑事辩护原则在司法实践中没有起到真正的促进司法公正的作用。

---

① 中国第二历史档案馆藏:《四川高院呈转重庆市公设辩护人承办案件月报表及辩护书》(1942年),全宗号七,卷819。
② 徐家力:《中华民国律师制度史》,中国政法大学出版社1998年版,第158页。

(六) 陪审主义

陪审制度是普通公民参与国家裁判活动的一种司法制度,它原本为英美国家所具备。清末修订法律的代表人物沈家本与伍廷芳在修律活动中对西方司法制度的推崇尤其是对陪审制度的赞赏形成共识。沈家本认为,对于欧美法制,推其中有为各国通例,而我国亟应取法者,厥有二端:一宜设陪审员也,一宜用律师也。以上二者,俱我法所未备,尤为挽回法权最要之端。① 在沈家本看来,陪审制度和律师制度是极为重要的。1906年编成的《大清刑事民事诉讼法》便有陪审团制度的规定,并具体规定了陪审员的资格、责任、产生办法以及陪审团制度。可是,该法因阻力重重未能予以执行。民国时期,在司法实务中却使用了陪审模式,被称为"中华民国第一案"的姚荣泽案为我们提供了一个透视当时陪审制度运行的窗口。②

1927年初,武汉国民政府颁布了《参审陪审条例》,决定采用陪审、参审制,初级法院除设审判官外,并设参审员,参与法律及事实审判。根据该条例规定,初级法院置参审员,"参与法律及事实之审判"。各种诉讼案件,应有参审员1人参审。县市法院及中央法院则设陪审员,"参与事实之审判",每一案件应有陪审员2至4人参加。参审员和陪审员,由所在地的国民党党部、农民协会、工会、商会及国民党妇女部各选4人,每周轮流到法院执行职务,任期半年,每3个月改选半数。参审员、陪审员得查阅所参与案件的卷宗及证物,必要时经审判长许可,可直接向当事人、证人、鉴定人发问。辩论终结后,参审员或陪审员同审判官一起进行评议。审判的评议,取决于多数。如审判官与参审员仅各一人而意见分歧时,审判官有决定权。如参审员不服,可声请上级法院审定。

南京国民政府时期,只对"反革命罪"实行陪审制,其他普通刑事案件没有实行这种制度。就其原因,当时的学者做过探讨,认为:"陪审制度惟英美法各国采用之,而德日则否。我国对于普通诉讼事件亦与德日同,惟反革命案件关系重大,审理事实理宜详尽,较以采用陪审制为妥。"③1929年7月,国民党中央执行委员会以关于审理共产党案件,应订定救济办法,王宠惠委员

---

① 沈家本:《修订法律大臣沈家本等奏进呈刑律草案折》,载《大清光绪新法令》第19册。
② 姚荣泽于1912年2月23日被押至上海,为实践此种观念提供了具体案例。3月2日,身为首位司法总长的伍廷芳在复陈其关的信中明确指出:"姚荣泽一案,既按照文明办法审理,则须组织临时之裁判所,所有裁判所之支配,应由敝部(司法部)直接主任。应派某人为裁判官、某人为陪审员,其权原属敝部"(伍廷芳集,中华书局1993年版,第502页)。
③ 王均安:《特种刑事法令集解》,朱鸿达校阅,世界书局1932年版,第16页。

拟具两项办法,其中第二项即为"试行简单陪审制度"。提经讨论,原则通过交立法院,8 月 17 日国民政府以《反革命案件陪审暂行法》公布施行。《反革命案件陪审暂行法》共 28 条,具体规定了陪审的适用范围、陪审员的配备及陪审的程序等。

首先,陪审专门适用于反革命案件。该法草案立法说明指出:"陪审制度,起源于英国,其他各国,先后采用,其要旨在将法律之适用,任诸法官,而事实之认定,则公诸于众,实含有人民参与审判之意。此法为解决反革命案件而制定,规定在《暂行反革命治罪法》施行期间,法院受理反革命案件,适用陪审制。"①因此,国民政府时期的陪审专门适用于反革命案件。

其次,陪审员限于党员,额定为 6 人,并非普通百姓。该法第 4、5、7、8、10 条规定,陪审评议,以陪审员 6 人组成陪审团为之。陪审员就居住法院所在地之党员选充,由各该地最高级党部列表送交各该地法院编制名册,以抽签编定每 24 人为一组,自登报公告之日起,于 1 个月内供人阅览。后来,补充规定现任政务官、现役陆海空军人、各级党部执监委员、法院职员及不识文义者等五类人不得为陪审员。外国陪审员亦以居住法院所在地之人为限,所以免因组织陪审团而致诉讼进行之延滞也。如果陪审团 6 人中有因病因事不能执行职务者,审判长以抽签法先抽定某组,再就该组抽 12 名,以先抽之 6 名为陪审员,余以次为候补陪审员,以备陪审员缺席时临时递补。

再次,关于陪审的程序,先应经党部的申请。该法第 3 条规定:"反革命案件,其上诉理由基于事实问题者,于发回或发交更审时,得因党部之申请,付陪审评议。"如果没有党部的申请,自然无需陪审。对于党部的申请,陪审员应当庭答复意见。依据该法第 16、18、20 至 22 条,陪审团互选主席 1 人,应将评议结果当庭答复,此答复限于有罪、无罪、犯罪嫌疑人不能证明,记载于询问书,由评议主席提交审判长。如评议主席利用地位,颠倒事实时,审判长可以要求审判员依次分别当庭答复。除此以外,陪审员不得泄露陪审评议之细节。

此外,《反革命案件陪审暂行法》还规定,各地最高级党部对于反革命案件之第一审判决有不服者,于上诉期间内申请检察官提起上诉于最高法院。1928 年国民政府中央特种刑事临时法庭在处理上海特别军法处上诉的反革命案件时,曾因情况特殊,呈请中央准予保释。所以该法第 24 条专门规定有保释放,及无保释放而交由公安机关监视的两种办法,以便遇有此类案件,得以援用。

---

① 谢振民:《中华民国立法史》,中国政法大学 1999 年版,第 1031 页。

总之,在《暂行反革命治罪法》施行期间的反革命案件实行陪审制度,但刑事诉讼中没有这方面的规定。同日本一样,"在民主运动高涨期间,日本曾经一度实行过陪审团审判制度,但是,由于该制度本身的缺陷以及民众对其持有的排斥心理,使得其实质上的消亡要早于法律上的取消。"① 今天的人民陪审制,是审判工作依靠群众的重要表现。也是诉讼民主性和科学性的重要内容,与国民政府时期的陪审制有质的不同。

(七) 审判中心主义

审判中心主义是近现代国家刑事诉讼中普遍认同的一项基本原则。所谓审判中心主义,它有两层含义:一是在整个刑事程序中,审判程序是中心,只有在审判阶段才能最终决定特定被告人的刑事责任问题,侦查、起诉、预审等程序中主管机关对于犯罪嫌疑人罪责的认定仅具有程序内的意义,对外不产生有罪的法律效果。二是在全部审判程序当中,第一审法庭审判是中心,其他审判程序都是以第一审程序为基础和前提的,既不能代替第一审程序,也不能完全重复第一审的工作。② 也即审判中心主义,就是将刑事审判阶段作为整个刑事诉讼的中心,侦查、起诉等审判前程序则被视为审判程序开启的准备阶段。只有在审判阶段,诉讼参与人的合法权益才能得到充分的维护,被告人的刑事责任问题才能得到最终的、权威的确定。

国民政府时期的刑事审判也实行审判中心主义,当时的刑事诉讼法对审判环节做了详细规定。例如,刑事被告人之询问及证据之调查,于原则上由裁判长实施;作为判决材料之证据,也须裁判所直接调查;裁判应叙述理由,应制作并宣示裁判书,说明其意义,并告以理由之要旨。

正如日本学者指出的,所谓诉者,若就广义而言即求判决之行为也。犯罪者即有乱国家之安宁秩序者,国家对此行为科以刑罚之谓。③ 审判程序的核心是法庭审判(即所谓"公审"),在"对立当事人双方到场的情况下公开进行法庭审判,是近代刑事诉讼法的本质要求",其中心议题是"确定刑罚权之有无及其范围大小","这种实体的判断必须经过公审,而且原则上不得以公审以外的程序决定"。④

概括地说,南京国民政府时期,刑事审判基本上紧跟西方刑事审判的理论模式,也结合了自身的特殊情况,将不告不理、不间断不重复、直接公开、职

---

① 汪海燕:《刑事诉讼模式的演变》,中国人民公安大学出版社2004年版,第7页。
② 参见孙长永:《审判中心主义及其对刑事程序的影响》,载《现代法学》1999年第4期。
③ 〔日〕板仓松太郎:《刑事诉讼法》,日本东京政法大学编印,第19页。
④ 〔日〕藤本英雄等:《法律学小辞典》,日本有斐阁1979年版,第284页。

权主义、辩护主义及陪审主义作为刑事审判的基本原则。但是,司法实践中,这些原则的实效多半得到否定的评价。从形式上看,国民政府的刑事审判制度确实引进了许多西方资本主义国家的先进的审判原则,如"被告人有辩护权"、"禁止刑讯逼供"、"公开审判"等。其实,这种原则是与当时的刑事政策是密不可分的。

三、具体刑事政策:非常时期的"从重从快"

刑事政策是一个动态的概念,具体到某一个特殊的历史时期,它的内容是不同的,体现了政策的灵活性。例如抗战时期,面对日本侵略行为,国民党及其民国政府采取了比较坚决的抗日态度,决定了一系列有利抗战的各方面措施,特别是通过了《抗战建国纲领》。此时,"三民主义"的思想、"以党治国"的原则和"五院制"的政体虽然没有改变①,但在具体政策及其职权方面却做了调整。与其相适应,刑事政策也发生一些变化,特别是具体刑事政策。诚如《全国司法行政会议宣言》所指出的那样:"须知决战前线,首赖安定后方,而安定社会秩序者为法律,执行法律者,即为司法,国无常法,适乎天时,应乎人事,法律当适应时代,而司法尤推进精神。非常时期,必有非常之法律,而战时体制,更必有战时之司法。"②这里的具体刑事政策包括定罪、量刑、行刑等内容,南京国民政府具体刑事政策突出地体现在抗日战争时期的"从重从快"方面。

"从重"是就刑事实体而言的,即对特定的严重危害社会的刑事犯罪分子予以相对严厉的制裁,适用较重的刑种或较长的刑期,也就是对待犯罪现象重拳出击。国民政府时期刑事特别法对特定犯罪的重刑,比普通法规定的刑罚要严厉得多。"从快"是就刑事程序而言的,立法上表现为简化程序,司法上表现为加快办案速度,运用战役的方式快速、集中地解决"敌人",也就是快刀斩乱麻。③ 国民党制定的《抗战建国纲领》要求各级政治机构在抗战时期加以改善,使之"简单化、合理化,并提高行政效率"。抗战是中华民族生死存亡的时期,对于破坏抗战事业,扰乱社会秩序,损害人民利益的犯罪行

---

① 国民党在1937年8月23日制定了《战时民众团体工作指导纲要草案》,确定了"以坚强三民主义之信念,启发民族意识,国家观念,增进民力,充实国力,安内攘外,复兴民族为主旨"的社会动员指导思想。详见中国第二历史档案馆:《中华民国史档案资料汇编》第五辑第二编,政治(五),江苏古籍出版社1979年版,第2页。
② 国民政府宣传部:《国民政府的战时体制》,中央书报发行所1943年版,第164—165页。
③ 张训:《论刑事政策的价值取向》,四川大学2006年硕士学位论文,第36页。

为,必须严厉打击,尽快处理,"从重从快"成为这一时期刑事审判的必然选择。抗日战争时期国民政府继续沿用1935年刑法典和某些战前公布的刑事单行法规之外,又根据抗日战争时期的形势,制定了一系列刑事特别法。这些法律有一个共同特点,就是凸显军法机关的重要性,严惩不积极战斗的军人与破坏抗战的汉奸等。

首先,凸显军法机关的重要地位。1938年1月17日,国民政府公布了《修正军事委员会组织大纲》,规定为巩固国防、统辖全国军民作战,设军事委员会,直隶于国民政府。但实际上,抗战时期设立的国防最高委员会统一全国党政军的指挥,是国家的最高机关,军事委员会及所属机构也要受它的指挥,它才是国防最高军事机关,握有国防军事大政方针的决定权。并且,此时的实际立法机关也是国防最高委员会。根据国民政府关于国防最高委员会与立法院关系之调整办法训令。① 有时,某些普通刑事案件也由军法机关审理。例如,《惩治盗匪法》规定,对由高级军官统率的军队在驻地查获的盗匪,由于离县府或审判厅所在地较远,或因事机紧迫,得由该高级军官审判。《惩治盗匪法施行法》规定,对于成股盗匪,军警可以临阵格杀,拿获的盗匪各犯,也由军警长官立即审判执行,似乎只有这样才能严厉打击盗匪犯罪。

其实,由于抗战的特殊时期,很多案件都由军法机关审判。根据1938年8月修正公布的《惩治汉奸条例》,所有汉奸案件都由军法机关审判。汉奸的通缉由军事委员会办理。1938年6月27日公布的《惩治贪污暂行条例》,规定军人或公务员贪污时,由有军法职权的机关审判,呈经中央最高军事机关核准后执行。其他如妨害国家总动员、违反粮食管理暂行条例、烟毒案件都要由有军法职权的机关审判,中央最高军事机关核准执行。直到抗战后期,情形发生变化。1944年11月《特种刑事案件诉讼条例》正式施行,规定除被告为军人外的特种刑事案件,概归由司法机关审判。1945年5月,根据行政院令,汉奸的通缉由司法行政部门办理。在抗战时期的地方,县长还兼任军法官。根据1941年2月19日颁布的《禁烟禁毒治罪暂行条例》,除由有军法职权机关审判外,军事委员会委员长也可委任各级地方政府审判。② 鉴于此,学者指出,民国时期战乱频繁,大量的刑事案件都以所谓"军法从事",根本不按1935年《刑诉法》的规定处理。③ 战时军法机关的地位可见一斑。

其次,从重处罚阻碍抗战的力量。其一,严惩不积极战斗的军人。军人

---

① 中国第二历史档案馆:《中华民国史档案资料汇编》(第5辑)第二编,政治(一),江苏古籍出版社1998年版,第57—58页。
② 李国忠:《民国时期中央与地方关系》,天津人民出版社2004年版,第229页。
③ 郭建:《中国法制史》,上海人民出版社2000年版,第552页。

是战争取胜的关键因素,所以早在抗战前夕,国民政府已经建立起一套融军事刑法、军事行政法、国防法等在内的军法体系,以整肃军队,赢得抗战。抗战期间,关系抗战大局的统领性军法,都陆续制定出来。军法执行总监部1940年编辑的《现行军法类编》共列入军法201项,其中抗战期间公布和修正的有156项,增补法令23项、解释11项,续补法令及解释6项;1944年编辑的《增订现行军法类编》共列入军法250项,其中抗战期间公布或修正的有233项,增补4项。① 有学者指出,国民政府"集封建军事法和西方资本主义军事法之大成,制定了中国历史上最为完整、系统、数量最多的军事法。"②主要内容集中在严厉的军事刑法方面,例如《修正中华民国战时军律》规定19种罪行可判死刑,《陆海空军刑法》规定了叛乱罪等16种罪行。法规命令军法案件必须遵照军法审判规则从速办理。并且,在军队整饬中,施行重典,厉行惩罚,并严处部分高级将领。在程序上,实行战时简易审判。也即战时由于特殊的环境所限,对军人犯罪采取简易的程序,表现在按照军人的级别及犯罪情节轻重确定独任制和合议制审判,一改平时合议制军法审判的形式,且在战时合议庭的人员组成上也有缩减。

其二,严惩破坏抗战的汉奸。七七事变爆发后,鉴于汉奸助敌之事时有发生,国民政府颁布了一系列惩治汉奸的法令,表示对汉奸严惩不贷。依据《惩治汉奸条例》,对于汉奸犯罪,一般处死刑或无期徒刑,没收全部财产。"对于潜入后方的间谍汉奸,国民政府严惩不贷,一经发现,证据确凿,即予枪决,并及时广播登报,以示惩戒。抗战八年中,见于报端的在后方捕获而被枪毙的汉奸是为数不少的。"③可见,对于汉奸罪犯的处罚是极为严厉的。不仅如此,国民政府想方设法,挫钝汉奸的气焰。战时重庆方面曾多次指派或命令预留在沦陷区的军统特工人员,开展锄奸活动,有计划地刺杀罪在不赦,甘心附逆而对抗战有重要影响的人物,给汉奸以极大的震慑。在司法程序上,处于战时非常时期,司法部门曾多次"训令通伤各检察官对汉奸案件务须随时注意,厉行检举",人民也有向司法部门控诉汉奸案件,并且多个机构可以审判汉奸。原本汉奸案件归军法审判,1944年11月12日施行《特种刑事诉讼条例》,确定惩治汉奸,除军人为被告者外均改归司法机关审判。1945年5月28日,国民政府行政院平捌字第"11389"号训令,又规定司法行政部可以审理汉奸案件。其目的无疑是快速处罚汉奸,减少抗战过程中的障碍。而

---

① 张豫豫:《抗战时期国民党军队法纪整饬的措施及评价》,载《山东理工大学学报》(社科版)2010年第5期。
② 汪保康:《军事法学》,解放军出版社2001年版,第51页。
③ 孟国祥、程堂发:《惩治汉奸工作概述》,载《民国档案》1994年第2期。

且,在民众方面,抗战胜利后,举国上下强烈要求国民政府严惩民族败类。以致,战后审判和惩治汉奸成为国民政府一项非常重要的工作。

再次,快速清理政敌,甚至绕过审判环节。根据《特种刑事法庭组织条例》与《特种刑事法庭审判条例》,国民政府建立中央特种刑庭和高等特种刑庭,专门审理勘乱时期危害国家罪的案件,中央特种刑庭审理因高等特种刑庭判决而申请复判的案件,对高等特种刑庭不得上诉或抗告,只有五年以上有期徒刑的判决,才能申请中央特种刑庭复判。特设法庭审理特定案件,表现出审理快速、判刑严厉的特点,真可谓"从重从快"。抗战结束后,国民政权为了对付自己的政敌,反动地启用特务组织,撇开检察机关和审判机关,不要任何法定手续,不讲任何法定程序,随意监视、搜查、殴打、扣押、绑架、逮捕和暗杀共产党人和民主进步人士;它们还设立自己的法庭,进行秘密而野蛮的审判,以求快速消灭自己的政敌。

显然,南京国民政府时期,刑事审判制度的设计与运作,与当时的时代环境相适应,既没有脱离国民党严密的政治统治,又没有离开特定阶段惩罚特定类型犯罪的主题,为顺利实现刑事审判的功能发挥了作用。

第三章　南京国民政府时期刑事审判的法律依据

审判活动是由法律加以规范的活动,严格依照法律行使审判权,是法制原则的基本要求。无论何时,审判是国家专门机关的办案活动,且涉及当事人的切身利益,必须在法律的框架内进行,否则将不能产生法律效力,也将损毁国家专门机关的形象,这就必然涉及审判的法律依据问题。英国权威的《布莱克威尔政治学百科全书》认为:审判是指法院在诉讼案件中,对有关各方之间的权利分配问题作出有拘束力的裁决,而这些权利被认为原则上已为现行法律所确定。国民政府时期,"采罪刑法定主义,为其刑事立法根本原则"①。并且主张:"国家颁行刑法法令,规定犯罪与刑罚,故人民犯罪,即科以刑罚。然人民犯罪非依刑事诉讼法,或其他法律所定之诉讼程序,不得追诉处罚。"②调查资料显示:国民政府依据法律法规的情况良好。"江苏浙江两省司法机关办理刑事案件所据制度及适用法规,调查团经过四十一县市计高等法院四所,高等法院分院四所,地方法院三十七所,县司法处四所。关于适用各种刑事制度之实况,适用刑事法规之经验能多注重此项工作。"③从理论上,国民政府时期的刑事审判主要包括以下法律依据:

一、宪法及其相关规定

具有最高法律效力的规范性文件宪法是国家政治生活及一切法律制定的依据,自然是刑事审判的最高法律渊源。南京国民政府时期先后制定了三部宪法文本,对于刑事审判做了原则性规定。从1928年的《训政纲领》、1931年的《训政时期约法》到1947年的《中华民国宪法》。

首先,《训政纲领》第4条原则规定国民政府总揽司法审判之权,"治权之行政、立法、司法、考试、监察五项,付托于国民政府总揽而执行之"。《训政时期

---

① 陈朴生:《中国特别刑事法通论》,中华书局1939年版,第1页。
② 刘澄清:《中国刑事诉讼法精义》(上册),刘澄清律师事务所1948年版,第16页。
③ 第二历史档案馆藏:《司法行政部调查团第二组(刑事部分)调查报告书》,全宗号七(2),卷49。

约法》除了有此类似的规定以外,第 21 条规定:"人民依法律有诉讼于法院之权"。《中华民国宪法》第 77 条后段规定:"司法院为国家最高司法机关,掌理民事、刑事、行政诉讼之审判及公务员之惩戒。"明确了司法院作为刑事审判的总机关,行使管理职权。该《宪法》第 7 条"中华民国人民,无分男女、宗教、种族、阶级、党派,在法律上一律平等"的规定确立了公民诉权的平等原则;第 24 条规定,"凡公务员违法侵害人民之自由或权利者,除依法律受惩戒外,应负刑事或民事责任"等。显然,三部宪法文本对审判权的来源作出了明确规定。审判行为是审判机关代表国家行使审判权的行为,其权力来源、权力的行使等理所当然地要受到国家法律的控制与规范。① 宪法的规定是刑事审判的最高法源。

其次,审判行为是一种法律行为,其行为主体资格为法律所规定,这种行为能够引起法律后果。②《中华民国宪法》第 80 条规定:"法官须超出党派以外,依据法律独立审判,不受任何干涉。"该条文表明,法官具有独立审判的权力。为确保该权力的行使,第 81 条接着规定:"法官为终身制,非受刑事或惩戒处分,或禁治产之宣告,不得免职。非依法律不得停职、转任或减俸"。显然,国民政府宪法强调了法官的审判职权问题。如果从狭义来理解司法权,认为司法权就是审判权的话,则法官独立行使审判权原则即为司法独立原则。作为一项宪法原则,它调整着国家审判机关与立法、行政等其他职能部门之间的法律关系,确认了各级法院之间,以及法院内部各权力主体之间的法律关系,是司法公正的一个重要保障。

再次,宪法文本也是制定其他刑事制度的依据。《训政时期约法》第 84 条规定:凡法律与本法抵触者无效。《中华民国宪法》第 171 条规定:法律与宪法抵触者无效;第 172 条规定:命令与宪法或法律抵触者无效。这些条文表明,法律的制定应以宪法为依据,否则将是无效的。刑事审判制度的制定只有符合宪法的原则性规定或者宪法精神,才可以作为刑事审判的依据。

此外,国民党的党规、决议案也是刑事审判的宪法性依据。因为《训政纲领》与《训政时期约法》均规定了国民党的独特地位;而《训政时期约法》的解释、《国民政府组织法》的修正及解释,也均由国民党的最高权力机构——中央执行委员会政治会议议决和实行。鉴于此,有学者认为,"在国民党一党专制时期,党规、决议案等是重要的法律渊源。"③这种情况是与国民政府

---

① 王少南:《审判学》,人民法院出版社 2003 年版,第 56 页。
② 同上。
③ 徐晓光:《中国少数民族法制史》,贵州民族出版社 2002 年版,第 361 页。

时期"党治"司法的理论是一致的。

国家权利的行使必须具有合法性也即正当性,也只有依法审判的结果才更具既判力和约束力。宪法的这些规定,使南京国民政府的刑事审判机构、法官的要求、审判的原则等有了法律依据。但是,在实体法中,宪法规定与"党治"理论一样,只是刑事审判的宏观指导原则,它是刑事审判的间接法律依据,而刑事实体法和刑事程序法才是刑事审判的直接法律依据。也就是说,刑事审判活动所遵循的法律主要是两大部分:作为刑事实体法的刑法和作为刑事程序法的刑事诉讼法。

二、刑法及其相关法律

"吾国法律思想,古来趋重刑法。"[①]并且,"刑事审判是一种由法院代表国家对被告人的刑事责任问题作出最终和权威裁判的活动,它以公诉机关或自诉人向法院提起控诉为前提,在控辩双方与法官三方的参与下,通过法庭上的听证和审理活动,由法院作出一项有关指控成立与否的裁决,这一裁决需以法官在庭审中认定的案件事实以及实体法的有关原则和规则为基础。"[②]因此,国民政府刑法及其他相关的实体法规是刑事审判不可或缺的法律依据。

(一) 国民政府刑法的渊源

自《大清新刑律》以后,现代意义上的刑法发展较快。因为《大清新刑律》的颁布,使中国刑法迅速实现与近现代各国刑法典接轨,实现了刑法体系的转型,为民国时期北洋政府、国民政府的刑事立法奠定了基础。民国时期进一步引进和移植西方的法律,并渗透到各个不同时期,尤其国民政府时期是中国刑事立法最为发达的时期。

北洋军阀政府除一开始便宣称采用《大清新刑律》之外,以后又根据其统治的需要,进行了修改刑法典和制定刑事单行法规的活动。1912年4月3日参政院决议,当新政府未经规定颁行以前,暂酌用旧有法律,自属可行根据这个决议,北洋政府对原《大清新刑律》做了某些修改,并改名为《暂行新刑律》,于4月30日公布施行。

---

① 董康:《新旧刑律比较概论》,载何勤华、李秀清:《民国法学文萃》(第5卷),法律出版社2004年版,第18页。
② 陈瑞华:《刑事审判原理论》,北京大学出版社1997年版,第7页。

北洋政府在1914年成立了法律编查馆,并以"刑法最关紧要"为理由,聘请原《大清新刑律》的编纂者,日本人冈田朝太郎来华参加刑法典的修订工作,历时8个月完成,1915年2月将草案呈交袁世凯,由其转饬法制局及参政院审核,但未及议决公布,而袁记政府已垮台。这个修正《刑法草案》以《暂行新刑律》为依据,"外观世交,内审国情"。① 此外,北洋政府还制定了《惩治盗匪法》及《惩治盗匪施行法》等单行刑法,公开提出要以"峻法"惩匪,"刑乱"要"用重"。显见,北洋政府的刑事法制建设奠定了国民政府刑事法制发达的基础。

(二) 1928年刑法典的制定

与法的继承性规律相一致,国民政府时期的刑法,在一定程度上继承了北洋政府的刑事立法,1928年的刑法典就是以北洋军阀政府的《刑法第二次修正案》为蓝本而制定的。早在1927年4月,国民政府定都南京后,政治生活千头万绪,开始沿用北洋政府颁布的《暂行新刑律》。但由于编排体例和在法定刑期的规定上存在着许多不足之处,致使在司法审判实践中时常出现畸轻畸重的现象。为了因时立法,适应司法实践的客观要求,当时的司法部长王宠惠在认真研究北洋政府《第二次刑法修正案》的基础上,编写成《刑法草案》。② 这里,《刑法第二次修正案》是原北洋军阀政府1919年制定的,王宠惠以此为基础,略加修改,作为《刑法草案》重新提出。经国民政府委员伍朝枢、最高法院院长徐元浩会同王宠惠一起审查,认为这个草案基本上可用,提请国民党中央审议。该草案经过国民党中央执委会的审查,并按审查提出的意见修改后,最后由国民党中央常务委员会通过,于1928年3月10日公布,分为2编,48章,共387条。同年7月1日施行。1928年刑法典是国民政府时期第一部刑法典,参酌了自《刑法第二次修正案》以后各国新法例所确立的主要原则和制度,成为国民政府刑事审判的重要法律依据之一。

(三) 1935年刑法典的编纂

从30年代起,国内的社会环境发生了新变化,原有的1928年刑法典不能适应该新形势,诚如当时的学者所言:"我国现行刑法,颁布于民国十七年,其时适值国民政府成立未久,仓促公布,殊有未能尽惬人意之处。朝野上下,

---

① 李光灿:《中国刑法通史》(第8分册),辽宁大学出版社1987年版,第176页。
② 余明侠:《中华民国法制史》,中国矿业大学出版社1994年版,第320页。

佥(都)认为亟应改定,以期适合潮流。"① 于是1931年底,国民政府又组织刑法起草委员会,对原刑法典重新进行修订。根据国民党统治集团的说法,1928年刑法之所以需要修改,还有这样三个原因:一是该法"成立仓猝,条文繁复",在实际适用中发生许多疑问,各地司法机关不断请求司法院和最高法院解释。因此,要求根据司法实践中提出的问题,重新修订补充。二是1928年刑法典颁行之后,国民政府又制定了不少刑事单行法规,彼此之间,存在位异,需要加以划一,这也需要通过修订刑法典来解决。三是民法、商法到1931年均已陆续公布,为使各法典之间能互相配合和统一,也有必要对原刑法典做修改。② 国民政府的立法院指定立法委员组成起草委员会,于1934年10月最后完成新的《中华民国刑法》,国民政府于1935年1月1日公布,同年7月1日施行,故称1935年刑法典。1935年《中华民国刑法》成为国民政府时期的主导性刑法典。

1935年《中华民国刑法》包括总则与分则两大部分。总则规定了犯罪的一般要素和刑罚的共同原则:(1)规定了刑法的追溯力③,强调了特别法规不受刑法总则限制的规定;(2)规定了刑事责任、责任主体、责任要件④、责任能力⑤、阻却违法⑥;(3)规定了犯罪的形态:既遂犯、未遂犯、共犯(分正犯、教唆犯、从犯)、累犯、牵连犯、连续犯等,并规定了不同的处罚原则。(4)规定刑罚有主刑和从刑两种,主刑包括死刑、无期徒刑、有期徒刑、拘役、罚金五种;从刑包括被夺公权、没收两种。(5)规定了"保安处分"专章,以对特定行为人代管及补充刑罚之用。保安处分采用"不定期刑"主义,国民政府以保安处分为名蓄意迫害革命人士,这样,国民党刑法中的保安处分便被歪曲地加以利用。⑦ 刑法分则规定了各种犯罪及法定刑,如规定了外患罪、妨害秩序罪等等共35种罪名及其法定刑。

同1928年刑法典比较,1935年刑法典在内容方面有以下重要修改⑧:

---

① 江镇三:《我对于〈刑法修正案初稿〉之意见》,载何勤华、李秀清:《民国法学文萃》(第5卷),法律出版社2004年版,第48页。
② 李光灿:《中国刑法通史》(第8分册),辽宁大学出版社1987年版,第265页。
③ 1935年《中华民国刑法》第1条规定:"行为之处罚,以行为时之法律有明文规定者为限"。
④ 包括行为非出于故意或过失者,不罚;过失行为之处罚以法律有规定者为限。
⑤ 分三种情况:(1)年龄责任:未满14周岁人之行为不罚,14周岁以上未满18周岁人之行为得减轻其刑,满18周岁人之行为得减轻其刑。(2)精神责任:心神丧失人之行为不罚,精神耗弱人之行为得减轻其刑。(3)生理责任:暗哑人之行为得减轻其刑。
⑥ 即行为人外在表现为违法,而其实质系合法,因而阻却了认定其为违法犯罪行为的成立,如依法令的行为、业务正当行为正当防卫、紧急避险等。
⑦ 20世纪20年代,法国一批刑法学家坚持这样的观点:在自由意志及决定争端中保持中立,把对危险状态的考虑作为刑事政策的基础,同时使用刑罚及保安处分措施。
⑧ 参见李光灿:《中国刑法通史》(第8分册),辽宁大学出版社1987年版,第268—269页。

总则部分:其一,增加"保安处分"的规定。其二,关于新颁的刑法的溯及力,增加了"中间法"的规定。其三,在犯罪行为的因果关系上,增加消极行为(应作为而不作为)的法律责任。其四,刑事责任年龄从旧法规定的满 13 周岁改为满 14 周岁;刑罚的宥减年龄从旧法规定的未满 16 周岁改为未满 18 周岁。其五,旧刑法对"精神耗弱人"、"喑哑人"的处罚,采取必减的原则,新颁刑法改为"得"减。其六,旧刑法对于"不能犯"的处分,采取"得减"主义,并以其犯罪方法决不能发生结果为限;新颁刑法则改为不论是"方法不能"还是"目的不能",如果没有危险,则必予减免。其七,旧刑法没有采用北洋政府《暂行新刑律》关于短期自由刑可以易科罚金的规定,1935 年刑法则规定在特定条件下,准予易科罚金。其八,增加对连续犯要加重处刑的规定。其九,旧刑法对犯罪自首,一律规定得减刑 1/3,新颁刑法在总则篇只笼统规定"减轻其刑",减刑多少则在分则篇有关罪名下做具体规定。

分则部分:其一,将"妨害选举罪"改为"妨害投票罪",而且将该罪的范围扩大为妨害选举、罢免、创制、复决等投票行为。其二,将"伪造有价证券罪"列为专章,加强对有价证券的保护。其三,增加"重利罪"的规定;在"妨害公务罪"一章中增加"妨害考试罪"的内容;在"妨害秩序罪"中增加关于挑唆和包揽诉讼罪行的规定;在"妨害农工商罪"中,明文规定对伪造商标,以假乱真罪行的处罚。其四,对公务员犯罪,规定加重处罚。其五,奸淫少女罪的被害人的年龄,由旧刑法规定的 16 周岁改为 14 周岁;和诱未满 16 周岁的男女,新颁刑法改为以略诱罪论处,并加重对略诱罪的处刑。其六,旧刑法对杀人、强盗、掳人勒索等罪无预备犯的规定,1935 年刑法增加了此项规定。其七,增加窃占不动产的处罚的规定。其八,加重外患罪的处刑。其九,增加犯强盗或海盗罪,而又有掳人勒赎的行为,应判死刑的规定。其十,增加关于传染花柳病,使人缠足,凌虐幼童等行为的处罚的条款。

无论是总则还是分则,从增加的内容部分看,1935 年刑法典较 1928 年刑法典更加科学和细致,更加适应发展中的民国社会的需要。有学者评价:1935 年刑法典的颁布标志着中国刑法近代化的基本完结,在中国近代刑法史上有重要的地位。尽管两部刑法的颁布时间只相隔七年,但是在内容、体例上都有较大的变化。①

---

① 毛频捷:《论南京国民政府新旧刑法典之原则的比较》(摘要),中南财经政法大学 2008 年硕士论文。

(四) 单行特别刑法的出台

特别刑事法是适用特定人、特定时间、特定地点或事项的刑法,即普通刑法以外的规定犯罪与刑罚的单行法规或部分条文,如禁烟治罪暂行条例等。特别法是出于法典的规定不敷适用而制定的,以应付形势的变化和反映不同时期的刑事政策。① 有学者认为:"人们重视特别法这种规范体系形式,是因为特别法具有特别的功能,我的理解是它常维护特别的权益和秩序,具有特别的价值。因此特别法是特殊的主体在特定时间经特殊程序而设定的为了维护特别权益、与普通法的规定不尽一致的法律制度。"②正是这一特殊的需要促使国民政府制定了众多的具有特殊功能的刑事特别法。

就实体法而言,国民政府在制定刑法前,先后颁布了许多单行法规,大量公布刑事特别法和单行法规,以刑事特别法补充、修正刑法典。如《暂行反革命治罪法》(1928年3月9日公布施行)《危害民国紧急治罪法》(1931年1月31日公布)、《共产党人自首法》(1935年7月5日公布施行)、《维护治安紧急办法》(1936年2月20日公布)、《惩治盗匪暂行办法》(1936年8月31日公布施行)。抗日战争时期国民政府除了继续沿用1935年刑法典和某些战前公布的刑事单行法规之外,又根据抗日战争时期的形势,制定了一系列刑事特别法,如《国家总动员法》(1942年3月29日公布)、《惩治汉奸条例》(1938年8月15日公布)、《共产党问题处置办法》(1939年)、《勘乱总动员令》(1947年7月公布)、《维护社会秩序暂行办法》(1947年5月公布)、《戡乱时期危害国家紧急治罪法》1947年12月公布)等,作为刑法典的补充,且这些单行特别刑法的地位和效力比刑法典要高,在此特别概括一下。

1.《暂行反革命治罪法》

以武汉国民政府1927年3月公布的《反革命罪条例》为蓝本,该法由国民党中央政治会议讨论通过,提出了所谓的"反革命"罪概念。其涵盖:第一,意图颠覆中国国民党及国民政府,或破坏三民主义而起暴动者;或与外国缔结损失国家主权利益或土地之协定者;或利用外力或外资,勾结军队而破坏国民革命者。凡有上述行为之一,均处死刑。第二,凡以反革命为目的,而破坏交通,引导敌人侵入国民政府领域;或"刺探政治军事上之重要或秘密消息交付敌人;制造收藏贩运军用品,或以款项或军用品接济反革命者。凡有这些行为之一,处死刑、无期徒刑或二等以上有期徒刑。第三,凡以反革命

---

① 张道强:《论民国刑事特别法之间与刑法典的法律关系》,载《理论界》2009年第6期。
② 王敏:《规范与价值:近代中国刑事法制的转型》,法律出版社2008年版,第250页。

为目的组织团体或集会者,处四等至二等有期徒刑;加入核团体或集会者,处五等有期徒刑或拘役;宣传与三民主义不相容之主义及不利于国民革命之主张者,处四等至二等有期徒刑。国民政府司法院1928年《解字第16号解释》公开宣称:共产党案件应以反革命论罪;同年《解字第21号解释》又提出:共产党员有"宣传行为应依反革命治罪法办理"。1931年1月31日,国民政府公布《危害民国紧急治罪法》,作为《暂行反革命治罪法》的继续和发展。这个法令施行后,《暂行反革命治罪法》便废止。该法比起《暂行反革命治罪法》更强调了所谓"危害民国"和"扰乱治安"的问题。

2. 《共产党人自首法》

这是国民政府基于自己一党专制的利益出发,力排共产党人,但又囿于民众的舆论,而制定的一部刑事特别法。该法1928年10月公布,开始仅有9条,1935年修正增为10条。这个反动法令在革命有罪的前提下,企图利用"自首"减免刑罚来分化革命队伍、瓦解和收买革命队伍中某些意志不坚定的分子充做革命叛徒,从而达到破坏革命组织的目的。显然,这是蒋介石集团炮制的封建法西斯的极端反动的临时性刑事法规。1930年颁行了《处理共党分子自首自新办法》,实际上是对《共产党人自首法》的修正。其目的是诱降共产党人,它们比起一般刑法典,更集中地暴露了国民政府的反动面目。《共产党人自首法》颁行后,中共许多重要机关相继被破获,逮捕的中共党员和干部无数,其中包括中共三任最高领袖陈独秀、瞿秋白、向忠发。[①] 1933年,共产党人叛变率高达95%。[②]

3. 《惩治盗匪暂行条例》

该《条例》公布于1927年11月,1936年进行了修改,改称《惩治盗匪暂行办法》,原《条例》共12条,修改后增为15条。该《条例》规定在"剿匪"时期内,"盗匪"案件依本法进行审判。在该《条例》中,列举了16种盗匪行为(修改后增为20种)。凡是犯有其中的一项罪名的,处死刑。从该《条例》所规定的内容看,对"盗匪"行为的解释很广泛。除强盗、海盗的抢劫行为之外,如"啸聚山泽抗拒官兵","意图抢劫,煽惑暴动,扰乱公安","损害公署或军事设施,"于剿匪或戒严区域盗取和损坏交通及通信器材"等,都视为犯"盗匪罪"而处以重刑。

4. 《非常时期维持治安紧急办法》

该法规定:第一,凡属"危害民国"罪、"汉奸"罪、"盗匪"罪的主要罪行,

[①] 参见范小方:《蒋家天下陈家党》,团结出版社2010年版,第116—117页。
[②] 王彬彬:《国共关系的一段往事》,载《同舟共进》2010年第12期。

军警应严密放察逮捕,还以用武力或其他方法加以制止。第二,这些措施不仅在事件已发生之时可使用,而且在"认为有发生之虞"时也可使用。第三,对所闻"扰乱治安"、"妨害公共秩序"的人,可以搜查人身、住宅或其他处所,还可以检查扣押其邮件、印刷品及其他文书,并可逮捕同居的家属、雇用人或与受雇人有共犯的嫌疑者。第四,如本法没有规定,但在其他法令上有犯罪并有扰乱治安的情况的,准用本法。

5.《妨害国家总动员惩罚暂行条例》

该法公布于1942年3月。当时,国民党蒋介石集团颁布了一个所谓的《国家总动员法》,而《妨害国家总动员惩罚暂行条例》就是为保证前一法令的施行而制定。它的任务就是运用刑罚的手段来维护四大家族的经济掠夺,促进官僚资本主义的发展。据该《条例》规定,凡违反或妨害根据《总动员法》而发布的关于征用总动员物资以及管理、限制或禁止该项物资的生产和使用的命令,违反根据《总动员法》而制定的有关管制银行、信托公司、保险公司的资金的规定、关于未经主管机关许可不得处分的总动员物资的法令、关于政府对人民的土地住宅或其他建筑物的征用或改造以及关于管理和节制日常生活必需品等法令的行为,要分别处以七年以下或三年以下有期徒刑并得科罚金;其中"情节巨大"的,处死刑或无期徒刑。此外,该《条例》还规定,政府在必要时,可以用命令预防或解决劳资纠纷,严禁罢工、怠工,封锁工厂及其他足以妨碍生产行为,违者处七年以下有期徒刑,"情节重大者"处死刑或无期徒刑。该法还规定,凡属违反本条例的行为,由军法机关审判。

6.《惩治汉奸条例》

该《条例》①公布于1937年8月,以后曾多次进行修改。从刑法学的角度来说,该《条例》提出了"汉奸"罪的新罪名,这是抗日战争时期民族矛盾尖锐化在刑事立法上的反映。《惩治汉奸条例》同国民政府刑法典的"外患罪"以及《危害民国紧急治罪》的内容互相配合,其主要内容有:其一,该法规定凡通谋敌国而谋反抗本国,扰乱治安,招募军队及夫役,供给军用物资粮食,

---

① 国民政府之所以要制定《惩治汉奸条例》,原因比较复杂。第一,由于当时广大群众、爱国民主人士以及国民党中的某些人士积极主张抗日,反对投降卖国,要求严惩破坏抗日的汉奸,在这种压力下,国民政府不得不制定此法,既可敷衍舆论,又可造成蒋介石集团要抗日的假象。第二,如前所述,国民政府蒋介石集团同日本侵略者存在矛盾,日本帝国主义大举侵华,对国民政府的统治造成了威胁。因而,在一定的时间和条件下,他们不得不对日寇的侵略进行抵抗,该法令的公布,或多或少地反映了蒋介石的这种态度。第三,由于国民党统治集团中存在亲美英派和亲日派的矛盾,在必要时作为亲英美派的蒋介石集团,可以利用这个法令来打击一下亲日派。参见李光灿:《中国刑法通史》(第8分册),辽宁大学出版社1987年版,第293页。

泄漏传递军事政治消息,扰乱金融,煽惑军民投敌者为汗奸,处死刑或无期徒刑。其二,在敌伪组织服务,凭借敌伪势力,为有利于敌伪或不利于本国式或人民的行为,以汉奸罪论处;其三,该法规定对汉奸要没收其财产。其四,藏匿、包庇汉奸要处罚;汉奸罪的预备犯或阴谋犯应处罚。其五,在敌伪组织任职,而未依本条例判罪者,在一定年限内,不得为公职候选人或任用为公务员。这些规定为审判汉奸分子提供了法律依据。

7.《惩治贪污条例》

这个法令公布于1943年6月,它是国民政府建立后第一次公布的"惩治贪污"的单行刑事法规。该法规定,凡是犯有克扣军饷,建筑军工或购买车用品而舞弊,盗卖侵占军用品,借势勒索,对于违背职务行为的要求、期约或受贿等七种行为之一,处死刑、无期徒刑或10年以上有期徒刑。该法还规定,凡是犯有盗卖使占或窃取公有财物,克扣或扣留不发属于职务上应发的财物,利用职务上的机会诈取财物,利用主管或监督的事务直接或间接图利等七种行为之一,处死刑、无期徒刑或七年以上有期徒刑。审计会计人员因执行职务明知他人贪污有据而不告发,处3年以下有期徒刑或拘役。犯本条例各罪依特种刑事案件的审判程序办理。

在抗日战争胜利后的4年中,国民政府除继续使用1935年的刑法典及以前公布的一些单行法规之外,还以反共反人民为重点,陆续制定了一系列刑事特别法,其中较主要的有下面三个:一是1947年5月的《维持社会秩序临时办法》,实际上是1936年《维持治安紧急办法》和1940年《非常时期维持治安紧急办法》的翻版,旨在用法西斯恐怖野蛮手段镇压爱国运动和民主运动。二是《戡乱时期危害国家紧急治罪法》。它修改了1935年刑法典关于"内乱罪"的法定刑的规定,将原来判七年以上有期徒刑,改为判死刑或无期徒刑;即使是"内乱罪"之预备犯、阴谋犯也判10年以上有期徒刑。"内乱罪"的自首人虽规定可减免其刑,但又规定要"施以感化教育"。在审判管辖方面,该法规定凡犯本法各罪,军人由军法审判,非军人由特种刑事法审判。三是国民政府还制定了1945年12月的《肃清烟毒善后办法》与《收复地区肃清烟毒办法》、1946年8月《禁烟禁毒治罪条例》、1947年10月的《后方共产党处置办法》及1948年8月的《财政经济紧急处分令》等特殊时期的单行刑法。

这些特别单行刑法一方面在刑法典中保留了诸如罪刑法定、无罪推定、辩护制等规定,另一方面又利用所谓的"特别法优先于普通法"的原则,以刑事特别法来修正刑法典的有关规定。这也是南京国民政府刑事立法活动的一个非常突出的特点。

刑法及相关法律作为刑事实体法是刑事审判的重要法律依据,因为"刑法目的的实现是刑事司法活动的主要价值目标,而要实现刑法的目的,必须严格依据法律预先规定的施以刑罚的条件,对具体案件中事实的有无和危害的大小等内容进行判断"①。所以,没有刑法等实体法,刑事审判活动无从启动。

三、刑事诉讼法及其相关法律

刑法必须通过一定的司法机关和诉讼程序来保证其实施,否则,将成为一纸空文。因此,国民政府在制定刑法的同时,必然要制定与刑法内容相应的诉讼法,建立一定的司法机关,并通过这些司法机关的刑事审判活动,将刑法付诸实施。由此可见,刑法与刑事审判程序有着密切的联系,尤其是其审判实际活动,常常能更明显地展现其刑事立法的意图和实质。因此,要认真解剖国民政府的刑法,还必须了解其审判程序和活动。② 并且,刑事诉讼法及其相关法律是刑事审判活动最为重要的法律依据。

(一) 刑事诉讼法

刑事诉讼法是保证刑法实施所不可缺少的程序法,南京国民政府时期也一样,"刑事诉讼法者,规定行使国家刑罚权的程序"。③ 由于北洋军阀政府统治时期,南北各有不同的刑事诉讼法,在南京国民政府建立后的一段时期内,各地仍然各行其事,有的地方采用北洋政府的《刑事诉讼条例》,有的则采用广州军政府颁行的《刑事诉讼律》,相互歧异。针对这一情况,国民政府为了统一各地的刑事诉讼程序,于 1928 年 5 月拟定了《刑事诉讼法草案》交法制局审查。在讨论修正后,呈国民党中央政治会议讨论通过,由国民政府于 1928 年 7 月 28 日公布,同年 9 月 1 日施行。该《诉讼法》共分 9 编 513 条。与 1928 年刑法一样,随着当时形势的变化,《法院组织法》公布及《刑法》修订,刑事诉讼法也随之同步修订,而成为 1935 年《刑事诉讼法》。

据考证,其修订的动机有四:其一,现行(1928)刑诉法犹存四级三审制度,与法院组织法采三级三审制不合;其二,中央政治会议议决扩张自诉范围;其三,刑法已经修正,实体法变更,程序法自有随之纂修之必要;其四,现

---

① 张建伟:《刑事司法体制原理》,中国人民公安大学出版社 2002 年版,第 25 页。
② 参见李光灿:《中国刑法通史》(第 8 分册),辽宁大学出版社 1987 年版,第 301 页。
③ 会文堂新记书局:《刑事诉讼法问答》,上海法学编译社 1932 年版,第 1 页。

行刑诉法系十七年公布,大致抄袭北京政府时代之刑诉条例,与现在民情不甚适合。① 修改后的1935年《刑事诉讼法》共9编516条,体现了"程序力求简便,结案务期迅速,减少人民诉累,防止诉讼流弊"②等优点,是国民政府时期长效的刑事诉讼法。

考察两个法律文本后发现:与1928年《刑事诉讼法》相比较,第一编总则各章内容的宏观编排上有些变化,其余各编之编排与1928年《刑事诉讼法》相同,详见下表:

1928年与1935年刑事诉讼法编排对照表

	1928年《刑事诉讼法》	1935年《刑事诉讼法》
第一编总则	第一章法例	第一章法例
	第二章法院之管辖	第二章法院之管辖
	第三章法院职员之回避	第三章法院职员之回避
	第四章被告之传唤及拘提	第四章辩护人、辅佐人及代理人
	第五章被告之讯问	第五章文书
	第六章被告之羁押	第六章送达
	第七章证人	第七章期日和期间
	第八章鉴定人	第八章被告之传唤及拘提
	第九章扣押及搜索	第九章被告之讯问
	第十章勘验	第十章被告之羁押
	第十一章辩护	第十一章搜索及扣押
	第十二章裁判	第十二章勘验
	第十三章文件	第十三章人证
	第十四章送达	第十四章鉴定及通译
	第十五章期限	第十五章裁判
第二编第一审	第一章公诉	第一章公诉
	第二章自诉	第二章自诉
第三编上诉	第一章通则	第一章通则
	第二章第二审	第二章第二审
	第三章第三审	第三章第三审
第四编	抗告	抗告
第五编	非常上诉	非常上诉
第六编	再审	再审
第七编	简易程序	简易程序
第八编	执行	执行
第九编	附带民事诉讼	附带民事诉讼

---

① 赵琛:《立法院修正刑事诉讼法之经过》,郑麟同笔述,载《法学杂志》1935年第3期。
② 同上。

而与1928年的《刑事诉讼法》比较,微观内容的主要变化有十一点:即(1)由四级三审制改为原则上实行三级三审制;(2)增加法院及检察官遇有紧急情况,许其在管辖区域外执行职务的规定;(3)增加执行"保安处分"及"训诫"的规定;(4)扩大检察官之职权,赋予检察官协助自诉,担当自诉之权力;(5)自诉范围有所扩大,但又对撤回自诉施以限制;(6)推事及检察官关于回避之申请,改为由院长或所属法院裁定,不送上级核办;(7)扩大不得上诉于第三审案件的限制,并规定凡不得上诉至第三审之案件,均得依简易程序以命令处刑;(8)对违反一事不再理原则的案件,增加应谕知不受理的判决的规定;(9)1928法规定自诉人经传唤无正当理由不到庭,以撤回自诉论。1935法则改为法院可不待其陈述而为判决,并且可以在认为必要时,通知检察官担当诉讼。此外还规定自诉人无故不到场,允许将其拘提。(10)增加关于案件已经上诉,如被告人的羁押期间已逾原审判决的刑期,除检察官为不利于被告的上诉外,应将被告释放的规定。(11)1928法规定检察官对其已提起之公诉,得任意撤回,1935法则加以限制,规定:"检察官于第一审辩论终结前,发现有应不起诉或以不起诉为适当之情形者,得撤回起诉",并规定"撤回起诉与不起诉处分有同一之效力。"总之,1935年的《刑事诉讼法》是同新《刑法》及《法院组织法》相互呼应的。当然,此后,该《刑事诉讼法》又有修改,其立法的技术逐步改进,法制近代化的水平不断提升。但是修改后的刑诉法价值取向逐渐发生变化,有学者指出:"随着刑法的法西斯化,这个程序法的修改,也是进一步向反动方向发展,最终目的在于加强法院和检察机关反革命专政的效能。"①

(二)配套单行特别法

国民政府在《刑事诉讼法》制定出台后,紧接着制定了《刑事诉讼法施行法》,具体安排《刑事诉讼法》的实施工作,且根据特殊形势制定了一系列单行特别刑事诉讼法律,因为国民政府在南京建立后,除建立普通法院之外,还组织了某些特别刑事法庭,因而制定了很多特别刑事诉讼的单行法规为特别法庭适用需要。通常认为,特别法是在特定时间、特殊地区,对于特殊人群、特殊事项或特殊对象而制定的法律制度。② 其中,国民政府最有代表性的刑事特别法有《特别刑事临时法庭诉讼程序暂行条例》、《特种刑事案件诉讼条例》与《特种刑事案件审判条例》,具体情况如下:

---

① 李光灿:《中国刑法通史》(第8分册),辽宁大学出版社1987年版,第313页。
② 王敏:《规范与价值:近代中国刑事法制的转型》,法律出版社2008年版,第249页。

1. 1928 年《特别刑事临时法庭诉讼程序暂行条例》

1927 年 8 月国民党当局设立特种刑事临时法庭,该法庭分地方法庭及中央临时法庭两级,前者负责审判反革命案件,后者负责审判关于反革命罪的上诉案件。为适应这种特种刑庭的设立,国民政府又于 1928 年 6 月公布了《特别刑事临时法庭诉讼程序暂行条例》。这个《条例》规定,凡属反革命或土豪劣绅的案件,不论何人,都可以起诉。各省国民党党部、省政府或特别市党部、市政府如认为地方特别刑事临时法庭的判决违法时,可向中央特种刑庭提起非常上诉。国民党中央党部或国民政府如认为中央特种刑庭的判决违法时,得令复审。① 中央特种刑庭对已上诉的案件,发现有非法裁判情况,得发交有权审判的法庭重审;原判认定事实有错误的,得以判决发回更审;如无审判的必要,可派员批审。至为明显,这个条例的目的在于使政治案件摆脱一般的诉讼程序,而置于国民党的严密监督之下。

2. 1928 年《反革命案件陪审暂行法》

该法 1928 年 8 月公布,是为配合《暂行反革命治罪法》的实施而制定的。换言之,就是为加强国民党对审判共产党人案件的控制而颁布的。该法共 28 条规定,内容包括:(1) 凡国民党党部认为案件的审理或上诉有问题,可以提出申请,"付陪审评议"。(2) 对反革命案件的陪审,限定由法院所在地的国民党党部选任国民党党员承担。(3) 陪审员参加案件裁判的评议。(4) 在"罪犯"准予保释的情况下,规定了有保释放和无保释放交由公安局监视的两种办法。按照资本主义国家前期的立法精神,陪审制的设立旨在保护被告的利益,而这个法令的规定,则反其道而行之。从上述规定可以看出,该法旨在反对被告的利益,以加强对共产党人的迫害为目的。

3. 1944 年《特种刑事案件诉讼条例》

该《条例》是一个特别程序法,它的内容实质是由实体法决定的。根据该《条例》的规定,所谓"特种刑事案件",是指危害民国罪、汉奸罪以及违反战时军律及妨害军机的案件等。凡属这类案件均依本条例进行审判,由高等法院或其分院审理。该《条例》还规定司法警察公署移送特种刑事案件于法院,以提起公诉论,法院得径行审判决,审判期日检察官得不出庭,审讯也不公开。该《条例》还规定,对于依本条例所为之判决,不得上诉,只能申请复

---

① 复审,按照《中国大百科全书》的解释,是指按案件管辖权的规定,对已经审问过的案件,再次进行审判,主要是指当事人不服而提出。它与"覆审"不是一个概念,"覆审"是司法机关因职权而提起的,不以当事人的意志为转移,即使当事人服从判决,"覆审"也要根据法律的规定而发生。

判,对于复判法院之判决,不得申请再复判。不仅如此,该条例还有一个重要规定,汉奸盗匪经宣告死刑者,如于该管辖区域内,镇压匪乱维持治安确有重大关系时,原审法院得先行择叙犯罪事实证据及必须紧急处分之理由,电请最高法院就死刑部分予以核准,随后补送卷宗证物。

4. 1948年《特种刑事法庭组织条例》和《特种刑事法庭审判条例》

根据这两个《条例》的规定,国民政府当局建立了中央特种刑庭和高等特种刑庭;专门审理"战乱"时期"危害国家"罪的案件。按《条例》规定,中央特种刑庭审理因高等特种刑庭判决而申请复判的案件。而对高等特种刑庭的判决,不得上诉或抗告,只有5年以上有期徒刑的判决,才能申请中央特种刑庭复判。显而易见,所谓特种刑庭及其审判法,是同国民党反动当局发动内战(所谓"战乱")相配合,是专门为迫害共产党人与革命人士而设立的具有最明显法西斯特征的司法机关和审判制度。

5. 《处理在华美军人员刑事案件条例》

在抗日战争中,美英等国表面上声称取消租界和放弃领事裁判权,但是,他们又通过与国民政府签订新的条约或协定,更新享有新的司法特权。如1943年10月1日公布的《处理在华美军人员刑事案件条例》就宣称:"依互惠精神,对于美军人员在中国境内所犯之刑事案件,归美军军事法庭及军事当局裁判"。该《条例》尽管规定:"关于裁判之规定,并不影响于依中国法律对于美军人员犯罪或有犯罪嫌疑时行使之讯问、拘提、逮捕、搜索、扣押、勘验之权。"但马上又补充:"前项美军人员经查明确有犯罪行为或嫌疑时,应即将其犯罪事实或嫌疑通知有关美国军事当局,并将该人员交与当局办理。"这些规定实际上是领事裁判权的变种,它赋予了美军不受中国法律约束和不受中国政府司法管辖的特权。

刑事审判权的运作是通过刑事诉讼程序来完成的,刑事诉讼程序对司法机关运用刑事司法权进行了具体规定,这些规定既赋予司法活动参与者一定的权利,同时也对它们做了某些限制,以维护社会秩序,保障人权和提高司法效率。因此,要正确运作刑事审判权,必须遵行刑事诉讼法所设定的原则、规则和程序。

四、其他规定

南京国民政府时期,刑事审判的法律依据除了刑法典及单行特别法、刑事诉讼法及单行特别法以外,还有司法院的司法解释和司法判例。由于法律条文具有概括性,比较抽象,因而在实施中,统治者们经常根据自己的立场和需要,对有关条文进行解释,运用于审理案件之中,从而形成解释例或判例。这些解释例、判例可以使条文的含义更明确,可以对条文做补充或修正,或为某类案件的处理提供范例,从而进一步体现统治阶级的意志。

这种解释例和判例在北洋政府时期就已经广泛使用了,由于北洋政府初期各地军阀割据,政令法令也极不统一。以程序法为例,北方和西南地区就各有一部刑事诉讼法。还有《暂行新刑律补充条例》,北洋军阀统治区一直在施行该条例,而广州军政府则于 1922 年 2 月明令废除。再如《第二次刑法修正案》虽已定稿,但西南军阀不肯接受,遂于搁置。尤其是各路军阀各凭己意行事,更谈不上什么法令统一了。于是,出现刑事案件,通常采用解释例和判例予以解决。当时的判例、解释例在实际上同刑法典和单行法规一样具有法律效力,是刑事法律的补充,并优先于普通法而适用,在司法审判中经常被广泛援用。据不完全统计,从 1912 年到 1927 年间,北洋政府大理院汇编的判例达 3900 多件,解释例也有 2000 多件。可见,民国前期司法实践中是很重视判例、解释例的运用的。①

国民政府时期的法制承继了北洋政府的传统,自然,其立法和司法活动中,也广泛地采用解释例和判例,以适应社会发展及其统治的需要。这些解释例和判例,与其他法律一样,具有法律效力。因此,和刑事特别法一样,国民政府时期诞生了许多判例和解释例,如国民政府司法院《十七年解字第十六号解释》公开宣称:"共产党案件应以反革命论罪"。同民事审判的解释例和判例一样,司法院是国民政府的最高审判机关,也是法律的执行者和解释者,承担着解释法律及判例的职权。② 司法院的司法解释及判例成为审判案件的重要依据,刑事案件的处理也离不开对司法解释及判例的适用。

(一) 司法解释

刑事司法解释在当今世界各国已经成为弥补成文法局限性不可或缺的重要手段之一,正如美国法学家约翰·亨利·梅里曼在《大陆法系》一书中所言:"一个典型的法典中,几乎没有一条法规不需要做司法解释。"③ 正是司

---

① 参见李光灿:《中国刑法通史》(第 8 分册),辽宁大学出版社 1987 年版,第 172 页。
② 根据《国民政府组织法》,司法院的主要权力如下:解释法令及变更判例之权;在各院部法令有疑义时,对法令有最权威的解释权;对政府行政机构及行政官员的违法与渎职行为有纠正之权;行使特赦减刑及复权;司法院的主要机构有最高法院、行政法院、公务员惩戒委员会和司法行政部。
③ 〔美〕亨利·梅里曼著:《大陆法系》,顾培东等译,中国大百科全书出版社 1997 年版,第 46 页。

法解释赋予僵化的成文法以生命,使"死法"变成"活法"。并且,"近代思想,对于刑法法典之本于抽象的法律定式以学究的态度解释犯罪,早已不能满足。而欲以最近发见之生物学、心理学及经济学,为解释繁杂之社会事象之基础。"①19世纪末20世纪初,西方主要资本主义国家进入帝国主义发展阶段,经济、政治的发展导致社会的急剧变动,旧的法律不适应新的社会、新的法律不能完全被制定、已制定出的法律很快就会过时,社会实践把解决法律对社会的不适宜问题推到了司法者面前。显然,固守制定法的立法者当时事实上的意思是无法满足这一要求的。司法解释理论顺应了这一历史潮流,提出了立足现实对制定法作出合目的性解释的客观解释论,并逐步占据优势地位,成为当今法律解释理论的主流观点。②

国民政府时期,也像北洋政府③一样非常重视司法解释的作用。当时的学者极力主张:"现代社会正义之观念,不外乎中庸持平四字,对于刑法之解释,与刑事立法,均有参酌引用之必要。"④因此,早在政权建立初期,国民政府就强调司法解释的重要性,并指定国民党中央执行委员会行使司法解释权。到国民政府后期,法定由司法院行使司法解释权。例如,1928年的《训政纲领》第6条规定,中国国民政府组织法之解释,由中国国民党中央执行委员会政治会议议决执行之;1931年的《中华民国训政时期约法》第85条规定,本约法之解释权由中国国民党中央执行委员会政治会议议决执行之。但也引起争议,后由于抗日战争的爆发,司法解释的体制一直沿行1928年的旧制度。直到抗日战争胜利以后,在1947年实施的《司法院组织法》中才对司法解释制度做出了重大变革。1947年的《中华民国宪法》第78条规定,司法院解释宪法,并有统一解释法律及命令之权。该《宪法》第117条规定:省法规与国家法律有无抵触发生疑义时,由司法院解释之。第171条规定:法律与宪法有无抵触发生疑义时,由司法院解释之。这点在司法院的工作报告中有所反应:"至于法律之统一解释,系本院之职权,历年以来,各省法院及各行政机关请解释法令之案,经本院核复者,已有一千七百余件,迁渝以来,继续办理,计新核定之解释案,亦有一百余件,其中属于民刑法规为多,行政法规

---

① 镜蓉:《犯罪学之基础观念》,载何勤华、李秀清:《民国法学论文精萃》(第4卷),法律出版社2004年版,第121页。
② 参见董皓:《司法解释论》,中国政法大学出版社1999年版,第45页。
③ 北洋军阀政府模仿英美法系国家的做法,大量援用法院审判中的判例作为处理案件的依据。
④ 江镇三:《法律与正义》,载何勤华、李秀清:《民国法学文萃》(第1卷),法律出版社2003年版,第101页。

次之。"①可见,国民政府时期,刑事司法解释在审判实务中发挥了重要作用。

关于司法解释的主体问题,南京国民政府首任司法院长王宠惠曾提出由法院解释宪法与法律的观点。他认为,要使司法独立,必须维护法院的权限,法院应有解释宪法及法律的权力。他特别称道《中华民国宪法》的解释权属于司法院大法官会议,具体由法官、法学家及富有经验的人员参加,解释宪法与统一解释法律与命令。他还指出,法院对于宪法的解释,不能纯从抽象观念上着想,要联系国家与社会的实际情况进行解释,应该学习与参考美国从实际出发的经验。② 可见,国民政府对刑事司法解释问题有过慎重的考虑。以致出现了很多司法解释和判例的出版物,例如,1932 年律师黄荣昌编的《现行刑事特别法释例汇纂》,且由当时的上海法政学社出版。

(二) 司法判例

判例是法院可以援引作为审理同类案件依据的判决,它是指法院所作出的确立了某种可以在以后审理类似案件时加以参考、借鉴甚至遵循的法律原则的判决或者裁定。相应地,刑事判例也就是指法院所作出的确立了某项可以在以后审理类似刑事案件时加以参考、借鉴甚至遵循的法律原则的判决或者裁定。③ 中国历史上的决事比、例、断例等,都是判例;例的效力甚至大于律。并且"中国古代的判例也主要是刑事判例。"④即使清末修律也未改创制和适用判例的传统。判例作为法的渊源之一,被称为判例法。

国民政府统治时期,虽然制定了大量的成文法典、法规,但是在审判实践中仍然大量运用司法部和最高法院的判例、解释例,甚至援引北洋政府大理院的判例。同时,此间还进行了许多判例、解释例的汇编,如《最高法院判例汇编》、《最高法院刑事判例汇编》、《最高法院判例要旨》、《司法院解释最高法院判例分类汇编》等。可以说,刑事司法判例在南京国民政府的法律体系中处于相当重要的地位,它也是当时刑事审判的重要法律依据。南京国民政府的宪法确认了司法判例的效力,《中华民国宪法》明确规定,最高法院所公布的判例对各级法院的判例具有约束力。在 1932 年 10 月公布的《法院组织法》中具体规定了判例的效力认定问题。该《组织法》第 25 条中规定:最高法院各庭审理案件,关于法律上之见解,与本庭或他庭判决先例有异时,应由院长

---

① 中国第二历史档案馆藏:《司法院第二次工作报告》,全宗号七(2),案卷号 172。
② 华友根:《20 世纪中国十大法学名家》,上海社会科学院出版社 2006 年版,第 119 页。
③ 田宏杰:《中国刑法现代化研究》,中国方正出版社 2001 年版,第 259 页。
④ 陈兴良:《刑事司法研究》,中国方正出版社 1996 年版,第 201 页。

呈由司法院院长召集变更判例会议决定之。① 这里的院长是指最高法院院长，也即是变更判例权之行使由司法院院长行使，"国民政府规定：变更判例之权由最高法院院长及所属各庭庭长会议议决后，交由司法院院长行使"②。

在司法实务中，国民政府刑事判例具有相当大的权威。首先，判例一经公布，非经法定程序不能变更。在该判例变更之前，任何与之不相符合或相悖之判决都不能成立。其次，最高法院在三级三审制中有最终的审判权，它有权废弃下级法院的裁判，自为判决或发回原审法院重审。这就决定了下级法院在审判时，必须顾及最高法院能否通过此判决，而最高法院所持标准又是成文法及所公布的判例。再次，由于存在严格的司法人员考核制度，若某一法院的判决常被驳回，必定要影响他的升迁，所以下级法院的法官为其身计，一般都不拒绝已成判例，而是以它为定罪量刑之标准。③ 可见，南京国民政府时期，政府和司法机关都高度重视司法判例的作用。那么，在刑事审判过程中，刑事司法判例自然成为其判决的依据之一。

的确，这些司法解释和判例的作用是不可替代的。它"既填补了成文法律的空白，成为成文法的补充，又对法律的内涵进行了详细解释；既对相互矛盾的规定作出了协调，又赋予了不合时代潮流的规定以新的内涵；既方便了各级法院适用法律，保障了审判依据的统一，又使百姓进一步理解了法律，其积极作用不可低估。"④

总之，南京国民政府时期，紧跟20世纪的世界法治潮流，进行了较高水平的立法活动⑤，保证了刑事审判的依法进行，正如学者所言，"现代之法律生活，咸受法治国主义之支配，就刑法之范围言之，国家与反抗社会之犯罪人之间，自亦不得不受法治思想之约束。"⑥没有法律依据的刑事判决既与国民政府的处事原则不相符，也与社会需求相背离的，必将造成冤案率的提升，使百姓丧失司法信心。而作为刑事审判的主体性法律——刑法和刑事诉讼法在刑事审判中发挥着极其重要的作用。当时的学者指出，刑法为关于刑罚权实体的法规，刑事诉讼法为关于刑罚权实行程序的法规。二者不可或缺，有

---

① 蔡鸿源：《民国法规集成》（第65册），黄山书社1999年版，第493页。
② 孔庆泰：《国民政府政治制度史词典》，安徽教育出版社2000年版，第267页。
③ 陈兴良：《刑事司法研究——情节·判例·解释·裁量》，中国方正出版社1996年版，第213—214页。
④ 李春雷：《中国近代刑事诉讼制度变革研究》（1895—1928），北京大学出版社2004年版，第229页。
⑤ 立法之初，是照搬了日本的刑事诉讼制度，深受日本影响，实际上是间接采用了欧洲大陆法系的模式。但在具体制度上，据其所需，又兼采了法国、德国和瑞士各国的特点。参见周伟：《中国大陆与台、港、澳刑事诉讼法比较研究》，中国人民公安大学2001年版，第39页。
⑥ 述文：《二十世纪之刑法思想与制度》，载《法律评论》1933年总第518期。

如车轮一般,有车而无轮,则不能行驶;有轮而无车,则失了依附。①

但遗憾的是,国民政府对中国的 20 多年统治正是中国社会阶级矛盾、民族矛盾以及反动势力内部矛盾斗争最激烈的时期。国民政府为了维护其统治地位,先后颁布了一系列特别法,设立特别法院和特别程序,从而代替了普通法院和普通程序。这些特别法的实施,使得国民政府原先抄袭资本主义国家先进的刑事审判制度形同虚设。② 这与国民政府的反人民性往往是连在一起的。

---

① 王锡周:《现代刑事诉讼法论》,上海世界书局 1933 年版,第 2—3 页。
② 徐静村:《刑事诉讼法学》,法律出版社 1999 年版,第 178 页。

第四章　南京国民政府时期刑事审判的机构组织

刑事审判作为国家的一项重要的司法行为，必须由国家专门设置的审判机关——法院来行使。也只有国家依法设置的专门机关所作出的裁决，才具有权威性和公正性，能够被社会民众所接受，彰显审判制度本身的可信度。作为审判机关的法院内部又设有行使审判管理权的审判机构和行使审判权的审判组织，具体实施审判职能。就刑事审判而言，法院内部设有管理刑事案件的刑事审判庭及经办特定案件的审判组织——合议庭或简易庭。

一、刑事审判机构的设置

学者指出，南京国民政府的司法审判机构建立在北洋时期司法建设的基础之上，它借用资产阶级的自由、平等、公正的法制原则，按照"五权宪法"的制度架构，标示以"司法独立"的组织原则，建立起一整套相对完整的司法组织体系和审判运作机制。① 的确，南京国民政府时期，其新式法院的设置均在北洋政府时期的基础上进行，包括地方法院和县法院在内。总体上，中国的刑事审判机构相对民事审判要发达得多。

我国的司法审判机构古已有之。早在商朝，商王设司寇及其他属官处理司法。法官一般由高级贵族担任并世袭，地方司法也由贵族负责。西周的司法机构已经比较发达。② 秦设有独立的审判机关，朝廷、郡、县三级行政机关就是三级法院。在中央，皇帝是最高审判官。两汉的司法机关，中央由皇帝、丞相、御史大夫和廷尉组成，地方则由封国、州、郡、县长官组成。三国时期的司法机关基本上沿用汉制，中央由廷尉、御使、尚书三部分组成。唐朝中央以大理寺、刑部为司法机关，御史台也参与司法。宋朝中央设大理寺、刑部和审刑院管理刑事案件，地方以提点刑狱司作为主要刑事司法机构。明清两朝中央司法机关为刑部、大理寺和都察院，合称"三法司"。需要说明的是，中国

---

① 韩秀桃：《司法独立与近代中国》，清华大学出版社2003年版，第361页。
② 叶孝信：《中国法制史》，北京大学出版社1989年版，第33页。

古代刑法发达,与其相适应,中国古代的中央司法机构也就是刑事审判机构,地方司法机构处理民事和刑事案件。

直到清末法律变革,新型司法审判机构才得以建立。在1908年8月27号公布的"预备立宪"计划——《钦定立宪逐年筹备事宜清单》中,清政府要求各省应分期筹设各级审判厅。1909年公布的《各级审判厅试办章程》及后来颁行的《法院制编法》规定:改刑部为法部,掌管全国司法行政事务,不再具有审判职能;改省一级的按察使司为提法使司,负责地方司法行政工作及司法监督;改大理寺为大理院,为全国最高审判机关并有权解释法律、监督各级地方审判活动,置正卿及少卿各一员总理院务,设刑事科与民事科并设有相关审判庭。在地方州县设初级审判厅,府(直隶州)设地方审判厅。省设高等审判厅,置厅长或厅丞总理厅务,设推事负责案件审理。地方及高等审判厅设民、刑等审判庭。这种新型的司法审判机构被民国时期所沿用,北洋政府在《大理院审判编制法》,规定了大理院及京师各级审判机关的编制和权限。在东三省单独设立法院,由于"一战"后,中东铁路交还中国,为便于诉讼起见,将东三省铁路界内划为东省特别区域,1920年10月颁布《东省特别区域法院编制条例》,规定在哈尔滨设立高等审判厅和地方审判厅,并在铁路沿线设置地方分庭,管辖铁路线界内的诉讼案件。地方审判厅之简易区域分庭审理初级管辖的第一审案件;不服其判决,得上诉于地方审判厅,并得依次上诉于高等审判厅和大理院。

国民政府时期,从宪法到法院组织法对刑事审判机关都做了规定。特别是1930年6月中央政治会议讨论并提出的法院组织法的立法原则十二条:(1)改善现行检查制度,扩大自诉范围,凡因犯罪而被害的个人,以允许自诉为原则;(2)每县、市各设地方法院,但县、市区域狭小的,可数县、市合设一地方法院,区域辽阔的,可设分院;(3)实行三级制度,以三审为原则,二审为例外;(4)地方法院审判案件,采取独任制,高等法院与最高法院采取合议制;(5)各省及特别区域,各设一高等法院,区域辽阔的省,可增设分院;(6)在距离中央所在地较远的地方,设最高法院分院(后来对此原则做了修正,改为最高法院不设分院);(7)各级法院及其分院设院长,以综理行政事务;(8)法院院长都兼任推事;(9)检察官对于刑事自拆案件应予协助,自诉人撤回起诉时,除告诉乃论之罪外,检察官如认为应起诉的,则由他担任起诉;(10)凡法院都配置检察署,以为检察官员执行职务的场所①;(11)实任推事,除有法定原因并依法定程序,不得勒令停职、免职、转职及减俸。

---

① 这个规定后来改为最高法院内设置检察署,其他法院都只配备检察官,不设检察署。

(12)绥远可设分院,不采取巡回审判制度,后来改为高等法院与地方法院得于其所在地外的适当地点,定期开庭。很明显,国民政府宪法及法院组织法的规定对国民政府刑事审判机构的建构具有指导意义。

依据1935年《法院组织法》,县、市设地方法院,省设高等法院,国民政府所在地设最高法院。① 地方法院管辖民事刑事第一审案件及非诉事件;高等法院管辖关于内乱、外患和妨害国交罪的刑事第一审案件,不服地方法院第一审判决而上诉的民刑事诉讼案件以及不服地方法院裁定而抗告的案件。最高法院管辖不服高等法院第一审判决而上诉的刑事案件,不服高等法院第二审判决而上诉的民刑事案件,不服高等法院裁定而抗告的案件以及非常上诉案件。

也有著述认为,南京政府成立初期,审判机构设置沿用北洋政府旧制,设置四级法院:第一级为各县法院或初级审判厅或县政府兼理司法的承审员;第二级为地方法院;第三级为高等法院;第四级为最高法院。1932年底,南京政府将法院设置改为三级:第一级为地方法院,设于省辖市和县.也可数县合设一地方法院,地方法院还可设地方分院;第二级为高等法院,设于各省省会及特别行政区所在地,高等法院可设分院;第三级为最高法院。② 由此可知,国民政府设立地方法院、高等法院、最高法院三个层级的法院,作为初审、再审、终审的审判机构,每个层级的法院分设刑事庭和民事庭分处刑事和民事案件。其中最高法院系终审机关,由院长、庭长、推事、书记官、检察署长等组成。下分设民争、刑事审判庭各若干个(准确地说:刑事7庭、民事5庭),还设判例编辑等委员会,并附设检查署。最高法院院长由司法院长提议国民政府任命。

而与审判工作相关的司法行政部主管与司法有关的民事、刑事及监狱等事务,1931—1934年间,司法行政部曾一度改为隶属行政院,1934年以后则改属司法院。司法行政部隶属关系的变化,与国民党在不同时期对于行政权

---

① 最高法院先直接归属国民政府,后来归属司法院。1927年10月25日,国民政府公布的《最高法院暂行条例》规定:最高法院为国民政府最高审判机关,设院长1人,设庭长3人和首席检察官1人,置民事庭2个、刑事庭1个。1928年10月,国民政府实行五院制,最高法院改归国民政府司法院辖属。1938年,最高法院在上海和重庆设立分庭,上海特区分庭以上海第一、第二两特区法院管理区域为其管辖区域,受理区域内不服高等法院或分院之裁判而上诉或抗告之案件;第二年11月,最高法院所设民、刑各庭紧缩为8庭。1941年12月,最高法院上海特区分庭因日寇占上海租界之故,被迫移驻福建永安并改设为最高法院浙赣闽分庭,以浙赣闽三省之未陷敌区域为管辖区域。1943年6月12日,设置最高法院湘粤分庭于湖南桂阳。1945年9月,最高法院各分庭均告结束。1948年8月,最高法院增设刑事科和民事科,按刑事、民事之别,分别掌理诉讼文卷之点收和编订、诉讼案件之总和程序之韧审查、诉讼进行中之文稿撰拟、卷证保管、诉讼案件分配各庭裁判之编号等事项。

② 韦庆远、王德宝:《中国政治制度史》,高等教育出版社1992年版,第497页。

及行政权的不同解释有关。① 无论如何,刑事审判的行政工作由司法行政部负责。依据《司法行政部组织法》,司法行政部下设刑事司,掌下列刑事方面的事项:(1)关于刑事诉讼审判及检察之行政事项;(2)关于特赦减刑复权执行刑罚及缓刑事项;(3)关于国际引渡罪犯事项;(4)关于其他刑事事项。从这里可以看出,司法刑事司的职权主要是刑事司法行政工作,不涉及具体的刑事审判工作。依据法律,具体刑事审判是人民法院的工作职责。

二、刑事审判机构的类型

审判庭是人民法院内部的常设审判机构,是对案件的审判活动行使管理权的一级机关,依据案件性质分为民事、刑事及行政三类审判庭。南京国民政府时期,刑事审判机构按照所处理案件性质分为三类:普通刑事法庭、军事法庭和特种刑事法庭。

(一)普通刑事法庭

所谓普通刑事法庭,是指处理普通的、政治性不强的刑事案件的法庭,它包括法院刑事庭与县司法处刑庭两种。由于普通刑事审判由法院和县司法机关审理,依照《刑法》和某些特别刑事法规定罪量刑。

1. 法院刑事庭的设置及其权限

法院刑事庭是随着法院的设立而设置的刑事审判机构。因此,只有在设有法院的地方才设有刑事审判机构,共有三级:即地方法院、高等法院、最高法院。依据国民政府法院组织法,地方法院,设于县或市,如其区域狭小的,可以合数县市设一地方法院;区域辽阔的,则设地方法院分院。地方法院推事在6人以上的,可以分置民事庭、刑事庭;高等法院,设于省或特别区域,其区域辽阔的,可以设置高等法院分院。高等法院分置民事庭、刑事庭,其数量根据事务的繁简而定。最高法院设于国民政府所在地,根据1928年11月公布的《最高法院组织法》,最高法院设立民事庭、刑事庭行使审判权,同时规定设民事庭若干和刑事庭若干,其庭数多少,由司法院视事务之繁简以院令定之。1929年,经过修改的《最高法院组织法》对法院的机构设置更加明确,规定每个法庭设推事5人,以1人为庭长,监督该庭事务及分配案件。1933年8月抗战前,最高法院共设有刑事审判庭11个,抗战期间减为刑事审判庭

---

① 张宪文等著:《中华民国史》(第2卷),南京大学出版社2006年版,第95页。

4个,抗战胜利后增至14个。① 其他高等法院及地方法院都根据实际司法实务设立了数量不等的刑事审判庭,用于承担普通刑事案件的审判工作。

关于各级法院的审判权限,早在1927年初武汉的司法改革会议②就已确定,后基本被南京国民政府所承袭。就刑案而言,地方法院管辖刑事第一审案件,但法院另有规定的不在此限。地方的县、市法院和人民法院③负责审理刑事第一审案件。两者的分工是,人民法院负责审理轻微刑事案件,一般指主刑为五等有期徒刑、拘役及科处罚金的案件。县、市法院负责审理上刑为四等以上有期徒刑的刑事案件。高等法院管辖关于内乱外患及妨害国交的刑事第一审诉讼案件;不服地方法院及其分院第一审判决而上诉的刑事诉讼案件;不服地方法院及其分院裁定而抗告的案件。也即高等法院管辖两类案件:一是不服第一审判决而上诉的刑事案件。二是属于反革命的内乱罪、外患罪和妨害国交罪,以高等法院为第一审。管辖刑事案件范围包括不服高等法院及其分院第一、二审判决而上诉的刑事案件,或者更具体的是最高法院(或分院)管辖不服高等法院第一审判决的刑事案件和不服高等法院第二审判决的死刑案件,以及非常上诉案件。当然,最高法院还管辖不服高等法院及其分院裁定而抗告的刑事案件。

法院刑事庭作为处理普通刑事案件的主体性审判机构,在国民政府的刑事审判实践中发挥了重要作用。如当时的上海代表了中国经济发展的核心地带,地处辽阔、人口众多,刑事案件也不断发生,"因之狱讼繁兴,庭无虚日。"据记载,上海地方法院自接受案件起,受理民刑事案件与日俱增,就收案数字统计,三十四年每月平均收案1000件,三十五年月平均收1920件,三十六年每月平均收案2165件。④ 其中,刑事案件部分全部由刑庭审理和裁判,可见,法院刑事庭在社会经济发展与稳定中扮演了非常重要的角色。

2. 县司法处刑庭的由来及职责

南京国民政府时期,在没有设立普通地方法院的县的县政府之内设立县司法处作为审判机构,由县长兼司法处处长,下设承审员,代行审判权,具体审理民刑案件。这一制度沿袭了武汉政府的做法,据1926年11月公布《湖

---

① 张晋藩:《中国司法制度史》,人民法院出版社2004年版,第529页。
② 按司法改革的决定:(1)中央分别设立两种法院,一为最高法院(分院),院址在国民政府所在地;二为控诉法院(即原高等法院),院址设在省城。(2)地方也分别设立两种法院,即县、市法院和人民法院。实际上当时各县多数未设立地方法院,而以县司法委员代行审判工作。
③ 这里的人民法院设在镇或者乡村,相当于现今县级法院下设的人民法庭。
④ 中国第二历史档案馆藏:《上海地方法院工作报告》(1947年),全宗号七,卷3102。

北临时县司法委员组织条例》规定，凡未设立法院的县，暂设司法委员一、二人，负责审理民刑事案件。到南京国民政府时期，未设法院的县改设县司法处负责审理民刑事案件。据记载，1936 年，国民政府已设有法院约 600 所，但还有 1300 多个县尚未设立法院。① 这种状况，决定了国民政府部分基层地区民事和部分刑事案件的处理仍实行行政兼理司法，于是，在这些没有法院的县设立县司法处，下设民庭与刑庭。可以说，县司法处适应了国民政府经济困难时期法院资源不足的需要。

县司法处源自于北洋政府时期的县知事兼理审判制度。1913 年，在未设立普通法院的各县曾设立审检所，由县知事执行检察事务，由帮审员②负责审。1914 年 4 月袁世凯御用的政治会议决议取消初级审判厅，接着公布了《县知事审理诉讼暂行章程》。据这个章程规定，凡未设立审判厅的地方，民刑事诉讼案件由县知事兼理。县知事兼理司法时，享有逮捕、审讯和执行判决的权力，并规定"审判方法，由县知事或承审员相机为之，但不得非法凌辱。"这些规定，使县知事除享有行政权之外，还包揽了检察和审判权力，在审理案件时又可"相机为之"，这就为县知事在司法审判上专横擅断提供了合法的依据。袁世凯政府垮台后，段祺瑞政府于 1917 年 6 月以教令形式公布了《县司法公署组织章程》。该章程规定：在县行政公署设司法公署，由审判官一、二人及县知事组成，管辖民刑事初审案件。审判事务由审判官负责；检举、拘捕、助验、押解及刑事判决执行等检察职权由县知事负责。

之所以设立县司法处，其原因有多方面。首先，为了提升审判地位，弱化行政对司法的影响。"近代文明国家，实无有行政兼理司法者，故前司法调查团之建议中，即以废止县长兼理审判制度为撤销领事裁判权之一条件，同时吾国司法制度推行三十年，而法院仅设于首都省会通商大埠，至内地多数之县，全不闻问，任以行政兼理司法，直到二十四年，尚有一千四五百县，然则数十年司法行政，不过推进全国司法百分之十几⋯⋯"③ 为了避开行政对司法的过度干预，必须在审判机构上努力改进。其次，迫于国家财力所限，"于是采取渐进办法，先废除县长兼理司法制度，使审判权完全独立，检察官则暂令县长兼之，所谓县司法处也。⋯⋯盖普遍改设地院，非中央补助大宗经费

---

① 徐矛：《居正与法院——国民政府五院制度摭述》，载《民国春秋》1994 年第 6 期。
② 民国二年的《各县地方帮审员办事暂行章程》规定：各县因诉讼事务之繁简置帮审员一人至三人。考试合格者；曾充或学习推事或检察官一年以上者，可以充任帮审员。县知事帮审员监督书记员及雇员，审理诉讼，但是不得兼任该县之行政事务。
③ 王用宾：《两年来努力推进司法之概况》，载《法学杂志》1938 年卷 10 第 3 期。

不可。"①

国民政府统治前期,由于国力基础薄弱,使得其统治区域内的许多地方没有建立地方法院,而由县司法处办理民刑事案件。为此,国民政府1928年颁布、1929年又重订了《县组织法》,其中规定了:县长在任期内,拥有以下职权:负责综理全县行政事务、任命县政府职员、可兼任军事法官。1935年修正《县长兼理司法暂行条例》,规定:(1)县长兼理司法事务,应于县府设司法处;(2)司法处置审判官,独立行使审判职务;(3)审判官由高等法院院长呈部核派;(4)司法处行政事务及检察职务,均由县长兼理。无疑,司法处的设置具有合法性基础。

并且,1936年公布的《县司法处组织条例》,对县司法处做了进一步明确的规定:其一,县司法处设立于县政府,它的管辖范围与地方法院相同;在审判业务方面受高等法院院长的监督。其二,明定县司法处的审判官须有法科三年毕业经高等考试及格者或办理司法业务多年者,方可出任;具有任职资格者由高等法院院长呈请司法行政部核定任命。② 同年6月又制定了《县司法处办理诉讼补充条例》,对县司法处办理民刑事案件的有关问题做了一些规定,并赋予县长以检察官的某些职权。

由此可以判断:县司法处、县知事兼理司法等仅是"行政兼理司法"的简单翻版,本质上并没有多少改变。对县知事兼理司法之制,当时的学者们纷纷提出质疑,认为县知事兼理司法在法律方面有以下不当之处:

(甲)县知事为一县之行政长官,总揽全县行政,以行政官兼理司法,有背五权分立之精神。自行政权方面,是破坏司法权之完整;自司法权方面,是甘受行政权之蹂躏,此其不当者一。(乙)依刑事诉讼法第二二七条第一款之规定,县长为司法警察官,其侦查犯罪之职权,与检察官同,依修正县知事审理诉讼暂行章程第一条,县长为审判官。县长又为检察官,以县长一身而兼有司法警察官、检察官、审判官之职权,诚未见其可,此其二。(丙)刑事诉讼之方式有弹劾式和纠问式,纠问式之追诉与审判同归一人,难得情法之平,故现今各国鲜有采之者。(丁)依现制凡未设法院或司法公署各县,应属初级或地方管辖第一审之民事刑事诉讼,由县知事审理。设有承审员各县,属于初级管辖案件,既归承审员独自审判,以县公署名义行之,由承审员负其责任,地方管辖案件,得由县知事交由承审员审理。(戊)以县知事审判案件,事实上多有能未合法

---

① 王用宾:《两年来努力推进司法之概况》,载《法学杂志》1938年卷10第3期。
② 张晋藩:《中国司法制度史》,人民法院出版社2004年版,第529页。

之处,法律乃以覆判章程救济其穷,是直以人民权利司法威信,为训练县长办案之牺牲品,此其不当者五。①

因此,当时有人提出议案,倡议废除县司法处:

> 查县司法处检察官职务,由县长兼理,原为一时权宜之计。但施行以来,因县长不尽具有法律学识及办案经验,而县政纷繁,对于检察职务,亦无暇兼顾,实际上多委诸秘书科长承办,殊欠妥善,且县长为行政官,与地方人士接触频繁,办理侦查案件,尤不适宜。亟应增设专任检察官,废除县长兼理制度,以期改善,关于县司法处行政事务,拟仍统由审判官负责主持,俾一事差。再就司法处本身言之,因机构简单,人员经费两感困难,纵有贤能职称,学验俱丰之审判官,遇有重大案件,亦不能不仰承当地县长或权豪之鼻息。故县司法处宜从速废止,归并改设法院。②

但任何事物之所以存在,终究有它的合理性。有学者认为,县司法处原则上独立行使审判权,比北洋政府的县知事兼理司法的效果要好得多。③ 的确,县司法处刑庭在特殊的历史时期承担了较多的特别是轻微的刑事案件的审理任务,为缓和社会矛盾做出了一定的贡献,这一点是不可否认的。

(二) 军事审判法庭

军事审判法庭是与军事审判制度密不可分的。而军事审判制度是一种古老的司法制度,在欧洲中世纪和中国封建社会,这种制度就已经存在。我国也不例外,早在我国古代就出现了军事审判机构,宋代从中央到地方设有一套军事审判系统,各级军事司法机构负责审理各种涉及军人的案件,但其审判管辖不尽相同。在宋代,不同军种的军人犯罪、军官犯罪以及军民纠纷等案件,是各级军事司法机构面临的主要审判管辖问题。④ 明清时,特别是明代,军事审判组织更加健全,在最高军事机关五军都督府设有"断事官",总治五军刑狱,其下又分设"五司",各理其军中刑狱。⑤

到了近代,先后建立了军法司、军法处、军法会审、军事裁判所、军法会等军事审判组织和机构。1916 年 3 月 25 日,北洋政府颁布的《修正陆军审判

---

① 马存坤:《改进县司法与厘定承审员之职权》,载《法律评论》1932 年总 451 期。
② 中国第二历史档案馆藏:《浙江高等法院院长孙鸿霖的提案》,全宗号七,案卷号 6540。
③ 张晋藩:《中国司法制度史》,人民法院出版社 2004 年版,第 529 页。
④ 张明、陈峰:《宋代军事审判管辖问题考论》,载《人文杂志》2007 年第 5 期。
⑤ 周健:《军事法史纲》,海潮出版社 1998 年版,第 67 页。

条例》奠定了近代军事审判制度的基础。北洋政府设置了军事法院,分别设有陆军军事法院和海军军事法院,并颁布了《陆军审判条例》和《海军审判条例》。主要审理军人和非军人违反《陆军刑事条例》和《海军刑事条例》的案件。北洋政府统治时期,经常宣布戒严或处于战时状态。这样一来,军事审判就取代了普通刑事审判。此外,北洋政府的军事审判机关还经常干预地方司法机关的审判活动,甚至取代地方司法机关。

国民政府为了加强对军队的控制,于1928年在北洋政府《修正陆军审判条例》的基础上,制定颁行了《国民革命军陆军审判条例》,该《条例》规定:军人犯刑法上之罪或违警罚法及其他法律之罪者,由军事法院审判。后来,国民政府又参考西方资本主义国家的军事审判制度,修改制定了《陆海空军审判法》,于1930年3月24日公布施行,各种军人犯罪案件一般由军法会审依照《陆海空军审判法》进行组织,执行审判。接着又出台了《战时陆海空军审判简易规程》,对当时的军事审判机构均做了明确规定。

国民政府时期的军事审判一般实行三种军法会审:简易、普通与高等会审。简易军法会审适用于审判尉官及其以下的军人犯罪;普通军法会审适用于校官或同等的军人犯罪案件;高等军法会审则只能对将官或同等的军人犯罪案件适用。1928年的《国民革命军陆军审判条例》对现行犯的审判,由军事法官进行。而军事法官一般从陆军宪兵官长或兵士或总军师旅各司令部副官或军法官充任。到1948年5月19日,国民政府颁布《戒严法》,规定准许军事法官在戒严地区内,对普通刑事犯罪行使军事刑事审判权。有关戒严地区的所有各种刑事案件,军事法官均可进行审判。

国民政府时期,设立军事审判机构是国民党控制军队的重要手段,也是国民党统治的需要。甚至,任何时代都需要设立军事审判机构。当今世界,几乎所有的国家、所有的军队,都建立有自己的军事司法制度,并在涉及国家安全和重大政治、军事利益问题的处理上,发挥着不可替代的作用。因此,军事审判机构也是必不可少的,国外通行的做法是常设军事审判机构与临时组建的军事法庭相结合。如英国的常设军事审判机构主要是军事上诉法院,理论上还包括上议院与欧洲法院,尽管后者并无相关案件的审判实例,而临时组建的军事法庭是其军事审判的主要机构。[1] 2001年11月13日,美国总统签署法令,授权军方成立特别军事法庭,以审判关押在古巴关塔那摩监狱从事"9·11"恐怖袭击事件和其他恐怖活动的外国人。2006年10月,出于应

---

[1] British Council for Culture, Weekly Law Album of British, Sbring Netherlands Press, 1999, p.39.

对日益严峻的反恐形势的需要,美国总统布什签署了《2006美国军事审判委员会法令》,军事审判委员会并非正规的常设法庭,是针对特殊的犯罪群体而设立的审判机构。我国建国后,也建立了军事审判制度,设立了军事法院。后曾停办,1978年又恢复重建了军事法院和军事检察院,主要负责审理部队内部的刑事案件。不过现行军事刑事审判级别管辖是以被告人的职务等级作为划分依据的,这与普通刑事审判级别管辖的划分依据是不同的。但是,不能不承认现今军事刑事审判制度多少受到国民政府的影响。

(三) 特种刑事法庭

1. 特种刑事法庭的设立

特种刑事法庭属于特别法庭的一种,特别法庭"是针对某突出事件或个人而设立的,并非常设性的审判机构,审判无须遵从严格的程序,也不对外开庭,为了制造些特殊的效果"①。而特种刑事法庭是为实行特种刑事审判②而设置的专门法庭。与一般特别法庭相比,特别刑事法庭是时间较长、有常设司法编制、对社会政治产生实际影响的另一种特别法庭。③ 根据考证,设置特种刑事法庭,一般是在非常时期为加强特别镇压的需要而为之。④

但是,特种刑事法庭并非诞生于国民政府时期。一定意义上,这种特别刑事法庭是沿袭了广东国民政府所创立的特别刑事审判所的做法。根据1925年9月30日公布的《特别刑事审判所组织条例》,凡统一广东军民财政及惩办盗匪奸宄特别刑事条例所揭各罪者由特别刑事审判所审定之;特别刑事审判所以政府所在地为管辖区域,采取合议制,开庭审理时禁止旁听等。从管辖范围、案件性质及处理方式等方面判断,广东国民政府的特别刑事审判所与南京国民政府的特种刑事法庭是类似的机构。

根据《特种刑事临时法庭组织条例》及《特种刑事临时法庭诉讼程序暂行条例》,国民党统治初期,利用了原广州国民政府打击反革命土豪劣绅的特种审判方式,于1927年起设置特种刑事临时法庭,由司法部设立。因此,当时有法律文件直接表述:特种刑事法庭是审理"反革命"案件及土豪劣绅

---

① 张庆军、孟国祥:《民国司法黑幕》,江苏古籍出版社1997年版,第50页。
② 所谓特种刑事审判,是指国民政府为强化其统治,专门颁布特种刑事法规,把诸如危害民国、汉奸、盗匪、烟毒、贪污等重要案件,改由军法机关或兼任军法官的县长,按特定程序进行审理并定罪科刑。
③ 张庆军、孟国祥:《民国司法黑幕》,江苏古籍出版社1997年版,第51页。
④ 张培田、张华:《近现代中国审判检察制度的演变》,中国政法大学出版社2004年版,第40页。

之刑事诉讼案件的机构。① 据国民政府的调查资料,受审判的土豪劣绅的表现太差,需要专门审判:

> 恶劣之乡镇保长,滥用职权,违反法令,营私舞弊,枉法贪赃,横摊乱捐,鱼肉百姓,真像小朝廷土皇帝一样……清理长沙耒阳等监狱,由乡保长甚至保队副直接逮捕有仇怨之人,拘押于县政府监狱者多人。又由吾等巡察时三个半月所收到人民诉状的一千余件,控告乡镇保甲长者不下六七百件……各乡镇保长何以竟有如此恶劣贪污之人乎? 盖待遇微薄,责任繁重,地位甚低,有钱有势者不敢为;有学有才不肯为;有德有品者不忍为;忠实笃厚者不敢为;上者中者即不可得,必须求其下者劣者等。②

类似的针对特种类型的、严重危害社会的犯罪设立专门法庭是必要的。除了土豪劣绅以外,还有贪污腐败。"晚近吏习日媮,官长不振,贪黑之案,时有所闻,当轴为整饬纲纪,不惮三令五申,谆谆告诫"。③ 国民政府"在彻底澄清吏治坚强决意之下,中央政治会议曾于去年五月二日,通过一项《惩治贪官污吏办法》,除加重贪污刑罚外,更于中央最高法院及各省高等法院内,特设惩治贪污专庭,由司法、行政、监察三机关代表组成合议庭,专当审判贪官污吏之任"④。据此,中央于最高法院设惩治贪污专庭,以最高法院院长,行政院代表和监察院代表参加组织之。省于高等法院设惩治贪污专庭,以高等法院院长为庭长,省政府代表参加组织之。凡犯贪污罪情重大者,得处死刑或无期徒刑。当时有人评价:"因惩治贪污,而施重典,且特设专庭以处理之,在吏治腐败达于极点之今日,诚属切要之举,吾人方称颂不暇,固不欲有所批评也。"⑤的确,国民政府时期特种刑事法庭的设置是出于特殊需要。

但是,随着形势的发展,特种刑事法庭很快演变为镇压共产党人和进步人士的特别机构。1928 年 2 月 29 日,国民政府任命丁超五为特种刑事临时法庭庭长;7 月 28 日,中央政治会议第 118 次会议通过《特种刑事临时法庭组织原则》,依审查委员会王宠惠等提出的审查报告,将原设专以"反革命"罪名为务的"特别法庭"更名为"特种刑事临时法庭"。自此,诸如江西省之

---

① 《特种刑事临时法庭及惩治土豪劣绅条例之决议案及其条例》,见中国国民党中央党史史料编纂委员会编:《革命文献》第 22 辑,第 190 页。
② 中国第二历史档案馆编:《中华民国史档案资料汇编》第 5 辑,第 2 编"政治"(1),第 528 页。
③ 徐平寿:《设置惩治贪污专庭评议》,载《法律评论》1933 年 500 卷。
④ 师连舫:《特设惩治贪污专庭之旧事重提》,载《法律评论》1933 年 498 卷。
⑤ 徐平寿:《设置惩治贪污专庭评议》,载《法律评论》1933 年 500 卷。

"剿共"委员会、浙江和安徽等省之"军法会审"等专门制裁中国共产党人的机构,乃取消原名而一律改称特种刑事临时法庭。特种刑事临时法庭之设立和废止及分庭管辖区域之划分或变更事宜,由国民政府决定。1930年8月17日,国民政府颁布《反革命案件陪审暂行办法》,要以审判方式积极介入国民党各级党部对法院判决共产党人认为不当的案件。因此,特种刑事法庭主要被用来镇压共产党人及革命群众。

特种刑事法庭的反人民性质,曾引起强烈的反对。在全国各界和中国国民党内有识之士的强烈谴责和不断反对之下,该法庭一度被撤销。1928年11月21日,中央政治会议第164次会议作出决议,声称:鉴于司法院业已成立,为谋"法权之统一",特将各种特种刑事临时法庭一概取消,并由政治会议委员兼司法院院长王宠惠提出《关于特种刑事临时法庭取消办法六条》,中央和地方特种刑事临时法庭乃依此相继取消。① 民国十七年十一月,中央政治会议于第164次会议决议将反革命案件由各省高等法院或其分院依通常程序受理第一审,土豪劣绅案件由各地方法院或其简易庭依通常程序受理第一审,所有中央及地方特种刑事临时法庭遂一律裁撤。② 但后来又重新设立。

1946年6月,蒋介石国民政府发动全面内战后,出于其反共政治的需要,再度设立专门对付中共党人及其人民群众的"特种刑事法庭"。当然也再度遭到人民的强烈反对,当时的北京九所国立大学学生自治会联合发表《我们的呼声》,痛斥国民政府设立特种法庭的罪恶,并联合向国民政府立法院递交了《反对设立特种刑事法庭的请愿书》。指出:特种刑事法庭的设立是违宪的变相的军法审判,它使中国回到原始的、野蛮的罪刑擅断时期;国民政府设立特种刑事法庭,一步紧接一步把普通罪刑特殊化,把审判机关军事化,把诉讼程序原始化,致使人民仅有的法律上的基本权利以及普通司法机关权力都被摧残净尽。这与人民要求生存的权利相去千里,政府"实施宪政"的"决心"实难令人置信。③

但是,国民党置人民的利益于不顾。1947年12月13日,蒋介石以国民

---

① 孔庆泰等:《国民政府政治制度史词典》,安徽教育出版社2000年版,第263页。
② 谢振民:《中华民国立法史》,中国政法大学出版社1999年版,第1037页。
③ 国立北京大学学生自治会编印:《反对设立特种刑事法庭》,1948年6月2日。

政府主席名义手令①立法院院长孙科负责特种刑事法庭立法工作,积极推行迫害共产党人和进步人士的高压政策。这样,1948年3月25日,国民政府公布《特种刑事法庭组织条例草案》和《特种刑事法庭审判条例草案》。1948年4月,国民政府正式颁行了《特种刑事法庭审判条例》和《特种刑事法庭组织条例》,正是成立特种刑事审判机构。据此两条例,国民政府除在南京设有中央特种刑事法庭外,还设有首都、上海、北平、天津、武汉、广州、重庆、西安、青岛、沈阳、镇江、合肥、开封、济南、保定、成都、福州、太原、归绥、张家口、承德、长春、南通、徐州、商丘、信阳、淮阴、临沂、克州、郑州、洛阳、阜阳、襄阳、咸宁、锦州、大同、蚌埠、安庆、芜湖、宝鸡、延安、绥西(驻绥远)、桂林、宜昌、江陵(驻沙市)、烟台、济宁、唐山共48处49个特种刑事法庭。1949年3月17日行政院会议决议撤销并限于4月底完全结束,4月11日,代理中央特种刑事法庭庭长李仑高于广州宣布该机构遵令结束。② 至此,国民政府时期特种刑事法庭的历史结束了。

2. 特种刑事法庭的职能

(1)临时法庭的职权

特种刑事临时法庭依据其组织条例的规定,分为中央和地方两级,且必须在距离该庭所在地较远或交通不便的地方设立分庭,审判刑事诉讼案件。1927年8月国民党当局设立特种刑事临时法庭,该法庭分地方法庭及中央临时法庭两级,前者负责审判反革命案件,后者负责审判关于反革命罪的上诉案件。特种刑事临时法庭设书记员若干人,掌理记录、统计和其他事务,其人选须由庭长委任之。两级法庭分别履行相应的职能。第一,特种刑事中央临时法庭设庭长1人、审判员5—10人,均由国民政府任命。该法庭审判关于"反革命"及土豪劣绅之刑事诉讼案件,具体开庭审判时,以审判员5人之合议庭行之。第二,特种刑事地方临时法庭设庭长1人、审判员3—6人,由

---

① 手令内容为:速将"先后经中正核交行政院颁发有关扩大军法适用范围之命令,如《绥靖区及东北九省临时紧急军政措施办法》《后方共产党处置办法》及《粤、桂、甘、新四省盗匪案件适用军法审判案》"等"前经国防最高委员会或国民政府备案",但"未能悉符法定程序,且与宪法上'人民除现役军人外,不受军事审判'之规定不免抵触"各件,"兼顾法律立场与勘乱建国之政策运用"、"适应勘乱需要、同时符合宪法第23条之精神、避免与宪法第9条相抵触",特拟具处理原则两条,交孙科以立法院出面并邀司法院、行政院、国防部、司法行政部派员参加共同审议,作出修改。务必"于行宪前完成立法程序、公布实施":"(一)将绥靖区与后方盗匪、共匪、防护交通等案件,现行军法审判之有关法令统一整理为惩治共匪之特别刑事法(包括审判程序之规定),正式完成立法程序,由国府公布,适用于全国。(二)专设审判共匪案件之特别法庭,在系统上隶属于司法机关,而由各级军法机关兼理其事(不另增经费、人员),其审判程序与军法同,俾便随军进退、迅确办案"。孔庆泰等编著:《国民政府政治制度史词典》,安徽教育出版社2000年版,第262—263页。

② 孔庆泰等编著:《国民政府政治制度史词典》,安徽教育出版社2000年版,第266页。

省政府荐请国民政府选定并任命；庭长监督并指挥全庭事务，审判员掌理审判事务。开庭审理时以下列原则组庭：最高主刑为三等以下有期徒刑者，以独任审判员1人行之；最高主刑为二等以上有期徒刑者，以审判员3人以上合议庭行之；其独任审判，即以该审判员行使审判长之职务，其合议审判，则由该审判员中互推一人为审判长。此外，特种刑事临时法庭权限及办事程序，必须适用《法院编制法》的规定，但以不与组织条例抵触者为限。① 理论上如此，司法实践偏离太多。

（2）正式法庭的职权

特种刑事法庭分中央特种刑事法庭和高等特种刑事法庭，二法庭的职能有分工。首先，中央特种刑事法庭附设于最高法院，具体设1—2庭，每庭置庭长1人、审判官4人（均简任）、主任书记官1人（荐任）、书记官若干人（委任），由司法院选拔合格人员分别提请任命或派充；中央特种刑事法庭依《特种刑事审判条例》规定覆判高等特种刑事法庭及分庭判决之案件。该法庭覆判案件时，以5人之合议行之。合议庭之审判长，除庭长兼任外，以资深之审判官或庭长指定之审判官充任。其次，高等特种刑事法庭附设于高等法院或高等法院分院，必要时得设置分庭。高等特种刑事法庭或分庭置庭长1人（简任或荐任）、审判官若干人、检察官1—3人（均荐任或简任）、主任书记官1人（荐任）、书记官若干人（委任），由司法行政部遴选司法及军法人员，分别提请任命或派充，其庭长及首席检察官必须以司法官担任，其余人员由现有司法及军法人员兼任。高等特种刑事法庭受理《戡乱时期危害国家紧急治罪条例》所规定的案件，审判案件时，以3人或5人之合议行之。特种刑事法庭庭长综理行政兼充审判长并监督该庭事务；审判官、检察官（有2人以上时，以1人为首席检察官）分司审判、检察事务；主任书记官分掌理书记室事务；书记官分掌记录等事务。并且特种刑事法庭得视事实之需要酌用雇员、庭丁及司法警察若干人。对此，1948年2月9日国民政府曾通令：

> 查特种刑事法庭系由司法官与军法官合组而成，专办戡乱时期危害国家紧急治罪条例之各特种刑事案件，除庭长一人，首席检察官一人由司法官担任外，其余审判官、检察官若干人以司法官、军法官分别派充，并得由现任推检及军法官分别兼任。惟各高等分院所在地之庭长，首席检察官应以同地区之分院院长、首席检察官分别兼任为原则，各地区之特种刑事法庭应自奉令之日起迅速筹备成立，并应由该院长和首席

---

① 参见孔庆泰等编著：《国民政府政治制度史词典》，安徽教育出版社2000年版，第262页。

检察官,依据上述办法将该省各庭由司法官担任各职务……①

关于具体审判规则,《特种刑事审判条例》规定:其一,依法律规定应由特种刑事法庭审判之案件,依本条例审判,本条例未规定者,仍适用刑事诉讼及其他有关法令。其二,应从重处断之案件,其犯罪事实之一部应依本条例审判时,得全部依本条例审判。其三,依本条例审判之案件,以审判长及审判官 2 人之合议行之,但所犯之"罪"最轻本刑为无期徒刑以上之刑者,必须以审判长及审判官 4 人合议行之。其四,对于依本条例所为之裁判,不得上诉或抗告,但对于处 5 年以上有期徒刑之判决,得申请中央特种刑事法庭复判。其五,依本《条例》谕知死刑或无期徒刑之案件,其原审法庭应速将全案卷宗和证物送中央特种刑事法庭复判。其六,依本《条例》所为"有罪"、"无罪"、免诉或不受理之判决确定后又发现确实之新证据者,检察官必须为受判决人之不利益申请予以再审;前项判决确定后,因足影响于判决之重要证据漏未审酌、认有重大错误者,得为受判决人利益或不利益而申请再审(但送达判决已逾 20 日者,不得为之)。其七,申请再审,由原判决之法庭管辖。其八,特种刑事法庭移送案件时,准用《特种刑事法庭诉讼条例》第 3—6 条之规定。② 总之,特种刑事法庭是一种特设的专门法庭,无论是中央还是高等特种刑事法庭内,均分别配置 1—3 名法官,专门审理特种刑事案件。但是,对特种刑事判决人的判决,不准抗告,也不准上诉。

(3) 具体审判权限的划分

特种刑事主要由临时法庭承办,特种刑事临时法庭分地方与中央两级,前者主要负责审判反革命案件,后者主要负责审判关于反革命罪的上诉案件。具体说来:

其一,审理国民党官员的犯罪。据《党员背誓条例》的规定:国民党党员犯本条例应处死刑各条之罪,包括反革命图谋内乱、利用职权操纵金融图利、舞弊侵吞库款千元以上等罪行,由国民党中央执行委员会组织"临时法庭审判之"。也就是说,对于国民党官员的犯罪,由中央特种临时刑事法庭审判。

其二,审理政治犯的案件。1926 年 12 月湖北省政府制定了《湖北刑事特别审判所组织大纲》。该法令规定,由总司令部军法处、总政治部、湖北省高等审判厅、国民党湖北省党部及汉口特别市党部,各派一人组成刑事特别审判所,专门审理内乱、外患及反革命各罪的政治犯案件。1927 年实行司法

---

① 中国第二历史档案馆藏:《筹备特种刑庭并连保司法官以备核派》,全宗号七(2),卷号171。
② 参见孔庆泰等编著:《国民政府政治制度史词典》,安徽教育出版社 2000 年版,第 264—265 页。

改革后,这类案件改由控诉法院管辖(第一审),这个特别审判所就取消了。但是,后来涉及共产党人及进步人士等政治犯的案件,按照级别高低及情节轻重确认为中央、地方或者高等特种刑事法庭审判。

其三,审理土豪劣绅及贪官污吏的案件,主要由地方刑事特别审判法庭审判。国民政府初期,《湖北省审判土豪劣绅委员会暂行条例》规定,在湖北省及所属各县建立审判土豪劣绅委员会,专门审理触犯《湖北省惩治土豪劣绅暂行条例》和《惩治贪官污吏条例》的规定的罪案。据董必武同志主持制定的《湖北省审判土豪劣绅委员会暂行条例》的规定,该委员会分县、省两级。县审判土豪劣绅委员由国民党县党部、县农民协会各选派二人,县工会、商民协会、妇女协会、学生联合会各派一人,会同县长、司法委员组成,开庭时以县长为主席委员。省审判委员会由国民党省党部、省农民协会各选派二人,省总工会、省商民协会、省妇女协会及学生联合会各派一人,省政府委派二人组成,开庭时以政府委员一人为主席。

(4) 对特种刑事法庭的评价

刑事特别审判法庭是国民政府应付危局的需要的产物,早期的刑事特别审判法庭对打击土豪劣绅、惩治恶霸起到一定的作用。但是,后来的刑事特别审判法庭则完全变成了国民党对付共产党,镇压进步人士的残暴机关,具有极强的反动性。从法律层面上,它违反了法治的一个根本的原则——在证明一个人犯罪以前,任何人都无罪。刑事特别审判法庭事实上对任何人都可以取得管辖权,任何一个无辜的老百姓都可被指为"共匪"嫌疑,也即有罪推定。既然先认定为人家是共匪,那还用得着什么审判?! 从政府来看,制定《戡乱时期危害国家紧急治罪条例》,完全为了应付当时危急的局面,由于过分的慌张,以致失却了理性。宪法规定人民犯罪由普通司法机关审判,是因为普通法院有完备的程序、独立的判决和上诉的机会,凡此目的皆在保障人民的自由与权利。一切特殊的审判,也就是一种规避由普通司法机关依普通法律去处理的审判。把普通刑事特殊化,再将它交给特种法庭,这完全违反了宪法保障人民的权利及自由的基本精神。① 这是在1948年刑事特别审判法庭再次设立后,人们对其评价客观和中肯。在今天看来,国民政府刑事特别审判法庭的性质由最初的适应社会形势需要,转而演变为背离社会公义,成为屠杀革命群众的残暴机关,其历史地位一落千丈。

---

① 国立北京大学学生自治会编印:《反对设立特种刑事法庭》,1948年6月2日,第7—10页。

三、刑事审级制度的变化

法院的审级是指法院审判的级别以及各级法院之间的相互关系。"所谓审级制度,是指法律所规定的一个案件最多经过几级法院审判即告终结以及审判机关的级别的制度。"①或者解释为,审级制度是法律所规定的有关审判机关在组织程序上分多少等级,以及诉讼案件经过几级法院审理后,其判决或裁定才发生法律效力的制度。②

审级制度自古有之。魏晋南北朝时期主要实行的是县、郡、州、廷尉(或大理)四级审级制,其中,前三个审级设在地方,后一个审级设在中央。进入近代,仿照大陆法系确立四级三审制。其理由是:"法院制度,各国不同,在大陆诸国,正其明称、明其权限,标其等级,定其程序,整齐划一,足为矜式。反之在英美法系诸国,则一切法律,悉少成规,法院组织,亦无一定程序,是以我国采大陆制,定四级三审。"③实质上,审级制度是由案件的性质及复杂程度决定的。

因此,民国政府初期以日本的《裁判所构成法》为蓝本,并参照大陆法系其他国家的法律而制颁并适用于全国的第一个法院组织法规——《法院编制法》规定了四级三审制。即审判机构分为初级审判厅、地方审判厅、高等审判厅及大理院等四级,而地方审判厅、高等审判厅及大理院还可设立分厅或分院。审理案件原则上仍实行三审制,即如果由地方审判厅审理的第一审案件,则以高等审判厅为二审。如果仍不服,以大理院为第三审。这个三审属于终审,意思是对三审再不服,就不能再上诉了;如由初级审判厅审理的第一审案件,则以地方审判厅为二审,以高等审判厅为终审。关于大理院及各级审判厅的审判权限,《法院编制法》都进行了明确规定,实行四级三审制。

北洋军阀政府的刑事诉讼制度沿用了这一规定,《大理院审判编制法》规定,大理院及京师的审判机关共四级,即大理院、大理院直辖的京师高等审判厅、城内外地方审判厅、城谳局等四级。至于审理案件原则上采用三审制。例如,地方审判厅受理的案件,可逐级上诉于高等审判厅和大理院,而以大理院为终审。刑事审判原则上实行四级三审终审制,分别不同情况以大理院或高等法院为终审。但是,"后因经费和人才不足,将初级裁撤,改由地方厅分

---

① 樊崇义、吕萍:《刑事诉讼法学》,中国人民公安大学出版社2002年版,第469页。
② 叶青:《中国审判制度研究》,上海社会科学院出版社2002年版,第56页。
③ 蔡肇璜:《改善司法制度浅议》(一),载《法律评论》1930年总第367期。

厅管辖初级案件,四级也就名不符实了"①。广州、武汉国民政府初期的司法制度基本上沿袭民国初年的旧制,实行四级三审制,中央设大理院和总检察厅,地方分别设立高等、地方、初级三级审判厅及检察厅,除了军事法庭和某些临时特别法庭以外,因为军事法庭与特别法庭适用特殊规定。

　　1927年初,武汉国民政府召开司法会议,作出了司法改革的决定。② 其中在审级制度方面,由原来的四级三审制改为原则上实行二级二审制,仅死刑案以第三审为终审。但是,这种司法改革的精神并没有南京国民政府所吸纳。南京国民政府建立初期,法院组织基本上仍沿用北洋军阀政府的旧制,即采用四级三审制。1928年刑事诉讼法采四级三审制,因为当时法院组织法还未制定,武汉会议司法改革的精神未被明确认可,所以审级仍按原来北洋政府的法院体制办事。

　　随着国民政府政治经济的发展,四级三审的审级制度严重影响了司法效能的发挥,于是对审级制度进行改革。以居正为代表的一批司法界人士极力主张简化审级制度,建立以地方法院为中心的法院系统,实行三级三审制。因此国民党中央政治会议于1930年6月21日通过《法院组织法立法原则》,决定推行三级三审制,规定:地方法院为法院之单位,上级为高等法院,再上级为最高法院。1932年居正任司法院长,在他的要求下,国民政府中央政治会议于1932年7月6日再次强调推行三级三审制,1932年10月公布的《法院组织法》,正式确定三级审判制,但没有及时实施。不久,当时的《法令周刊》发表评论指出:"四级三审制的结果:管辖的分歧,程序的迟滞,法律见解的不能统一,种种流弊,实难尽述,无论为人民的利益,法令的统一,法院组织法的实行,尤其不能再缓了。"③四级三审与三级三审图标如下页。

　　国民政府的这一调整也是有其积极的理论支撑的,审级制度的设计追求裁判的实体公正,其逻辑预设是审级越多越有利于实现查明事实和正确适用法律的目标。然而,我们进一步分析就会发现这一预设也存在不周延的地方,因为法院作出判决与案件发生的时间间隔越长,刑罚就越难以发挥其预期的威慑作用。尤其是当复杂的审级制度导致案件大量积压时,人们的心理需求因长时期得不到满足,从而失去对司法的信心,裁判的权威性也会受到

---

① 程维荣:《中国审判制度史》,上海教育出版社2001年版,第207页。
② 这次司法改革奠定了南京国民政府司法制度的基础。第一,改变审判机关的名称。原来审判机关的名称,是沿用行政厅的名称,加高等审判厅、地方审判厅等,现则一律改称法院。这是我国审判机关正式使用法院的名称的开始。第二,取消检察厅,改为在法院内设置检察官。第三,原则上按二级二审创设置法院。第四,规定了各级法院的审判权限。
③ 《论丛:民国二十四年法治论坛展望》,载《法令周刊》1935年总第236期。

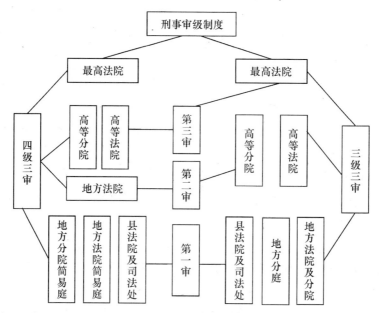

严重冲击,最终带来"迟来的正义非正义"的社会效果。并且,学者认为,"三级三审之优点,即在避免审级之复杂,而收步伐整齐之效。"①

于是,1935年《法院组织法》将"三级三审"予以确认,该法的第一条即规定,实行三级三审制,即地方法院(或司法处)、高等法院及最高法院。但是,这里的三级三审制只是原则上的审级,并非所有的案件都要或者可以实行三审,例如轻微的刑事案件两审就已经足够解决问题了,没有必要再接受三审。加上国民政府时期,财政拮据,司法资源也稀缺,"二审例外"自然成为审级制度所要考虑的内容。其实,早在1930年国民党中央政治会议通过的《法院组织法立法原则》中就确定了"以三审为原则,二审为例外"的审级制度。例外的情形有二:(1)民刑轻微案,以高等法院第二审为终审,不得再上诉于最高法院;(2)内乱外患及妨害国交罪之一切刑事案件,其第一审属于高等法院管辖,而以最高法院第二审为终审也。② 这里的"二审"就是"二级二审",与1927年武汉会议司法改革的精神是一脉相承的。

"以三审为原则,二审为例外"的审级制度在国民政府的刑事诉讼法里有明显的体现,1928年及1935年两部刑事诉讼法都规定了相关的内容。例如1928年的《刑事诉讼法》第386条规定:对于第二审判决有不服者得上诉于管辖第三审之法院;第387条规定:初级法院管辖案件其最重本刑为一年

---

① 曹士彬:《三级三审制施行后之县司法改革问题》,载《法学杂志》1935年第8卷第4期。
② 居正:《十年来的中国司法界》,载中国文化协会:《抗战前十年之中国》,台北文海出版社1974年版,第71页。

以下有期徒刑、拘役或专科罚金之罪者,经第二审判决不得上诉于管辖第三审之法院;第 388 条规定:对于高等法院之第一审判决有不服者得上诉于最高法院;第 389 条规定:上诉于第三审法院非以判决违背法令为理由者不得为之。1935 年的《刑事诉讼法》第 367 条规定:不服高等法院之第二审或第一审判决而上诉者应向最高法院为之,最高法院审判不服高等法院第一审判决之上诉适用第三审程序;第 368 条规定:刑法第 61 条①所列各罪之案件经第二审判决不得上诉于第三审法院;第 369 条规定:上诉于第三审法院非以判决违背法令为理由者不得为之。显见,1928 年的《刑事诉讼法》第 386 条、389 条与 1935 年的《刑事诉讼法》第 367 条、369 条是原则性"三审"之规定,而 1928 年的《刑事诉讼法》387 条、388 条与 1935 年的《刑事诉讼法》第 368 条是例外的"二审"。

实务中,国民政府司法行政部为实行三级三审制,特训令各省高等法院自本年(1935)七月一日起实行。据资料反映:"江苏方面,早已接奉是项训令,本邑地方分院院长徐体乾,亦已奉到高院训令,饬于七月一日改组为无锡地方法院,徐院长已准备一切,决于七月一日改组,按本邑地方分院时代,可受理江阴、宜兴、溧阳等县初级民刑第二审上诉案件,今后改组地方法院,不再受理上诉案件,完全受理本县第一审案件,统规苏州高等法院受理云。"②这里有一份 1929 年的上诉判决,从判决书的内容可以清晰地了解刑事审级制度的概况。

上诉不合法驳回判决书③

江苏吴县地方法院刑事判决十八年上字第二六号

判决

    上诉人 章永如 男,年五十岁,江阴县人,住德顺乡鸭子圩,业农

            章玉年 男,年二十一岁,同上

上列上诉人因章玉年伤害案,不服江阴县政府中华民国十八年二月二十七日第一审判决,

提起上诉,本院判决如下:

主文

上诉驳回。

---

① 1935 年《刑法》第 61 条规定:对于(1)犯最重本刑为三年以下有期徒刑、拘役或专科罚金之罪;(2)犯窃盗罪、侵占罪、诈欺罪、藏物罪等情节轻微显可怜悯者,按规定减轻其刑仍嫌过重者得免除其刑。
② 无锡通讯:《江苏省实行三级三审制》,载《法律评论》1935 年 6 月总第 606 期。
③ 谢森等:《民刑事裁判大全》,卢静仪点校,北京大学出版社 2007 年版,第 317—318 页。

事实

缘顾文彩在江阴县政府状诉沈卓臣、顾章氏、章玉年等伤害一案，经该县判决章玉年轻微伤害顾文彩，处罚金二十元，并与本年三月十八日将判决送与章玉年收受。章玉年遵纳罚金二十元后，复与其父章永如于同年四月二日向原县提起上诉。

理由

按刑事诉讼法第三百十八条第一项载，当事人对于下级法院之判决有不服者，得上诉于上级法院。又同法第三百五十九条载，被告之法定代理人、保佐人或配偶为被告利益起见，得独立上诉。又同法第三条载，本法称当事人者，谓检察官自诉人及被告各等语。可见对于刑事判决得提起上诉者，应以检察官、自诉人、被告及被告之法定代理人、保佐人或配偶为限。本件上诉人章永如并非原判决当事人，其子玉年现已二十一岁，又不能为玉年之法定代理人或保佐人。原判决处玉年罚金二十元，上诉人章永如乃对之不服，偕同玉年提起上诉，按照前开规定，自属不合。而上诉人章永如对于原判决虽有上诉之权，然按刑事诉讼法第三百六十三条规定，亦应于接受判决十日内提起上诉。兹查原卷上诉人章玉年与其父永如共同提起上诉日期为本年四月二日，而上诉人接受判决则在本年三月十八日，是其上诉显已逾前开之十日期限，亦难以认为合法。

据上结论，本件上诉系为不合法，应依刑事诉讼法第三百八十三条，判决如主文。

本件上诉法院为江苏高等法院，如有不服，得于判决送达后十日内，以书状叙述理由，向本院提起上诉。

中华民国十八年六月十八日

江苏吴县地方法院刑庭
审判长推事
推事
推事

从上述刑事判决书的内容，可以看出，江阴县政府、江苏吴县地方法院、江苏高等法院为三个审级的法院，一审状告章玉年伤害案，章玉年及父不服向江苏吴县地方法院提起上诉，但是因章玉年的父亲不能作为上诉人，所以被驳回上诉，对此判决还可以向高一级法院江苏高等法院上诉。此外，特种刑事法庭也实行两级两审制，依据1927年12月公布的《特种刑事临时法庭组织条例》,特种刑事临时法庭分中央和地方,采两级两审制。

审级制度是各国刑事诉讼中一项重要的基本制度。尽管学界对于司法公正的理解有所不同,但是,刑事审级制度作为规制法院审判活动的一项司法制度,必须以司法公正作为其价值基础。① 设立审级制度的意义主要在于保证判决裁定的准确性和审判的公正性及权威性。② 整个南京国民政府时期,刑事审级制度前后发生了变化,从初期的四级三审制到三级三审制,以及以三审为原则,二审为例外等,它适应了不同阶段社会发展的形势,为实现当时的司法公正做了一定的贡献,当然也带来一定的障碍和混乱。

四、刑事审判组织的配备

审判组织,是指法院审判案件所采取的组织形式,它具有审理和判决两项重要职能,因此,审判组织是从事审判活动的主体性和实质性组织。刑事审判组织,是代表法院对刑事案件行使审判权、具体承担诉讼权利和诉讼义务的组织形式。其任务是查明案件事实,正确适用法律,确认当事人之间的实体权利义务关系,制裁刑事犯罪行为,贯彻和执行刑法及刑事诉讼法的规定。

审判组织自古有之,尤其是中央一级,因为中国古代行政兼理司法,地方行政机关也就是当地的审判机关,所以审判组织主要体现在中央,隋唐时期已趋于完备:以大理寺为中央审判机关,刑部参与审判活动,与大理寺互相牵制,以便对案件作出合法的判决,另设御史台负责监督大理寺和刑部的审判活动,并参与重大疑难案件的审判。中央审判组织的这种形式在唐朝以后基本得到延续,宋朝增设审刑院监督审判,明朝则以刑部为主要的审判机关,并将御史台改名为督察院监督审判,而大理寺则主管案件复核。清朝的中央审判组织也基本延续了明朝的框架。③ 但是,中国古代的审判组织是综合了多个国家机关的人力优势,最典型的是明清两朝的"会审制度"。④ 这里的"会

---

① 朱立恒:《刑事审级制度的价值均衡原理》,载《法学评论》2008年第3期。
② 樊崇义、吕萍:《刑事诉讼法学》,中国人民公安大学出版社2002年版,第469页。
③ 参见姚莉:《反思与重构——中国法制现代化进程中的审判组织改革研究》,中国政法大学出版社2005年版,第135页。
④ 会审作为一种制度,始于唐朝的三司推事(即大理寺、刑部、御史台共同组成法庭审理大案、疑案)。明朝重大案件除三法司(刑部、大理寺、都察院)外,厂、卫也要参加会审。特别重大案件由九卿会审。清朝沿袭明制。其中明有:由六部尚书、大理寺卿、左都御史、通政史等九位中央级长官会同对全国死刑要案进行复审的"九卿圆审";由朝廷最高级官员会同审理已被判决秋后处决的死刑犯的"朝审";在每年暑热季到来前由朝廷官员会审在押未决囚犯的"热审"及皇帝定期派出代表与朝廷高级官员会审在押罪因的"大审"等;清朝的"热审"、"朝审"和"秋审"等会审制度更加完备。

审"人员组成临时性组织对刑事案件做决断,体现"慎刑"思想,但一般不直接处理初审案件。

具有现代意义的中国刑事审判组织产生于清末修律,正如学者所言:"清朝末年的法制改革使中国审判组织开始了其现代转型的过程。"① 近代的审判组织是按大陆法国家职权主义诉讼理论设计的。清末修律中,在日本冈田朝太郎的建议下,中国建立了审判程序中独任制与合议制相结合的制度,最早见于1906年的《大理院审判编制法》。该法规定审判庭原则上采用合议制。就是说,大理院、京师高等审判厅审理案件时,应由五人组成法庭,以1人为"问官长"(庭长)。地方审判厅的法庭应由三人组成,以1人为"问官长"。城谳局审理案件则采用独任制。后来,参照日本《裁判所构成法》而制定的1910年《法院编制法》对审判组织形式做了较为科学的安排,规定审判法庭根据不同审判厅的情况分别采用独任制、折衷制和合议制。初级审判厅实行独任制,由推事一人单独审理案件。地方审判厅采用折衷制,即属于该厅的第一审案件采用独任制,属于该厅的第二审案件或案情繁杂的一审案件则采用合议制,由推事3人组成合议庭。高等审判厅为合议制,审理案件均由推事3人组成合议庭。大理院为合议制,由推事5人组成合议庭。合议庭裁判的决定,以"过半数之意见定之"。1935年《法院组织法》明确规定,地方法院审判案件,原则上采取独任制,高等法院与最高法院采取合议制,合议应以庭长为审判长。

独任庭是由审判员一人审判刑事案件的组织形式,合议庭是由审判员数人审判案件的组织形式。法院编制法所创立的独任和合议两种审判组织形式被北洋政府以及南京国民政府时期沿用,直至今日没有什么变化。南京国民政府时期,地方法院审判轻微刑事案件由推事1人独任,重大案件则由3人合议。高等法院和最高法院审判刑事案件,都必须以合议的形式。所不同的是高等法院审判案件,以推事3人合议行之;最高法院审判案件以推事5人或3人行之。而在没有设立法院的地方,县司法处受理的一般轻微刑事案件只能独任审判。但是,不服县司法处的判决,提起上诉,接受上诉的法院必须采用合议制;地方法院独任审理的案件上诉后也必须采用合议制审理。也就是说,独任审判的案件必须是县司法处和地方法院的第一审刑事案件,最高法院、高级法院审判的案件或者是第二审案件,都不能独任审判。并且,只有轻微的刑事案件才能独任审判。而高等法院和最高法院无论是一审还是

---

① 姚莉:《反思与重构——中国法制现代化进程中的审判组织改革研究》,中国政法大学出版社2005年版,第139页。

二审都一律组织合议庭审理。

当然,对于这种审判组织的配置,也有过试图改变的经历。原因是在1929年10月罗马尼亚召开的第二届国际刑法大会上,专门就审判的独任制和合议制问题通过了一项决议案,该议案的内容为:

(一)对重罪,一律用绝对之合议制处理之,对轻罪与违警罪之上诉审亦然。以上两种审判,用绝对合议制,均无例外。(二)对轻罪之初审,照原则言,亦应用合议制(意味其间不免有例外)。(三)对例外之采纳,极当慎重,并须加以严格之限制,施行时尚宜逐步缓进。如逐渐扩张初级法院法官之权限,对于关系较小之轻罪,若违反狩猎及森林章程等行为,可任独任制之初级法官受理之。(四)其他关于独任制初级法院法官权限之扩张,必须待此辈法官确能达到完全之司法独立与尊严,并能得有满足之俸给,俾继起者均能为优秀之士,乃可行之。①

1930年6月,国民政府中央政治会议议决的《法院组织法》立法原则12条,其中第4条就规定:地方法院审判案件,取独任制,高等法院审判案件,为3人合议制,最高法院为5人合议制。理由是:旧制高等审判厅以3人合议为原则,第三审案件得加至5人,地方审判厅或为3人合议,或为1人独任。而试办20年,高等审判厅迄无5人合议之事例,地方审判厅虽有由3人合议庭实施第一审程序者,而揆之实际,殊无必要。兹定地方法院为独任制,高等法院为3人合议制,最高法院为5人合议制,庶为整齐划一。② 随着司法实践的发展,国民政府刑事审判组织也在发生变化。

但是,这一立法原则没有被通过,而是被修改为:地方法院审判案件原则用独任制,遇特别重大之案件,亦得斟酌情形以3人合议行之。高等法院审判案件用3人合议制,但对最初准备及调查程序,得以推事1人为之,高等法院用3人或5人合议制。说明的理由是:地方法院审判第一审案件,诚宜用独任制,以期便捷。惟特别重大之刑事案件,由推事1人操其审判,或不足以昭慎重,故应使法院斟酌情形,得以3人之合议行之,即独任为原则,而合议为例外也。至高等法院之第二审,不问如何案件,应一律用3人合议制。惟对最初之准备及调查程序,得以推事1人为之。又最高法院审判第三审案件,为节约时间劳力计,亦以许其得用3人合议为宜。③ 可见,普通法院刑事

---

① 丁元普:《独任制与合议制之审判问题》,载何勤华、李秀清:《民国法学文萃》(第5卷),法律出版社2004年版,第152页。
② 谢振民:《中华民国立法史》,中国政法大学出版社1999年版,第1042页。
③ 同上书,第1046页。

审判组织的配置还是恢复到国民政府初建时期的状态。

至于特种刑事法庭,无论是中央还是地方均采用合议制。根据1927年12月1日公布的《特种刑事临时法庭组织条例》之规定,特种刑事地方临时法庭置庭长1人,审判员3人至6人,审判关于反革命之诉讼案件;特种刑事中央临时法庭置庭长1人,审判员5人至10人,审判关于反革命诉讼之上诉案件。1948年4月,国民政府重新建立的南京中央特种刑事法庭与地方高等特种刑事法庭,负责审理军事案件、政治案件以及特别治安案件,审判组织形式自然是合议制。依据1948年4月的《特种刑事法庭组织条例》第8条的规定,高等特种刑事法庭审判,以3人或5人合议行之,中央特种刑事法庭覆判以5人合议行之。同时出台的《特种刑事法庭审判条例》也规定:依本《条例》审判之案件,以审判长及审判官2人之合议行之,但所犯之罪其最轻本刑为无期徒刑以上之刑者,得以审判长及审判官4人之合议行之。

合议庭因案而设,案结而终,主要是负责对案件的审理,并对该案的定性、量刑进行评议,然后按照少数服从多数的原则对案件作出判决。法院开庭审理案件,或者是由合议庭主持,或者是由独任庭主持,在法庭上主持审判活动,把握庭审方向。合议庭成员或者独任庭的审判员,他们经过法庭调查、法庭辩论后,对案件中证据的真伪、事实的认定已经清楚,他们最有资格代表法院对所审理的案件作出裁决。而且,法庭的审判活动置于当事人和社会的监督之下,更增加了审判活动的透明度和程序上的公正性。因此,法庭对案件作出裁决是非常正当的程序。与合议庭相比,独任庭既有利于节约审判资源,也利于提高审判效率。诚如意大利刑法学家贝卡利亚所指出的:"诉讼本身应该在最可能短的时间内结束","惩罚犯罪的刑罚越是及时就越是公正和有益"。[①]

无论是独任制还是合议制,其主角是司法官,所以推事、书记官等司法人员的素质显得非常重要,对此,南京国民政府已经有所认识,在1935年的法院组织法里,专门就司法人员的素质提出要求,对推事和检察官的任用,规定了较严格的条件。根据该组织法的规定,经司法官考试及格并实习期满者;或在高等院校法律学科学习三年以上毕业,并曾任荐任司法行政官办理民刑事案件两年以上者,执行律师职务三年以上经审查合格者;在大专院校教授主要法律科目二年以上,经审查合格者;在教育部认可的国内外大学、学院毕业,在法学方面有专门著作,经审核合格并实习期满者;凡具有上列资格之一,可任用为推事或检察官。该法还规定,地方法院的推事及检察官为"荐

---

① 〔意〕贝卡利亚:《论犯罪与刑罚》,黄风译,中国大百科出版社1993年版,第56页。

任"待遇;高等法院推事一人为"简任"待遇,其余的推事及检察官为"荐任";最高法院的推事、检察官均为"简任"。该法又规定,推事和检察官不得兼任有俸给或无供给的公职,不得兼管商业或公务员不应为之职务。实任推事非有法定原因并依法定程序,不得将其停职、免职、减俸或转调。检察官除转调外,其余均与推事相同。这些规定对南京国民政府的司法人员在法律专业知识方面提出了严格要求,也是提高司法审判质量的关键之举。机构与人必须匹配,否则,机构设置得再科学也是得不偿失的。

综上,南京国民政府时期,围绕着审判公正的主题,在审判机构及组织建设方面做出了一定的努力和尝试,除了加强法院的设置、审级制度的改革,还对法官自身的素质提出了更高的要求,以适应复杂的刑事案件处理的需要。

第五章　南京国民政府时期刑事审判的主要制度

刑事审判作为国家审判活动的一种特殊类型,其必然涉及管辖、回避、证据和羁押等四个非常重要的制度。南京国民政府时期的刑事审判,在这些制度的设计及运作方面,有其值得探讨的地方。

一、刑事管辖制度

(一) 刑事管辖的基本理论

在我国古代汉语中,"管"是用以开闭门户的钥匙,"辖"是用以关住或解脱车轮的销子。"管辖"是开闭门户或车轮的工具。在诉讼中,审判管辖是指确定案件在哪一个法院审判的制度,它是当事人提起诉讼、法院接收案件的依据。其作用是将案件分配到各法院,避免出现案件争议,顺利启动和展开审判活动。因此,管辖制度是审判的首要制度。案件在各法院之间的分配活动是审判程序真正进行的前提,没有审判管辖制度,审判活动将不会开启;没有合理的案件分配活动,审判活动将处于混乱状态。

刑事管辖指的是根据刑事案件的不同情况和司法部门的职权,确定具体案件应由哪一个司法机关进行侦查、起诉和审判的制度,解决的是具体案件处理的程序问题。也就是说,刑事管辖制度是在对具体案件处理时,确定合适的法院,按照刑事诉讼法的规定"有效地追究罪犯刑事责任,正确执行刑法的规定"做出公正判决的一系列规则的综合。

管辖制度是审判的首要制度,相应地,刑事管辖制度是刑事审判活动首要的制度,它是刑事诉讼审判程序应当首先解决的问题,无审判管辖就无审判程序,无审判程序,刑事审判打击犯罪和保障人权的目的就无法实现。"对诉讼管辖权的规定是否明确,直接关系到法院审判职权的行使,直接关系到当事人能否迅速、便捷地行使诉权。"[①]因此,刑事审判管辖制度在整个

---

① 张晋藩:《中国司法制度史》,人民法院出版社2004年版,第544页。

刑事审判程序中都发挥着至关重要的作用。

刑事管辖制度自古有之,《唐律疏议·斗讼律》称:"凡诸辞讼,皆从下始,从下至上。"根据案件的罪刑轻重而划分司法机构上下级之间的分工和权限,是中国古代历朝通例,只是由于各朝机构设置的不同而有变化。根据考证,中国古代的刑事审判管辖大致可分为级别管辖、地域管辖和专门管辖三类。[①] 到近代乃至现代,这种审判管辖的制度基本没有什么变化,只是分类不同而已。自清末开始,关于管辖,根据《法院编制法草案》的规定,分职能管辖和区域管辖两大类。职能管辖依照《法院编制法草案》第二、三、四章办理,但对初级审判厅的刑事案件的管辖,则规定"以杖罪为限";如果是共犯,则"从重罪者之管辖"。关于区域管辖,据该法草案规定,"各级审判厅管辖之区域,暂依内外城巡警分厅管辖区域划之"。显然,刑事审判管辖问题自清末变法始已单独提了出来。

而奠定民国时代刑事管辖基础的1910年《法院编制法》主要规定了级别管辖。依据该法第19、27、36条之规定:其一,地方审判厅管辖两类刑事诉讼案件的第一审,即属于初级管辖及不属于大理院特别权限内之案件第二审;(1) 不服初级管辖法庭之判决而控诉之案件;(2) 不服初级管辖法庭之决定或其命令按照法令而抗告之案件。其二,高等审判厅审判:(1) 不服地方审判厅第一审判决而控诉之案件;(2) 不服地方审判厅第二审判决而上告之案件;(3) 不服地方审判厅之决定或其命令按照法令而抗告之案件。但是,各省因地方辽阔或其他不便情形得于高等审判厅所管辖之地方审判厅内设高等审判分厅。其三,大理院审理:(1) 不服高等审判厅第二审判决而上告之案件;(2) 不服高等审判厅或其命令按照法令而抗告之案件;(3) 第一审并终审,依法令属于大理院特别权限之案件。

1921年出台的北洋政府《刑事诉讼条例》,将管辖分为职权、级别、地域等三类。职权上,法院的管辖应依职权调查之;诉讼程序不因法院无管辖权而失其效力;法院虽无管辖权,若在急迫之际应于其管辖区域内为必要之处分。级别上,犯罪依最重本刑定法院之管辖。初级审判厅管辖两大类案件的第一审:(1) 最重本刑为5年以下有期徒刑、拘役或罚金之罪的案件;(2) 犯有妨害公务罪等17类的案件。地方审判厅对于不属于初级审判厅或高等审判厅管辖的案件有一审管辖权。高等审判厅对于内乱罪、外患罪及妨害国交罪三类犯罪有一审管辖权。地域上,法院管辖依犯罪地或者被告之住所、居所或所在地定之,在民国领域外之民国船舰内犯罪者,船舰本籍地或犯罪后

---

① 郑牧民:《论中国古代的管辖制度》,载《长沙航空职业技术学院学报》2007年第4期。

最初到达地的法院也有管辖权。到了国民政府时期,1928年国民政府的《刑事诉讼法》基本上沿袭了1921年《刑事诉讼条例》关于管辖的规定,适当地扩大了初级法院的管辖权。后来,随着形势的发展,该规定在1935年新的《刑事诉讼法》中又做了调整,取消了职权管辖的规定。此外,在其他相关的法律中,也有刑事管辖的规定,为国民政府各级审判机关刑事审判顺利进行提供了前提条件。

(二) 刑事管辖的适用规则

规则,即行为模式。刑事管辖的适用规则,是指刑事管辖的运行模式和适用标准。根据国民政府刑事诉讼法及其相关的法律法规,其刑事管辖的适用规则如下:

1. 以犯罪行为的轻重确定级别管辖

级别管辖是指各级法院审理第一审刑事案件的权限分工,也就是法院系统内部在第一审刑事案件审理权限上的纵向分工。国民政府1928年《刑事诉讼法》实行四级三审制,其第8至第12条规定:初级法院管辖八类案件的第一审:(1) 最重本刑为三年以下有期徒刑、拘役或专科罚金之罪的案件,但渎职罪、妨害选举罪、妨害秩序罪、杀人罪及重伤害罪不在此限;(2) 情节轻微的公共危险罪;(3) 鸦片罪;(4) 轻伤害罪;(5) 盗窃罪;(6) 侵占罪;(7) 欺诈及背信罪;(8) 赃物罪。地方法院于不属于初级法院或高等法院管辖之案件有一审管辖权。高等审判厅对于内乱罪、外患罪及妨害国交罪三类犯罪有一审管辖权。犯罪依最重本刑定法院之管辖,犯罪依刑法应加重或减轻本刑者仍依本刑定法院之管辖。1935年《刑事诉讼法》第4条规定:地方法院于刑事案件有一审管辖权但下列(原文:左列)案件第一审管辖权属于高等法院:(1) 内乱罪;(2) 外患罪;(3) 妨害国交罪。另一方面,按该法之规定,原则上实行三级三审制。地方法院管辖第一审刑事案件及非讼事件。高等法院管辖不服地方法院第一审判决而上诉的刑事案件和不服地方法院的裁定而抗告的案件。高等法院还管辖"内乱罪"、"外患罪"及"妨害国交罪"的第一审案件。最高法院管辖不服高等法院第一审判决或第二审判决而上诉的刑事案件,不服高等法院的裁定而抗告的案件以及非常上诉的案件。从这些法条规定不难判断:国民政府时期,以犯罪行为的轻重确定管辖法院的级别,并且这也是当时世界上其他国家共同的做法。

各国一般都以被告人犯罪行为的轻重确立级别管辖。例如法国的刑事审判组织分为违警罪法庭、轻罪法庭与重罪法庭二级,法国刑事诉讼法规定:

法律规定处以2万法郎以下罚金的罪行,为违警罪,违警罪法庭受理违警罪案件;依照法律可能处以监禁或2万5千以上法郎的犯罪为轻罪,轻罪法庭受理轻罪案件;重罪法庭包括法庭本身和陪审团,受理重罪案件。又如意大利的审判组织也分为陪审法院、法院、独任法官二级,根据意大利刑诉法典规定:罪行轻重在二级审判组织中进行管辖权分配,在确定管辖时,考虑法律为既遂犯罪或未遂犯罪规定的刑罚。国民政府着力效仿的德国的刑事法院体系分为四级:初级法院、州法院、州高级法院和联邦法院。其中,初级法院初审管辖轻微的刑事案件,州法院负责较严重刑案的初审,一般法定刑为4年以上监禁或需要交付精神病院强制医疗或预期在服刑后需处以预防性拘押的案件,并接受初级法院的上诉。州高级法院除了接受诉讼案件外,针对国家的犯罪和恐怖活动案件进行初审。联邦法院是终审法院,但是也负责经总检察长指控的危害国家安全的刑事案件的初审。

我国现行刑事诉讼法在确定级别管辖时,也主要是以被告人犯罪行为的轻重确立级别管辖的,具体考虑以下因素:(1)案件的性质和影响。在确定级别管辖时,性质较严重或影响较大的刑事案件由相应的上级法院管辖,将小案轻案交由基层人民法院管辖。(2)可能判处刑罚的轻重。判处刑罚可能较重的案件,管辖权一般也应适当上调,判处可能刑罚较轻的案件则一般由基层法院审理。两方面都是强调犯罪行为的轻重问题,我国现行刑事诉讼法划分级别管辖的主要依据是:案件的性质;罪行的轻重程度和可能判处的刑罚;案件涉及面和社会影响的大小;各级人民法院在审判体系中的地位、职责和条件等。① 显然,案件的性质和影响及可能判处刑罚的轻重两方面也都考虑在内。因此,国民政府时期的刑事管辖以犯罪行为的轻重确定法院级别的适用规则还是比较科学的。

2. 以犯罪地或被告住所地法院确立地域管辖

地域管辖是同一级别法院之间对一审刑事案件的分工,各国一般规定被告人犯罪地法院对案件有管辖权。国民政府时期,刑事诉讼法也做了类似的规定,但有所发展。1928年《刑事诉讼法》第13条规定:法院之土地管辖依犯罪地或被告之住所居所或所在地定之,在民国领域外之民国船舰内犯罪者船舰之本籍地或犯罪后停泊地之法院亦有管辖权。1935年《刑事诉讼法》第5条规定得更明确一些,即:案件由犯罪地或被告之住所居所或所在地之法院管辖;在中华民国领域外之中华民国船舰或航空机内犯罪者,船舰之本籍

---

① 百科名片:《刑事管辖》,http://baike.baidu.com/view/2374240.htm。

地、航空机出发地或犯罪后停泊地之法院亦有管辖权。这里,船舰内与航空机内都是特殊"地域",且是相对流动的,所以选择一些地方作为管辖地是非常恰当的。由此可见,国民政府刑事案件在地域管辖方面主要是以犯罪地或被告的住所地为划分标准的。

3. 在案件处理各个环节职能上由同一法院的检察官和法官分工协作

按照国民政府刑事诉讼法的规定,检察官负责侦查和起诉与裁判的执行。检察官有较大的权力,他不仅可以直接进行侦查,而且可以指挥警察、宪兵进行侦查,而警察长官、宪兵长官及宪警充任司法警察长官及司法警察时,应听从检察管指挥,侦查犯罪。法院推事则承担接受公诉或自诉的刑事案件的审理工作。① 因为刑事诉讼原则采取国家追诉的职权主义,由检察官承担侦查和提起公诉的职责,由法官对于检察官的公诉或者被害人的自诉案件进行审理和裁决,而刑事判决的执行,也原则上由进行裁判的法院的检察官负责执行。

4. 对于特殊案件实行专门管辖

专门管辖是指由专门的审判机构审判某些特殊的案件。国民政府的《法院组织法》虽然没有关于专门法院的规定,但实际上,除普通法院之外,还存在其他的司法审判机关,如军法机关,特种刑事法庭等。这些司法机关按照法律之规定专门管辖某些刑事案件②,如前文所提到的特种刑事法庭就是国民政府为强化其统治,依据特别刑事法规专门审理诸如危害民国、汉奸、盗匪、烟毒、贪污等重要案件。依据1944年的《特种刑事案件诉讼条例》,危害民国、汉奸、违反战时军律、及妨害军械等案件由高等法院或分院审理,其他特种案件由地方法院或县司法机关审理。可以认为,国民政府特种刑事法庭对于这些特殊案件所实行的就是专门管辖。

5. 对于复杂案件的裁定管辖

刑事审判管辖权究竟由哪一法院行使更合适,除了符合上述法条规定的单一适用规则以外,总有一些复杂的问题。对此,相关法律作出了关于裁定管辖的规定。裁定管辖是针对案件管辖不明确或者管辖有争议情况而进行的一种确定区域管辖的方式,类似于今天的指定管辖,当时也有称指定管辖的。国民政府时期,在地域管辖发生争议或牵连时,则分别不同情况作出处理的规定。例如,几个同级法院管辖的案件相牵连,得合并由其中一法院管

---

① 李光灿:《中国刑法通史》(第8分册),辽宁大学出版社1987年版,第309—310页。
② 同上书,第310页。

辖,如果各案已分别系属于几个法院,经有关各法院同意,以裁定将案件移送于一法院合并审判。如有不同意见,由共同的直接上级法院裁定。几个法院对同一案件有管辖权,以系属在先的法院审判。而当数法院对管辖权有争议,则由直接上级法院以裁定指定该案之管辖法院,等等。就管辖权的裁定程序而言,1935年7月国民政府司法行政部编订的《办理刑事诉讼案件应行注意事项》①里明确指出:

第一,管辖之指定及移转,直接上级法院得以职权或据当事人之申请为之,并不限于起诉以后,即起诉前亦得为之。其于起诉后移转者,亦不问诉讼程序进行之程序及系属之审级如何。又申请指定或移转管辖时,诉讼程序以不停止进行为原则。申请指定或移转管辖,须当事人始得为之。原告诉人、告发人虽无申请权,可请求检察官申请。尤其在抗战时期的1938年,最高法院在上海租界设立分庭受理第三审刑事案件。而其他各地法院多因沦于战区,不能执行职务,由司法行政部暂指定法院管辖相关案件。

第二,高等法院首席检察官于高等法院裁定驳回申请移转管辖后,仍得将原检察官之事务,移转于管辖区域内其他法院检察官。至于县司法机关,其组织虽与法院不同,如向高等法院申请移转管辖,经裁定驳回后,高等法院首席检察官于必要时仍得斟酌情形,将原司法机关检察职务之事务,移于管辖区域内其他法院检察官或其他县司法机关。

第三,高等法院土地管辖范围内地方法院之案件,如欲指定或移转于分院土地管辖范围内地方法院或县司法机关管辖,应由最高法院裁定,不得以行政上之隶属关系,即由高等法院指定或移转。

第四,告诉人对于县司法机关所为之第一审判决向第二审呈诉者,如果所呈诉之法院并无管辖权,除检察官据其呈诉而上诉时,应由法院谕知管辖错误之判决外,仅可由该检察官移送有管辖权之法院检察官依法核办,其呈诉之权仍属存在,并不受任何影响。

6. 对在华外国人犯罪的管辖规定

对于外国人在我国领域内犯罪的处罚,国民政府做了专门规定。1929年12月,国民政府发布通令:"凡侨居中国之外国人民,现时享有领事裁判权者,应一律遵守中央政府依法颁布之法令规章。"②据此通令,国民政府司法行政部会同外交部拟定了《管辖外国人在华条例》,1931年5月经立法院讨论通过,于1932年1月正式实施。该《条例》规定:在华享有领事裁判权的外

---

① 中国第二历史档案馆藏:《办理刑事诉讼案件应行注意事项》,全宗号七,案卷号9928。
② 谢振民:《中华民国立法史》(下册),中国政法大学出版社2000年版,第1035页。

国人应受中国各级法院之管辖;中国设通商口岸的各地方法院及其系属的高等法院之内均设立专庭,受理外国人为被告的刑事案件(包括民事案件)。实务中,该条例执行不力。例如,上海租界本属于中国领土,外国人在华犯罪却很难受到中国司法机关的管辖。当时的学界解释为:

"租界人民为畸形机关权力之所及者,俨同身处异国,讼争刑狱,不受正式法院法定程序之审判。国民政府成立,锐意于收回法权,与关系国交涉,始订立收回会审公厅之协定。至民国十九年三月期满,复改订新协定,虽渐改畸制,以成立今日之上海第一特区地方法院与江苏高等法院第二分院,然襄时斑渍犹有遗存……"①

但是,到抗战时期,为了抗日需要,国民政府大量接收美国的援军,这些援军在中国境内犯罪现象十分严重,为了处理此类案件,国民政府专门制定了《处理在华美军人员刑事案件条例》,1943 年 10 月公布。该《条例》规定,对美军人员在中国境内所犯之刑事案件,归美军军事法庭及军事当局裁判;美军人员在中国所犯之刑事案件,经美国政府或军事当局声明愿归中国政府办理者,由中国法院裁判之。该条例显然违背了《管辖在华外国人条例》中所确立的涉外诉讼管辖原则,但是属于特殊时期政治利益的需要,国民政府所作出的部分司法管辖权的放弃。

7. 非常时期刑事审判管辖

1941 年 7 月 1 日,国民政府公布了《非常时期刑事补充条例》将非常时期刑事审判管辖做了明确规定。即(1) 案件经直接上级法院斟酌战时交通或其他事情,认为有移转管辖必要的,应以裁定将该案件移转于其管辖区域内与原法院同级的其他法院管辖。(2) 当事人因为有管辖权的法院在战区不能行使审判权,申请移转管辖的,可以陈明移转的法院。但移转管辖时不受其陈明的拘束,陈明移转的法院与有管辖权的法院不隶属于同一高等法院或分院者,由最高法院裁定,陈明移转的法院隶属于最高法院分庭的,得由该分庭裁定。(3) 战时法院对某案件虽无管辖权,但已作出裁判的,视为有管辖权。(4) 犯最重 5 年以上徒刑之罪,因战争致使侦查起诉或审判的程序不能开始或继续时,暂时停止进行。

显见,国民政府非常重视司法管辖问题,规定详细,可操作性强,体现了原则性与灵活性相结合的精神。但是,由于国民政府国力薄弱,法院设置严重不足,给刑事管辖带来一系列的障碍,仅有这些规定根本解决不了当时的

---

① 张正学:《社论》,载上海东吴大学法律学院《法学杂志》第 6 卷 1932 年第 1 期。

实际问题。

当然,当时的《司法制度改革方案》里也提到"酌改管辖区域"的问题:

> 按法院组织法系以县市各设法院为原则,其区域狭小得合数县市设一法院者仅其例外耳。然查司法之管辖区域原不必以行政区域为标准,而司法不受行政干涉意见,尤有司法与行政各以管辖区域之必要,兹除市之财政充裕概可设以法院外,在普通县份纵令废检之后,其一院之经费尚钜,仍非一县之财力所能负担,故除繁盛县份可设一法院或分院外,原则上必数县合设一法院,县始可应付裕如论者虽为一县区域已广设一法院,尚虑诉讼人之不便可数县合设一院,殊不知各国初级法院本应遍设于县内之各城乡,其最远辖境不过数里或十数里,使凡属轻微事件皆可赴诉讼始能便民。今我国既因财政关系固在母地不能遍设初级法院,而又因初级地方两院,概系同在一地徒多阶段,故竟废止初级法院而专设地方法院,则地方法院之辖境纵合数县如能添置辅佐司法之机关创设,防禁滥诉之制度亦足以就弊而便民,若为节省司法经费尊崇法院地位起见则尤应以昆邻数县合设一院为宜。①

显然,这里的管辖改革以节约财政经济、方便民众为宗旨,与当时的国情是非常契合的,但是,鉴于种种因素,这一方案最终没有得到有效实施。

(三)刑事管辖的运作实务

国民政府时期,鉴于民众法律知识的薄弱及司法服务人员的不足,很多案件在起诉阶段就陷入僵局,主要是管辖问题。这里就有一例案件:

江苏高等法院刑事判决十九年诉字第一六二○号②

判决

上诉人　潘祝侯　男,年五十一岁,南汇县人,住连碧华桥,业教书
　　　　闵殿伯　男,年四十一岁,南汇县人,住连碧华桥,业农
　　　　陆惠桃　男,年四十二岁,南汇县人,住连碧华桥,业地保

上选任辩护人　杨昌炽律师

上例上诉人等因诈欺一案,不服南汇县政府民国十九年十二月十九日第一审判决,提起上诉,本院判决如下:

主文

---

① 中国第二历史档案馆藏:《司法制度改革方案》,全宗号七,案卷号9322。
② 谢森等编:《民刑事裁判大全》,卢静仪点校,北京大学出版社2007年版,第315—316页。

本件管辖错误,应移送上海地方法院为第二审审判

理由

查刑事诉讼法第八条第七款载,刑法第三百六十三条之诈欺及背信罪系属初级管辖,依现行适用修正县知事审理诉讼暂行章程第三十条第一款规定,原审案件属初级管辖者,自应以该管地方法院为第二审管辖。本案上诉人潘祝侯、闵殿伯、陆惠桃所犯共同诈欺,原审均依刑法第三百六十三条分别判决,依前开条文,其上诉第二审不属本院管辖已属明显。上诉人等向本院上诉系属管辖错误,合依刑事诉讼法第三百十九条、第三百七十九条,爰为判决如主文。

中华民国二十年五月二十日

江苏高等法院刑事第一庭
审判长推事
推事
推事

上述案件是国民政府时期1931年江苏高等法院受理的一起刑事上诉案件,法院在审理时首先涉及刑事管辖权问题,根据案情及法律规定,很快判断该案不应上诉至高等法院,而应由地方法院管辖。因为这是一起初级管辖案件,其上诉级法院应是地方法院。所以,对于本案,不做实质审判,只须从程序上予以解决即可,具体实质审判应由上海地方法院解决。

二、刑事回避制度

刑事回避制度是指与案件有法定利害关系或者其他可能影响案件公正处理关系的人员及机构,不得参与该刑事案件的处理的一种刑事诉讼制度。回避制度作为维护司法公正不可或缺的一种制度,世界诸国,普遍建立,南京国民政府也不例外。刑事回避是南京国民政府刑事诉讼法的重要内容之一,也应是刑事审判的主要制度之一。

(一) 刑事回避的沿革

历史上,我国回避制度早已有之,但不是从来就有的,而是始于唐朝,且属于刑事回避领域。《唐六典·刑部》规定:"凡鞫狱官与被鞫人有亲属,仇嫌者,皆听更之"。意思是凡是审问刑事案件的法官与被审问的犯人有亲属、恩怨关系的,都要更换法官,这是法官刑事回避制度的最早规定。宋朝将

回避的范围进一步扩大,包括姻亲、受业师和直接上级都要回避。元朝除了规定回避的范围以外,还规定该回避不回避要受处罚,即"应回避而不回避者各以所犯坐之,有辄从法官临决算长者,虽会赦,仍解职阵叙"。并且,元朝第一次在《刑法志》中使用"回避"二字,因此,可以认为元朝是我国回避制度取得重大发展时期。

明代刑事回避制度也十分严格,明律规定:"违者笞四十,若罪有增减者,以故出入人罪论。"到了清代,刑事回避制度更加明确、具体和完备,《清律·刑律·诉讼》中专门有了"听讼回避"的规定,至此,真正意义上的刑事回避制度开始建立起来。首先是进一步划清了亲属关系的范围,将亲属分为血亲和姻亲两种,血亲的范围限于"孙祖父母叔伯兄弟"之内;姻亲又细分为"本属"和"隔属"两类。其次是较前朝更为强调师生好友关系的回避。再次是首创"刑名幕友"回避。清代刑名幕友专责狱讼,他们负责拟批呈词,确定审期,传集两造证人,幕后参与庭讯,制作司法公文,审核驳诘案件。刑名幕友的回避在一定程序上保证了清代司法活动的顺利进行。①

清末修律过程中,也对回避制度又做了进一步的修善工作。1907 年的《各级审判厅试办章程》第二章设有"回避"专节,后来的《法院编制法》参照旧刑律及西律,也对回避制度专门规定。民国时代的北洋政府及国民政府所制定的刑事诉讼法均设有"法院职员之回避"专章,相关法规也对回避制度做了较为详细的规定,可以说,国民政府时期已经形成了完备的刑事回避制度体系,从理论上为实现当时的刑事司法公正提供了保证和前提。

根据西方国家的诉讼理论,回避制度的建立旨在确保法官、陪审员在诉讼中保持中立不偏袒的地位,使当事人受到公正的对待,尤其是确保被告人获得公正审判的机会。因此,回避制度主要在法院审判阶段适用。但是,我国的回避制度则与此不同,无论是西南各省所遵循的《刑事诉讼律》,还是北京政府所适用的《刑事诉讼条例》,都将法官与检察官都纳入回避之列。《刑事诉讼律》设有"审判衙门职员之回避拒却及引避"专节,《刑事诉讼条例》则设有"法院及检察厅职员之回避"专章。南京国民政府时期,1928 年与 1935 年的《刑事诉讼法》均将"法院职员之回避"作为专章(第三章),从具体条文可知,这里的法院职员包括法官(推事)、书记官及检察官。我国现行的回避制度也一样,不仅适用于审判人员,也适用于检察人员、侦查人员,甚至书记员、鉴定人、翻译人员等。这些人员在侦查、审查起诉、审判等各个诉讼阶段如果有法定的妨碍诉讼公正进行的情况,均不得参与该案件的诉讼活动。

---

① 赵永红:《中国古代诉讼回避制度》,载《中央政法管理干部学院学报》2000 年第 5 期。

（二）刑事回避的原因

刑事回避的原因，也即是在刑事案件处理过程中，办案人员回避的理由。早在清末的《法院编制法》中就规定了审判官承审案件，应行回避的几种原因：一是审判官自为原告或被告者；二是审判官与诉讼人为家族或姻亲者；三是审判官对于承审案件现在或将来有利害关系者；四是审判官于该案曾为证人、鉴定人者；五是审判官于该案曾为前审官而被诉讼人呈明不服者。此外，审判官与诉讼人有旧交或嫌怨，恐于审判时有偏颇，检察官及诉讼人也可请求其回避。这些原因在国民政府的刑事诉讼法里也有反映，具体说来，分为两类：

其一，法院职员自行回避。自行回避，是指司法人员及其他人员发现自己具有法定应当回避的情形，主动提出不参加该案诉讼活动，国民政府时期刑事案件回避原因属于自行回避的有以下四种[①]：

一是推事为被害人者。就是法官本人是案件的直接受害人时，其不能参与审理该案。"法官不能裁判有关自己的诉讼"是自罗马法形成以来一直流行于世的格言。这里的被害人是直接受害人，而不是间接受害人。[②] 如某人以某法官名义实施欺诈骗取钱财，案件诉至该法官所在法院，该法官无须回避，可以执行职务。

二是推事与当事人双方有亲属关系者。法官现为或曾为被告或被害人之配偶、七亲等内之血亲、五亲等内之姻亲或家长家属者，其不能参与审理。或者没有结婚，但是，推事与被告或被害人订有婚约者，也应该自行回避。

三是推事与当事人双方有代理关系者。一方面法官现为或曾为被告或被害人之法定代理人[③]者；另一方面，法官曾为被告之代理人、辩护人、辅佐人或曾为自诉人附带民事诉讼当事人之代理人、辅佐人者。

四是推事曾经参与该案其他工作者。如曾为证人或鉴定人者；曾执行检察官或司法警察者；曾参与前审之裁判者。等等。

其二，当事人申请回避。是指当事认为本案的司法人员及其他人员具有法定应当回避的情形，向有关机关提出申请，要求该人员不得参加本案诉讼活动。国民政府时期，《刑事诉讼法》规定，申请推事回避，应举其原因，向推事

[①] 主要依据1935年《刑事诉讼法》第17条归纳的，1928年《刑事诉讼法》第24条与其类似。
[②] 夏勤：《刑事诉讼法释疑》（第6版），任超、黄敏勘校，中国方正出版社2005年版，第16页。
[③] 代理人：依据被告或其配偶等的委任，在起诉后代理被告以被告的名义进行诉讼的人。国民政府刑事诉讼法采用实质真实发见主义，以被告亲自诉讼为原则，代理人诉讼为例外。参见刘澄清：《中国刑事诉讼法精义》（上册），刘澄清律师事务所1948年版，第46页。

所属法院为之。该原因主要有两方面：一是推事有上述自行回避情形而不自行回避者；二是推事有上述自行回避以外情形足认其执行职务有偏颇之嫌者。如推事与当事人是同学关系、师生关系、或战友关系，都足以让人认为该推事执行职务时有可能不公正。然而，如果当事人已就该案件有所声明或陈述后不得申请推事回避，但申请回避之原因发生在后或知悉在后者除外。

（三）刑事回避的程序

关于刑事回避的程序，国民政府刑事诉讼法也有明确规定。

首先，时间要求。自行回避程序简单，但必须在受理案件之前。即由法官、检察官等法院职员在受理案件之前主动提出来，不要等当事人提出请求时再回避。否则，其执行审判行为属于违法，将不生法律效力。当事人申请回避复杂一些，但可以随时提出申请。即当事人认为本案的司法人员及其他人员具有法定应当回避的情形，可以随时向有关机关提出申请，不问诉讼程度如何，包括"自受理案件时起，至宣告言辞辩论终结时时止"[①]。

其次，手续要求。对于法院职员自行回避，法官本人可以口头或者书面报告所属法院均可。对于申请回避，当事人应以书面状纸的形式，列举回避的原因和理由，递交到应回避的推事所在法院。但是，在审判期日或受讯问时，可以口头申请。

再次，处理要求。第一，被申请回避的推事本人针对回避申请，必须提出意见书以回应。第二，被申请回避的推事所在法院应组成合议庭，对回避申请作出裁定。如果因不足法定人数不能合议者，由院长裁定。如果也不能由院长裁定的话，则由直接上级法院裁定。第三，推事被申请回避，除非急速处分之外，应立即停止诉讼程序。第四，申请推事回避经裁定驳回者，可以提起抗告。第五，法院或院长认为推事应自行回避者，也可以依据职权当场直接作出该推事回避的裁定。[②] 第六，法院书记官及通译的回避，由所属法院院长裁定。

回避制度之所以普遍地被确认，是因为它对于正确地行使司法权，保障司法公正有着重要的作用，是法院审判案件必不可少的一项制度。南京国民政府时期，刑事审判工作非常注重回避制度的作用，以维护司法的公信力，约束法官的行为，增强法官的责任意识。"法院行使审判权，首要公平，故当其

[①] 夏勤：《刑事诉讼法释疑》（第 6 版），任超、黄敏勘校，中国方正出版社 2005 年版，第 21 页。
[②] 对此，有学者认为是国民政府时期刑事回避的另一种情形——命令回避。因此，"国民政府时期的刑事诉讼法规定了推事应回避的三种情形：自行回避、申请回避和命令回避"。参见宋世杰：《刑事审判制度研究》，中国法制出版社 2005 年版，第 92 页。

任者，须秉大公无私之态度，而不可稍涉嫌疑，否则，即应停止审判职务，方足以昭司法权之威信，此回避规定之所由设也。"① 这是当时的学者对回避制度的看法。有识之士梁启超也曾指出："至司法官的责任心，比一般行政官教育家不同因为司法官一举一动，都直接影响于诉讼当事人的生命财产，所以他的责任，比其他官吏更重大。"② 显然，回避制度的设计及适用，也是国民政府迎合百姓信任的举措之一。

三、刑事证据制度

"打官司就是打证据"，可以说，确认证据，认定案件事实是任何类型案件处理的核心内容。司法人员在审理诉讼案件时凭借的就是与案情有关的证据，可以说证据是诉讼这架机器的中轴，是案件审理的生命线。同理，刑事审判过程中证据的运用当然是必不可少的环节，在刑事审判中，证据是认定案件事实的唯一根据。没有证据，就不能查明犯罪和对犯罪人处以刑罚。没有证据，也不能查明事实、明辨是非，保障公民的合法权利。因此，证据制度是刑事审判制度中极为重要的组成部分。

（一）刑事证据的一般理论

关于证据的内涵，台湾地区学者陈朴生在他的著作《刑事证据法》中，开篇指出："为求事实臻于明了，应赖证明。为证明事实，使臻明了之原因，为证据。"③ 这种解释让人费解，但也很难找到合适的解释。陈朴生先生还强调："刑事裁判，应凭证据，即采所谓证据裁判主义，已成近代刑事诉讼之一定则。"④ 对于刑事中的证据即刑事证据，目前除了法条规定以外尚缺乏明确的界定，国内外都有学者认为：刑事诉讼中的证据就是证据事实。他们提出：所谓证据，就是"能够证明案件真实情况的客观事实"。⑤ 这与法条的规定还是一致的。刑事诉讼法专家指出，作为证据，它必须具备四个因素：其一，证据必须是具有真实性的事实；其二，证据必须是与案件事实相联系的事实；其三，证据事实包括事实的本身和对事实的真实反映；其四，证据应是具有特定

---

① 刘澄清：《中国刑事诉讼法精义》（上册），刘澄清律师事务所1948年版，第30页。
② 梁启超：《法官之修养》，载《法律评论》1927年第204期。载何勤华、李秀清：《民国法学论文精萃》（第4卷），法律出版社2004年版，第270页。
③ 陈朴生：《刑事证据法》，台湾三民书局1970年版，第1页。
④ 同上书，第13页。
⑤ 江伟：《证据法学》，法律出版社1999年版，第206页。

形式要求和特定程序要求的法律形式要件的事实。① 这四大要素缺一不可。

刑事证据在我国自古有之,并成为中国古代司法制度的有机组成部分。除了"神明裁判"以外,中国古代证据制度的内容主要体现为两个方面:一是历代法律中关于证据制度的规定;二是古代司法官员在长期的司法审判实践中所积累的关于证据的收集、识别、采信等方面的经验总结。② 但是,直到近代,随着司法同行政的逐步分立,专业司法人员开始登上历史舞台,才有了较为详细的证据立法,让司法人员在办案过程中有章可循。清末制定的四部法律《刑事民事诉讼法》、《各级审判厅试办章程》、《大清刑事诉讼律草案》及《大清民事诉讼律草案》都包含有证据法律制度的内容。北洋政府时期也颁布了较为规范的包含有证据制度内容的法律、法规,它们大都是在吸收当时西方大陆法系国家证据法律进步内容的基础上制定而成的。

南京国民政府时期,在吸收中国近代刑事证据制度的一些重要原则及规则的基础上,进一步完善了刑事证据制度。在国民政府的刑事诉讼法中设有"人证"、"搜索与扣押"及"勘验"专章及鉴定等篇目,形成了一套较完整的证据制度体系。1928 年《刑事诉讼法》第一编第七章设"认证"专章,它是南京国民政府初期主体性的刑事证据制度,共 30 条。它对传唤证人的方式与要求、传票的内容及送达要求、拘提及讯问等都做了详细规定。

而 1935 年《刑事诉讼法》规定更周详,共有 60 余个条款。首先规定:"犯罪事实应依证据认定之"。其次对推事、检察官搜集调查证据、勘验、鉴定及人证等问题作了明文规定。再次,对于证据之取舍判断,采取"自由心证"原则而不采用"法定证据制度"。如该法第 269 条规定:"证据之证明力由法院自由判断之。"也即是"自由心证"的规定。至于同证据有关的"有利被告"原则,该《刑事诉讼法》第 293 条规定:"不能证明被告犯罪","应谕知无罪之判决"。就是关于"有利被告"的条款。必须指出,该法典条文虽做这样的规定,但国民政府的司法实践,却经常搞"不利被告",尤其在政治犯的问题上表现得最突出。③ "不能证明被告犯罪","应谕知无罪之判决"。实际上就是刑法"无罪推定"原则的最好诠释。总体上,1935 年《刑事诉讼法》关于刑事证据的规定比 1928 年版本详细得多,也是该部刑事诉讼法完备的标志之一。

---

① 宋世杰:《刑事审判制度研究》,中国法制出版社 2005 年版,第 395—396 页。
② 蒋铁初:《中国近代证据制度研究》,中国政法大学 2003 年博士学位论文,第 21 页。
③ 李光灿:《中国刑法通史》(第 8 分册),辽宁大学出版社 1987 年版,第 311 页。

(二) 主要证据——人证

按照今天的证据分类标准看,证据有很多种,如物证、书证;证人证言;被害人陈述;犯罪嫌疑人、被告人供述和辩解;鉴定结论;勘验、检查笔录;视听资料等。但是,在国民政府时期,由于科学技术与刑侦技术的局限,刑事证据的种类以人证为主体,涵盖今天的证人证言;被害人陈述;犯罪嫌疑人、被告人供述和辩解等证据内容。依据 1935 年《刑事诉讼法》,人证制度包括几点:

1. 传唤证人应用"传票"

传票在今天是审判机关、检察机关传唤民事当事人、刑事被告人等出庭的一种凭证,有刑事传票和民事传票等。但是,在国民政府时期,传唤证人也用"传票"。并且,该传票上应记载:证人姓名、性别及住居所;案由;应到之日时处所;无正当理由不到场者得科罚锾及命拘提;证人得请求日费及旅费。① 此外,对传票送达时间也有要求,即传票至迟应于到场期日 24 小时前送达,但是有急迫情形者除外。

2. 证人不能到场的处理

首先有正当理由,证人不能到场或有其他必要情形得就其所在或于其所在地法院讯问;其次无正当理由,证人经合法传唤无正当理由而不到场者,得科以 50 元以下罚款,并可以拘提该证人,经再次传唤不到者,可以再次实施罚款和拘提。与对民事证人的要求一样,国民政府的刑事证据采用严格证人原则,除了职权主义的因素以外,主要是由当时的国民性决定的,"至我国民个性,多抱自由主义,对证人义务,每不愿担任;其愿为一造作证者,又复词多偏袒,难予采听。故法院在现在环境之中,调查事实之难,实较解释法律,更为棘手!此法院之孤立,实为诉讼迅速之最大障碍。"②在这种背景之下,法律强制证人作证很有必要。

3. 讯问证人注意事项

其一,对于现为或曾为公务员的证人讯问其有关职务秘密事项,应经公务员本人及监督公署允许;其二,证人现为或曾为被告或自诉人之配偶、五亲等内血亲、三亲等内姻亲或家长家属者,与被告或自诉人订有婚约者,现为或曾为被告或自诉人之法定代理人或现由或曾由被告或自诉人为其法定代理

---

① 实际上,该传票将证人的义务和权利都载入了,以引起证人的重视。义务上,证人"无正当理由不到场者得科罚锾及命拘提",这是一条强制性规定。而在权利方面,"证人得请求日费及旅费",证人在履行完作证义务后,可以请求获得工资及旅费补贴。
② 李浩儒:《司法制度的过去和将来》,载《平等杂志》1931 年第 1 卷第 3 期。

人者,可以拒绝提供证人证言;其三,证人为医师、药师、教师、律师等专业技术人员就其所知悉他人秘密事项,受询问人除非经本人同意外,也得拒绝提供证言。当然,这种拒绝必须释明理由,并得到检察官或审判长或推事的准许和裁定;其四,讯问证人应先核实证人身份,了解其与当事人之间的关系;其五,证人提供完证言必须书面说明自己所陈述事实的真实性,无故不说明者得科以50元以下罚款。但是,未满16岁的、因精神障碍者、与本案有共犯或藏匿犯人及毁灭证据等关系或嫌疑者、为被告或自诉人之受雇人或同居者等不必要求他们做书面说明。其六,讯问证人应让证人就讯问事项的始末连续陈述。

从这里可以看出,国民政府刑事人证制度的设置是比较契合当时的社会现实的。一方面,鉴于刑事证据对刑事案件审判的重要性,而强制性规定证人必须有作证的义务,享有相应权利;另一方面,也考虑到家庭人伦关系,免除一些特定关系人作证的义务。

(三) 收集证据——搜索及扣押

证据是证明事物真实性的根据,它应该是看得见或者摸得着的东西。当时的学者夏勤指出:"民事诉讼形式的真实发见主义,举证责任第三人负责之;刑事诉讼实质的真实发见主义,举证责任审判衙门负责之。当事人纵未提出证据,审判衙门得自行搜索,用以发见事实之真相焉。"① 为了证明案件事实,必须在法庭上呈现证据,因此收集证据显得尤为重要,国民政府刑事诉讼法设专章规定这一内容。

第一,搜索证据。侦查机关认为存在犯罪时,必须收集证据,而搜索是其方式之一。搜索与今天的搜查同义,就是对一定场所、物或人身实施以发现物或人为目的的强制措施。② 以求找出证据,利于审判进行。

首先,搜索对象包括三种情形:一是对于被告的身体物件及住宅或其他处所,在必要的时候,可以搜索。二是对于第三人的身体物件及住宅或其他处所,以有足够理由可信为被告或应扣押的物品存在时为限,可以搜索。三是公署或公务员所持有或保管的文书及其他物件应扣押者,应请求交付,但在必要的时候,可以搜索。

其次,搜索时出示搜索票。因为这种收集物证,侵犯财产权及居住隐私权等国民的基本权利,所以需法官事前审查。一般情况下,搜索证据时,必须

---

① 夏勤:《刑事诉讼法要论》,重庆商务印书馆1944年版,第138页。
② 〔日〕田口守一:《刑事诉讼法》,刘迪等译,法律出版社1999年版,第62页。

出示依据正当理由答复且写明搜索地点及扣押物品的搜索票。但有例外情形:(1)司法警察(官)逮捕被告或执行拘提羁押时,虽然没有搜索票但可以直接搜索其身体。因为被逮捕之被告或应执行拘提羁押之被告,往往身怀凶器妄图抵抗,容易造成司法警察意外伤亡,特做此规定。(2)司法警察(官)在以下三种情形之一下,虽然没有搜索票但可以直接搜索住宅或其他处所:A. 因逮捕被告或执行拘提羁押者;B. 因追踪现行犯或逮捕脱逃人者;C. 有事实足信为有人在内犯罪而情形急迫者。

第二,扣押物证。类似现行证据收集的查封,扣押对象是"物证或应该没收的物品"。

首先,可以扣押的情形有二:一是邮电部门或邮电工作人员所持有或保管的邮件、电报有以下情形之一的,可以扣押:(1)有相当理由可信其与本案有关系的;(2)为被告所发或寄交被告的。扣押后应尽快通知邮件、电报的发送人或收受人,但有妨害诉讼程序的除外。二是司法警察(官)实行搜索或扣押时,发现本应扣押之物为搜索票所没有记载的,也可以扣押。但是国民政府公署、公务员或曾为公务员的人所持有或保管的文书及其他物件,如果是他们职务上应守的秘密材料,那么不经监督公署或公务员允许,不得予以扣押。

其次,扣押程序:扣押工作由检察官或推事实施,也扣押由司法警察或警察官执行。扣押前提交搜索票,票内记载扣押事由;扣押后制作收据,详细记载扣押物的名目,交给被扣押物的所有人、持有人或保管人。扣押物应加封缄或其他标识,加盖扣押公署或公务员印章,放置适当位置,妥善保管,防止其丧失或毁损。对不易保存的扣押物可以拍卖,保管其价金,但容易产生危险的扣押物可以毁弃它。如果扣押物没有留存必要,可以不待案件终结,应法院裁定或检察官命令退还其原主。

再次,搜索与扣押共同注意事项。其一,时间要求。对有人住居或看守之住宅或其他处所,不得于夜间入内搜索与扣押。但经住居人或看守人或可为其代表人之承诺,或有急迫情形者,不在此限。如果白天已开始搜索或扣押的,扣押继续到夜间。对夜间搜索或扣押的,应该在笔录中记明事由。其二,场所要求。对于下列处所,夜间可以入内搜索或扣押:(1)假释人住居或使用的地方;(2)旅店、饮食店或其他在夜间可以出入的处所仍在公开时间内的;(3)常使用为赌博或妨害风化之行为者。其三,见证要求。在有人住居或看守之住宅或其他处所内搜索与扣押的,应要求住居人或看守人或可为其代表人在场。如果没有这些人,可以要求其邻居或就近自治团体的职员在场,并让在场人签名、盖章或按指印,以示证明。当然,当事人及辩护人可以于搜索或扣押时在场。其四,权力行使要求。搜索或扣押得由审判长或检察官嘱托搜索扣押地的推事或检察官执行。如果需要在异地进行搜索或扣押的,该推事或检察官还得嘱托异地的推事或检察官代理搜索或扣押。

总之,国民政府法律对刑事证据收集工作规定详细,制度设计表明了国民政府对犯罪活动严正处罚的立场,同时也没有忽视对民众基本人权的关注。但是,刑事证据收集实践中,由于推事或检察官自身的品行及其他因素,时常出现民众权利及财产权益受到无端侵害的现象,让百姓有"推检之品学不纯"的感觉。

(四)检验证据——勘验与鉴定

国民政府时期的证据制度通常将证据分成物证和人证两大类,而因证物及证人所得之资料可称为"证据资料或者证据方法"。作为判案依据的证据必须真实和可靠,所以,收集到证据以后得审查和检验其真实性,这就涉及证据的勘验与鉴定两个重要审查环节。国民政府1935年《刑事诉讼法》第十二章全章规定了勘验制度,第十四章前半部分规定了鉴定制度,勘验与鉴定就分别是对物证和人证进行检验的方法。

第一,勘验——对物证的检验。今天的刑事"勘验"是指司法人员针对同案件有关的场所、物品、尸体,发现和收集有关证据材料的活动。国民政府时期,刑事诉讼法规定,法院或检察官因调查证据及犯罪情形得实施勘验。这里的勘验,"以地之状况,人之身体,或其他勘验之物为其目的物,其性质乃对物而为证据之调查。"①也是司法人员对与案件有关的犯罪场所、物证的直接观察和调查,得出证据的证明力,与今天的概念有相类似的地方,但包括"检查"内容,而今天的"勘验"则将"检查"内容单列。

国民政府刑事勘验制度包括以下内容:其一,勘验对象上:(1)实地勘察犯罪场所或其他与案情有关联的场所;(2)检查身体和与案件有关的物件;(3)检验或解剖尸体。其二,勘验程序上:(1)执行勘验任务时,必须要求证人或鉴定人到场。(2)检验或解剖尸体及开棺发掘坟墓时,应通知死者的配偶或其他同居或较近的亲属,允许他们到场。(3)遇有非病死或可疑为非病死者,该检察官应迅速予以验证,如发现有犯罪嫌疑,应继续做必要的勘验工作。(4)做勘验笔录。一般来说,司法人员依照法定程序进行勘验所制成的笔录,是比较客观真实的,具有较强的证明力。但是,由于一些主观条件和客观因素的影响,勘验笔录也可能发生差错。因此,司法机关对勘验笔录应同

---

① 夏勤:《刑事诉讼法释疑》(第6版),任超、黄敏勘校,中国方正出版社2005年版,第102页。

其他证据相应证,经过认真判断,查证属实以后,才能作为定案的根据。

第二,鉴定——对人证的检验。鉴定,是指鉴定人为了解决案件中的某种专门性问题,运用自己的专门知识所进行的科学鉴别、检验活动。根据现行刑事诉讼法规定,凡是为了查明案情需要解决的专门性问题,都应当进行鉴定。国民政府时期,"'鉴定'者,为取得认定事实之资料,使第三者本其特别知识经验而察验事物,报告其断定之意见之谓也。该第三人谓之鉴定人,其报告则称之曰'鉴定'或'鉴定报告'"。[①] 鉴定与勘验不同,勘验是以证物为调查对象,检验物证的真实性;而鉴定是以人证为调查对象,让有专业知识的第三人去检验人证的某种情况,例如让医师检验案件被害人的身体受伤程度即是。

关于鉴定,国民政府刑事诉讼法做了系列规定。首先,鉴定人选任。鉴定人由审判长、受命推事或检察官就下列之人选任一人或数人充之:(1) 就鉴定事项有特别知识经验者;(2) 经公署委任有鉴定职务者,也即法院的检验员。其次,对鉴定人不能拘提,但可以申请回避。鉴定人不限于特定的人,凡有特别知识经验的,都可以做鉴定人,具有可替代性。而证人属特定的人,因此,证人不到场得拘提到场证明,鉴定人不做鉴定不能拘提。鉴定人如果有与推事应行回避的同样原因,当事人可以申请鉴定人回避,但不得以该鉴定人曾在该案件中做过证人或鉴定人为由申请回避。复次,鉴定人应在鉴定之前实行书面承诺,表示"公正诚实"。再次,法院外开展鉴定。审判长、受命推事或检察官在必要时,可让鉴定人在法院以外进行鉴定,如因鉴定被告心理或身体的必要,可在预定期间将被告送入医院或其他合适处所。又如鉴定人因鉴定需要,可以经审判长、受命推事或检察官的许可,检察身体、解剖尸体或毁坏物体,或者检阅卷宗及证物,并可以请求搜集或调取这些资料。最后,鉴定的经过和结果,鉴定人应口头报告或制作书面报告。鉴定人为数人时,则应做共同报告,但若意见不同的,应该分别报告。鉴定不完备的,可以继续或另行鉴定。此外,鉴定人可以请求法院支付相应报酬及偿还所支出的费用。

鉴定报告在刑事审判中占有重要地位。刑事案件发生在社会生活的各个领域,涉及各种各样的专门性问题。当需要解决案件中的某种专门性问题时,鉴定人就是司法人员不可缺少的重要助手,鉴定报告就是查明案件事实的重要依据。因为鉴定报告就是鉴定人运用自己的专门知识和技能,对与案件事实有关的某些专门性问题进行鉴别、判断后所作出的结论,它是一种具

[①] 夏勤:《刑事诉讼法释疑》(第6版),任超、黄敏勘校,中国方正出版社2005年版,第120页。

有科学根据的意见,是一种意见证据。国民政府时期,对专业鉴定人(称检验吏或法医)的技术培训还是重视的。当时的司法院王宠惠院长在《今后司法改良方针》中指出:

> 今宜于各省高等院校附设检验吏讲习所,抽调各法院及各县之检验吏分班入所训练,授以法院之普通知识,毕业之后,各回原职,酌增薪给,以养其廉,严守调教,以惩其贪。一面筹设法医学校,培植法医专门人才,并酌量于各省医科专校内添设法医学一门,以广造就,而利任使。数年以后,人才足用……①

可见,国民政府时期的刑事鉴定还是有一定的专业技术支撑的。当然,国民政府时期的技术等因素的限制,刑事鉴定的作用问题,自然不能用今天的标准去衡量。

(五) 证据的效应

证据的效应也就是证据的证明效力问题,它和法律一样是刑事裁判的不可或缺的依据。国民政府刑事诉讼法规定,刑事案件由检察官代表国家对犯罪嫌疑人实行追诉,向法院提起公诉,因此,"检察官就被告犯罪事实有举证责任。"也就是说,检察官负担证明被告人有罪的责任。而法庭上法官可以组织当事人、辩护人、证人等对与案件相关的事实进行质证,在充分辩论后,法官本着"自由心证"的原则和精神,作出裁判。也即国民政府时期,证据的证明力采用自由心证主义。

自由心证主义是指证据的取舍和证明力的大小,法律预先不做规定,而由法官、陪审官根据内心确信进行自由判断。法官通过对证据的审查判断所形成的内心确信,称为心证。法官审判案件只根据他自己的心证来认定案件事实,即自由心证原则。18 世纪后期,欧洲盛行法定证据制度,法官只能用法定的某种证据来认证事实,这种制度严重地束缚了法官,使其不能自如地进行合理裁判。后来,法国的法学家迪波尔最早提出建立自由心证原则。1791 年法国制宪会议通过了采取自由心证的草案。1808 年法国《刑事诉讼法典》对自由心证原则又作了进一步规定,并被欧洲各资产阶级国家的立法所采纳,且发展为大陆法系国家判断证据的重要原则。追随大陆法系传统的近代中国诉讼制度自然也吸收了这一重要的诉讼原则,国民政府刑事诉讼法采用自由心证主义,明文规定:"证据之证明力由法院自由判断之。"

---

① 王宠惠著、张仁善编:《王宠惠法学文集》,法律出版社 2008 年版,第 289 页。

自由心证主义的隐含前提是每个人都具备普遍理性,具备人类共有的认识能力,并且这是其获得科学知识的唯一正确途径,而法律事务中确认事实的规则与在其他领域内进行调查的规则是相同的,因而,任何人都可以根据自己的评价证明力的能力来评断案件中的证据。① 至于何种证据可以采取,没有明文规定,但这种"自由"只是相对的,必须以事实为依据,并且从程序上加以控制。国民政府法律规定,法院依自由心证为证据判断时,仍不得违背下列情形,否则为违背证据之法则,其判决仍属违法②:其一,须该证据在原审的审判期日经过法定调查程序,凡未经调查或调查不合法定程序的证据不得采用;其二,须其性质在法律上足以为证据,如风闻传说及推测之词及其他以不正当方法取得的证据等均无证据效力,不得采用;其三,判断证据的证明力据以认定事实须依经验法则,即在普通一般人基于日常生活所得之经验,从客观上应认为确实之定则;其四,依证据认定事实在理论上为当然法则,如验明刀伤却认为是棍棒殴伤即为违背理论法则。

南京国民政府刑事诉讼法律明定:犯罪事实应依证据认定之。也即犯罪事实应基于证据调查之结果,依职权认定之,不得仅叙述供词或案件经过情形,作为本案之事实。当时的刑事审判理念是:"法院认定犯罪事实应有充分之证据,悬揣臆断,即予判罪科刑,究非文明国家刑事诉讼所宜有。"③在审判长详细的证据调查的基础上,综合各方因素再作出认定,显见当时的刑事审判对犯罪事实认定是慎重的。并且还出现了"综合证据"的概念,"各个证据分别观察虽不足以认定一定之犯罪事实,若综合之足以判断特定犯罪事实者谓之综合证据。换言之,所谓综合证据即综合各种情形而成立之证据也。"④用综合证据认定犯罪事实是比较科学的认定方法,也反映了国民政府刑事审判的技术和水平。虽然,法院对证据采取自由心证主义,但是,它仍是以大量的资料做支撑的,至少包括:证人的证言、鉴定人的鉴定、文书的意旨、物件的状态、被告的自白、共犯的陈述、被害人的陈述等,并且从程序上予以制约,如因刑讯逼供获得的证据不得采用。证物应出示让被告辨认,如系文字证物(例车票、船票)被告不理解其意,应告诉其主要内容。对于卷宗内的笔录及其他文书可作为证据的,应向被告宣读或告诉其主要内容。但是,如果该文书中有伤风化、公安或有毁损他人名誉的可能的,应交给被告自己阅读,不得宣读。

---

① 〔英〕乔纳森·科恩:《证明的自由》,何家弘译,载《外国法译评》1997年第3期。
② 夏勤:《刑事诉讼法释疑》(第6版),任超、黄敏勘校,中国方正出版社2005年版,第193页。
③ 同上书,第192页。
④ 同上书,第189—190页。

国民政府刑事法律还规定了被告"自白"的效力问题，即被告的自白并非出于强暴、胁迫、利诱、诈欺或其他不正确的方法且与事实相符者，可以作为证据。被告虽经过自白，仍应调查其他必要的证据，以考察其是否与事实相符。所谓"自白"，就是被告在审判中自己陈述犯罪事实。这里，被告的自白能够作为证据的条件有二：其一，不是出于强暴、胁迫、利诱、诈欺或其他不正确方法的前提下，被告自愿陈述的；其二，经过必要的佐证，确信被告的陈述与事实相符。反之，如果对被告使用刑讯逼供，即使他的陈述与事实相符，也不得将其作为证据使用。可见，国民政府对"刑讯逼供"持坚决否定的态度，这与文明社会的刑事审判精神是一致的。

同时，法律也规定了证人作证的义务。"调查一切事实及情节，尤须国民尽真实陈述之义务，否则真相不明，难达公平裁判之目的。""至我国民个性，多抱自了主义，对证人义务，每不愿意担任；其愿为一造作证者，又复词多偏袒，难于采听。故法院在现在环境之中，调查事实之难，实较解释法律，更为棘手！此法院之孤立，实为诉讼迅速之最大障碍。"①

刑讯逼供是古今中外刑事司法过程中的一种普遍现象，无论是在古代神明裁判里、欧洲中世纪的法定证据制度下、中国封建狱讼中，还是在当今文明世界里，都不难发现这种人类暴行。我国清末下诏变法，颁布《大清现行刑律》，原则上废除了刑讯制度，但由于清朝已濒临末日，既来不及也不可能贯彻实施。孙中山先生就任民国临时大总统期间，于1912年3月2日颁布的《大总统令内务司法两部通伤所属禁止刑讯文》规定："不论行政、司法官署，及何种案件，一概不准刑讯。鞫狱当视证据之充实与否，不当偏重口供。"这是我国司法制度方面首次明确把证据作为定罪的根据。以继承孙中山遗志为口号的国民政府，在刑事审判制度的设计中，也反对"刑讯逼供"纳入法条之中。

国民政府时期学者夏勤的《刑事诉讼法要论》一书首次对刑事审判证据问题进行了论述，他认为，"审判衙门之裁判，皆以法律及事实为准，欲有裁判，必先有抽象之法律，及具体之事实，法律乃审判官素日所修养，事实则假证据而证明。"且认为，"凡可以证明实体法上及程序法上之事实者"，均可以称为诉讼法上的证据。② 可见，当时的社会已经对证据的重要性有了较高的认识。

---

① 李浩儒：《司法制度的过去和将来》，载何勤华、李秀清：《民国法学论文精萃》（第5卷），法律出版社2004年版，第466页。
② 夏勤：《刑事诉讼法要论》，重庆商务印书馆1944年版，第138页。

司法权本质上是一种判断权,刑事审判就是一种对刑事案件进行判断的活动。其中包括对事实(即证据)和对法律的判断,这些全靠其主要操作者法官的"自由心证"。马克思曾指出:"法律是普遍的,应当根据法律来确定的案件事实是单一的。要把单一的现象归结为普遍的现象就需要判断。"而"要运用法律就需要法官。""法官的责任就是当法律运用到个别场合时,根据他对法律的诚挚的理解来解释法律。"①因此,法官在证据制度实际运行中仍起重要作用。

至于国民政府时期法官对证据处理时所遵循的原则,则褒贬不一。早年,民国的梅汝璈先生曾指出:国民政府中后期采取欧美最新法例,对于法官赋有大量斟酌权,然求之实际,由于学识能力之薄弱,当时的法官每不能充分运用这种权力。② 当代已故的李光灿先生评价说,"自由心证"是近代资产阶级诉讼法中较普遍使用的一条原则,它对于使法官摆脱"法定证据制度"的束缚,能够根据本人学识、经验来判断证据,认定事实,有一定作用。但这一原则又容易出现法官主观擅断的弊病。可以说,在国民政府的司法机关中,借"自由心证"之名,行主观掐断之实,是常见的。③ 他还引用国民政府最高法院院长夏勤的观点,夏勤在谈到"自由心证"时说:"无论何种证据,审判官以为可信则信之,以为可舍则舍之,证据的强弱悉凭审判官之心理判断。"李先生认为夏勤的这段话就是对国民党司法机关如何运用"自由心证"的真实注释。④

然而,与其他方面的制度一样,在"刑讯逼供"问题上,国民政府也是理论与实践差距较大。出于政治目的,国民党的特别法庭对进步人士大量采用"刑讯逼供"。国民政府后期,"在审判制度上,一个是搞秘密审判,以便于国民政府对共产党人和其他爱国人士任意进行恐怖镇压,另一个是反动特务组织参与司法审判。人所共知的'中统'、'军统'组织渗透各地,搜罗大批社会渣滓,撇开司法机关,大肆对革命志士实行极其野蛮的刑讯。小说《红岩》揭露的酷刑,令人发指。"⑤"刑讯逼供"得到的证据效力自然不可靠,不能作为审判案件的依据。

---

① 《马克思恩格斯全集》(第1卷),人民出版社1956年版,第178页。
② 梅汝璈:《刑法修正案的八大要点述评》,载何勤华、李秀清:《民国法学论文精萃》(第4卷),法律出版社2004年版,第45页。
③ 李光灿:《中国刑法通史》(第8分册),辽宁大学出版社1987年版,第311页。
④ 同上书,第311页。
⑤ 黎煜昌:《关于刑讯逼供历史沿革之探讨》,载《史学月刊》1987年第4期。

四、刑事羁押制度

(一) 羁押的基本理论

羁押,英译为 hold in custody。汉语中,"羁"原意是马龙头,引申为"束缚"之意,"押"解释为"拘留"。羁押,根据《布莱克法律词典》,其含义是扣押或者扣留某人或某物的行为。根据现在的解释,刑事羁押是指法定机关为保证刑事诉讼的顺利进行,在法院判决作出之前的特定期限内将犯罪嫌疑人、被告人拘禁于一定场所的强制措施。

羁押制度同其他制度一样,在中国古代也能找到它的"影子"——囚禁制度。据考证,在夏商时代即有囚禁措施,从战国时期开始已有了区别于羁押而类似于拘传、逮捕的"执"、"追摄"、"勾问"、"传"、"勾追"等措施,而且有"逮者,其人存,直追取之;捕者,其人亡,当讨捕之"的区分。[①] 然而,古代一直没有使用"羁押"的概念。

直到近代,1907 年诞生了我国最早规定有"羁押"一词的法律文献——《大清新刑律》,而 1911 年的《刑事诉讼律草案》是我国最早规制现代羁押制度的法律。可见,"羁押"一词是西学的产物。在"间接学习西欧法,直接移植日本法"的"西法东渐"中,起草该法的日本专家造了"羁押"一词,被我国进口,从此以后出现在我国的刑事法律文本中。例如,民国《刑事诉讼律草案》第二章第一节为"被告人之传唤、拘摄及羁押",规定刑事强制措施有传唤、拘摄和羁押等三种。1921 年北洋政府的《刑事诉讼条例》第一编总则第六章专门规定了"被告之羁押",表明"羁押"是一种独立于传唤、拘提等的刑事强制措施。南京国民政府时期,有关刑事"羁押"的规定更加完备,正如学者所言,"我国近代的羁押制度经过国民政府时期的一段时期的修改补充完善,已经发展成为限制和规范羁押权的较为完善的现代法律制度。"[②]的确,南京国民政府时期在完善刑事诉讼法律的过程中,也努力规范了刑事羁押制度。

之所以设立羁押制度,其目的和价值在于保证刑事审判能够顺利进行,保证国家和人民生命及财产的安全。对此,法学理论界有过探讨。在西方,对于羁押的目的也有两种理由:一是提供程序上的保障;二是防止新的危害

---

① 参见隋光伟:《羁押法论》,吉林人民出版社 2006 年版,第 4 页。
② 石经海:《我国羁押制度的法文化考察》,载《法律科学》2008 年第 3 期。

社会的行为发生。我国的羁押制度研究专家隋光伟指出："羁押是具有国家强制力的专门机关对犯罪嫌疑人、被告人及现行犯缉拿到案、使用暴力和械具制服抵抗、押解运送、强制关押、监视管束、强行隔离等手段,从而达到防止脱逃、暴力威胁及再犯新罪,防止妨害证据、保证侦查、起诉、审判、刑罚执行等刑事诉讼的目的。"①也就是说,羁押不是刑罚,主要目的应该是程序性的而非实体性的,不应当具有惩罚性。通过羁押,消除被告在审判时不到场的隐患,阻止串供给审判工作带来不必要的障碍。

（二）羁押的条件

由羁押的目的可以明确羁押的条件。一般说来,羁押的目的为了保证刑事诉讼的顺利进行,防止犯罪嫌疑人和被告人串供、隐匿、毁灭或者伪造证据,保证及时地收集证据,防止嫌疑人逃跑,防止犯罪嫌疑人再次犯罪以及保障被羁押者的人身安全。南京国民政府的羁押制度也正是出于这个目的,作出了羁押的规定。1935 年《刑事诉讼法》"被告之羁押"专章第一条（总第 101 条）即规定,被告经讯问后,认为有重大犯罪嫌疑且有以下情形之一的：(1) 没有一定的住居所；(2) 逃亡或有逃亡可能；(3) 有湮灭、伪造、变造证据或勾串共犯或证人的可能；(4) 所犯罪处以死刑、无期徒刑或最轻本刑为 5 年以上有期徒刑的,应就诉讼进行程度及其他一切情事,由审判长、受命推事及检察官斟酌决定对被告实施羁押。

这四种情形也就是实行羁押的条件。② 对于犯罪嫌疑重大且没有一定住居所的被告,追诉时不易找到他,要求其及时到庭接受审判更是不易,必将给按时开庭、顺利审理带来不便。对于犯罪嫌疑重大且逃亡或有逃亡可能及有可能被判重刑的被告,不仅影响顺利诉讼,还有可能对社会造成新的更大的危险。对于有湮灭、伪造、变造证据或勾串共犯或证人的可能的被告,必将给诉讼的侦查、取证等很多环节带来障碍。鉴于这四种情形,刑事诉讼法将它们作为羁押的条件。国民政府时期著名的刑事法专家兼政府官员王宠惠认为,"刑事案件,被告人非有逃亡或湮灭证据勾串证人等情形的,不得率行羁押。"③由此证明国民政府对待羁押的态度是慎重的。

---

① 隋光伟：《羁押法论》,吉林人民出版社 2006 年版,第 12—13 页。
② 并非对一切犯罪嫌疑人都应当羁押,必须有条件限制。只有那些严重犯罪的犯罪嫌疑人,能被判处徒刑以上的犯罪嫌疑人,对于社会有严重危险性并有可能毁灭证据的嫌疑人才有羁押的必要,并且这种条件的认定必须由中立的司法官主持,且相对于逮捕应当有独立的标准。
③ 王宠惠著、张仁善编：《王宠惠法学文集》,法律出版社 2008 年版,第 282 页。

(三) 羁押的程序

羁押作为刑事审判前的法律强制措施,必须符合法律规定的程序,对此,国民政府刑事诉讼法有明文规定。

第一,羁押被告应使用"押票"作为凭证。该押票应记载下列事项:(1) 被告姓名、性别及住居所;(2) 案由;(3) 羁押理由;(4) 应羁押处所①(当时主要为看守所)。

第二,执行羁押,由司法警察将被告解送指定的看守所。看守所所长验收后,应在押票上记录解到日期并签名。被告及其辅佐人②可以口头请求执行羁押人员提供一份押票副本给自己,执行羁押人员不得拒绝,应立即提供。

第三,管束羁押的被告,应以维持羁押目的及羁押场所秩序为限。也就是说,羁押不具有惩罚性,如被告可以自备饮食和日用必需物品,并可以与外人接见、通信、受授书籍及其他物件,但要经过羁押所监视或检查。如发现有足够使被告脱逃或湮灭、伪造、变造证据或勾串共犯或证人的可能的,羁押所应予以禁止或扣押。被告没有暴行或逃亡自杀等可能的,不得束缚其身体。如果需要束缚身体的,应经羁押所长官同意,并应即使陈报所属法院或检察官核准。

第四,羁押被告的处所,检察官应勤加视察,严加看管,以防止羁押的被告逃跑或者重新犯罪。这里的检察官包括一般警察,不以承办某案件的检察官为限。

第五,羁押在其原因消灭时,应立即撤销,将被告释放。撤销羁押,不限于作出羁押决定的公务员。因检察官决定的羁押,其所属法院可以撤销羁押;案件经上诉,上诉审法院也可以撤销羁押。总之,被告羁押后,情况变更,应随时依法撤销羁押。

(四) 羁押的期限

羁押不是刑罚,只要刑事审判顺利进行以后,羁押的原因即消失,也就该解除羁押。并且,羁押是一种限制人身自由的强制措施,时间愈长对人权的

---

① 羁押场所的问题往往为人们所忽视,但是羁押场所的归属是关系到刑事审判的许多原则能否贯彻的根本性问题。一般而言,在司法审查前的羁押由警察机关负责,而对于审查后的羁押一般都转移到由司法机关或者司法行政机关负责。

② 辅佐人:指起诉后辅佐被告在法院做陈述的人。刑事诉讼法规定辅佐人的资格有五种情形,即被告或自诉人的配偶、被告的直系血亲、被告的三亲等内系血亲、被告的家长家属及被告的法定代理人。参见刘澄清:《中国刑事诉讼法精义》(上册),刘澄清律师事务所1948年版,第45页。

威胁越大。因此,羁押必须有期限限制,对羁押的期限作出明确的规定和严格地执行,并严格限制羁押的延长。国民政府1935年《刑事诉讼法》对羁押期限做了明确规定,即:(1)羁押被告,侦查中不得逾2月,审判中不得逾3月。但有继续羁押之必要者,得于期间未满前由法院裁定延长之。在侦查中延长羁押期间应由检察官申请所属法院裁定。(2)延长羁押期间,每次不得逾2月,侦查中以一次为限。如所犯最重本刑为3年以下有期徒刑以下之刑者,审判中以三次为限。(3)羁押期间已满未经起诉或裁判者视为撤销羁押,但得命具保责付或限制住居。(4)案件经上诉者,被告羁押期间,如已逾原审判决之刑期,除检察官为被告之不利益而上诉外,应即撤销羁押,将被告释放,但得命具保责付或限制住居。并且《刑事诉讼法施行法》补充规定:刑诉法施行前,审判中羁押之被告,如所犯最重本刑为3年以下有期徒刑之刑,而其延长羁押已逾三次者,于刑诉法施行后视为撤销羁押;其于刑诉法施行后,延长羁押次数连同施行前合并计算已逾三次者,亦同。这里,对羁押的期限及其延长条件和程序均做了明确限制,当时有学者将其视为"重视人权保障"的做法。① 但是,1928年《刑事诉讼法》对于在审判中延长羁押的次数却没有限制,对撤销羁押也规定得不够明确。

　　羁押期限之规定也是国民政府效仿西方法制的成果之一,当时大多数西方国家都对羁押的期限和延长确立了明确的规则。例如,德国刑事诉讼法规定,被告人在任何时候都可以向发布羁押令的法官提出取消命令的申请。如果被告没有律师也未提出复查申请,则羁押3个月后,由发布命令的法官自行提出对命令进行复查;羁押6个月后,羁押令必须交上诉法院复查。如有特殊困难或者需进行特别侦查或有其他重要原因,羁押可超过6个月。又如在英国,一般情况下,嫌疑人被逮捕后羁押期限超过24小时,必须予以释放或者向治安法官起诉。对于严重罪,可以延长12小时,但最长的也不能超过96小时。一旦违反期限,嫌疑人就必须予以释放或者获得保释,且保释不得附加任何条件。在意大利,羁押期限有长有短,一般和犯罪的性质,所处的诉讼阶段,嫌疑人的状况有关系,应当作出不同的裁定。

　　为了限制羁押期限,严格执行羁押规范,国民政府于1935年5月10日公布了《疏通人犯办法》,规定各法院及兼理司法的县政府未结案件应迅速清洁,对于羁押中的被告应遵照本部民国训令厉行保释责付;对于符合缓刑、假释或保释条件的人犯应厉行缓刑、假释或保释;各机关对解除羁押的人犯应妥善接洽。如此等等,再次表明国民政府对羁押的慎重态度。

---

① 何勤华、姚建龙:《赵琛法学论著选》,中国政法大学出版社2006年版,第62页。

(五) 羁押的暂停

国民政府刑事诉讼法规定,被告及其辅佐人或辩护人可以随时具保申请停止羁押。这里的停止羁押实际是指羁押的暂停。根据解释,"在撤销羁押为完全回复羁押前之自由,在停止羁押为一时有条件之回复自由。"①当然,这种羁押的暂停是附有条件的。

首先,提供金钱担保的暂停。批准停止羁押申请的,应该要求申请人提出保证书,并指定缴纳相当数额的保证金。保证书以该管区域内经济殷实之人或商铺所具者为限,并且应记载保证金额和依法缴纳的理由。指定的保证金如果申请人愿意缴纳或承诺由第三人缴纳的,无需提出保证书。缴纳保证金还可以用有价证券代替。但是,批准停止羁押的,仍可以限制被告住居。实际上,停止羁押必须以金钱做担保。并且,批准停止羁押的,应在接受保证书或保证金之后才停止羁押,将被告释放。

其次,必须暂停羁押的情形。羁押的被告有如下情形之一的,如具保申请停止羁押,不得驳回:(1)所犯最重本刑为6月以下有期徒刑、拘役或专科罚金之罪者;(2)怀胎7月以上或生产后1月未满者;(3)现患疾病非保外治疗显难痊愈者。主要包括罪行较轻者、怀孕分娩者及重病医治者,对于这三类被告的具保申请,一般不得拒绝。

再次,提供人保的暂停。受羁押的被告可以请求自己的辅佐人或管辖区域有声望的人为其提供担保的情况下,暂停羁押;或者在无担保的情况下限制居住而获得暂停羁押。这种形式的暂停羁押必须审慎,适用三类人:(1)因被告的身份及其社会地位的关系,担心因羁押而受影响者;(2)因被告身体衰弱,担心因羁押而有生命危险者;(3)未成年的少年犯。

最后,取消暂停,恢复羁押。针对停止羁押后有下列情形之一的,可以决定再执行羁押:(1)经合法传唤无正当之理由不到场者;(2)受住居限制而违背的;(3)重新发生符合上文法定羁押条件的情形。以金钱担保的被告逃匿的,没收保证金;提供人保的被告逃匿的,责令缴纳保证金,不缴纳者,强制执行。

(六) 对违法羁押的态度

"羁押作为刑事诉讼中的一种特殊现象,其存在和适用体现了国家权力

---

① 夏勤:《刑事诉讼法释疑》(第6版),任超、黄敏勘校,中国方正出版社2005年版,第82页。

对个人权利的抑制,是国家基于维护正常秩序的需要而对公民个人权利的剥夺。"①但是,这种抑制与剥夺应该是有限度的,也就是国家的羁押权不能无期限或无条件行使,否则属于违法羁押,将构成对案件被告人权利的严重侵害。因此,对于违法羁押必须有对应态度及措施。如果对于人身自由侵犯的非法羁押,如果政府没有任何积极的态度,那么非法羁押将无法控制,被告作为人的基本权利无法维护。对非法羁押的应对措施,英美法系国家主要是保释和人身保护令制度,而大陆法系国家一般施行申请司法复审制度。

理论上,国民政府时期,对违法羁押曾经做过关注,早在国民政府讨论制定1928年《刑事诉讼法》草案时,专门提到防止违法羁押的措施及逾期羁押的处理等问题。具体说来:第一,为防止违法羁押计,增加规定:"对于违法之羁押,不问在侦查中或审判中,被羁押人或其法定代理人、保佐人或亲属得向实施羁押之公务员所属之法院请求撤销。请求无理由者,法院应以裁定驳回,对于此项裁定,不得抗告。"第二,羁押逾期,即为违法,若至期满后,始行申请延长期间,则在未为裁判以前,每易发生此项违法之问题,特修正为检察官或推事认为被告有继续羁押之必要者,应于未届满前,申请所属法院裁定之。又以预审制废止,侦查中延长羁押期间应较长,将草案中1月应改为2月。第三,提供金钱担保或人保,均应以应羁押的被告为限。如认为无羁押之必要,即无提供金钱担保或人保的依据,应慎重对待担保。② 后来在修改1928年《刑事诉讼法》的过程中再次对羁押制度做过考证,并在当时司法行政部制定的《办理刑事诉讼案件应刑注意事项》中强调:对于被告实施羁押,务须慎重行事,非确有刑事诉讼法所规定羁押条件的情形且认为有必要时,不得滥行羁押。③ 并且,司法部定期将羁押情况报送最高法院审核,这里有一份当时的材料:

司法部函送第三审刑事被告羁押表的文书(1938年)④

  查二十六年九、十、十一、十二月份系属第三审案件刑事被告羁押表,业据各该法院责送到部,相应开具清单,连同各表,函送贵院查考。

  此致

最高法院

---

① 隋光伟:《羁押法论》,吉林人民出版社2006年版,第9—10页。
② 谢振民:《中华民国立法史》,中国政法大学出版社1999年版,第1016页。
③ 中国第二历史档案馆藏:《办理刑事诉讼案件应行注意事项》,全宗号七,案卷号9928。
④ 中国第二历史档案馆藏:《司法部函送第三审刑事被告羁押表的文书》,全宗号七,案卷号822。

上则文书表明:司法部和最高法院及下属法院是一个管理和监督刑事被告羁押的机构系统,以防止滥行羁押、超期羁押等情况的发生。这里,各下级法院将详细的羁押信息表上报司法部,由司法部汇总以后上报最高法院审核。

首都地院呈送刑事被告羁押表(1936年)①(按现代语序)

姓名被告	周宏亮	刘玉龙	王泰山	景庚富	施宗望	查治清	刑事被告羁押一览表 民国二十五年一月份		
性别	男	男	男	男	男	男	首都地方法院检察处	上月份旧管	女4人 / 男48人
年龄	38	29	28	30	30	28		本月份新押	女22人 / 男238人
籍贯	合肥	天门	含山	江宁	江宁	江宁		本月份开除	女25人 / 男267人
案由	遗弃尸体 第246条	伤害 277条	窃盗 第320条	窃盗 第320条	妨害婚姻 第239条	窃盗 第320条		本月终实押	女1人 / 男19人
收押日期	十一月廿七日	十一月十七日	民国二十四年一月四日	民国二十四年一月六日	民国二十四年一月六日	民国二十四年一月六日			
收押理由	刑诉法第76条第12款	刑诉法第76条第12款	刑诉法第76条第12款	刑诉法第76条第12款	刑诉法第76条第12款	刑诉法第76条第12款			
延长羁押数									
延长羁押理由									
已押期限	48日	26日	5日	8日	7日	7日			
开除时间	一月十四日	一月十四日	一月九日	一月十四日	一月十三日	一月十三日			
开除事由	不起诉	起诉	起诉	起诉	起诉	起诉			
承办人	吴绍昌	吴绍昌	吴绍昌	吴绍昌	吴绍昌	吴绍昌			
备考									

上面的《首都地院呈送刑事被告羁押表》就反映了国民政府时期各级法院对羁押工作的重视程度,将羁押者的姓名、性别、年龄、籍贯、案由、收押日期、收押理由、延长羁押及理由、解除羁押的日期及理由,以及承办人的信息都详细记载下来,使羁押工作不得不规范进行,如果有滥用羁押或延长羁押现象的,也非常容易查找。

但在实践上,国民政府司法体系里面,就刑事羁押问题的处理尚缺乏足够的原始资料予以证明。然而,国民政府的监所等关押犯人处所是国民党司法腐败的一个缩影,尽管政府对新闻报道有所限制,但是20世纪30年代的部分报刊文章对监狱、看守所的现状有过不少评论。尤其是对革命进步人士的羁押几乎没有人道可言,严重违背了羁押制度的初衷和本意。

---

① 中国第二历史档案馆藏:《首都地院呈送刑事被告羁押表》,全宗号七,案卷号823。

第六章 南京国民政府时期刑事审判的一般程序规范

程序是"按一定的顺序、方式和手续来作出决定的相关过程。其普遍形态是,按照某种标准和条件整理争论点,公平地听取各方意见,在使当事人可以理解或认可的情况下作出决定"。① 在法哲学中,程序是按照一定的步骤、顺序和方式形成某一法律决定的过程,国家通过立法对这种过程的规范和调整即形成专门的程序法。② 国民政府对诉讼程序是比较重视的,1930 年司法院王宠惠院长强调:"诉讼程序,尤与人民有密切之关系,年来上诉案件,日见增加,往往毫无理由,惟希延宕执行,必须酌加限制,以杜狡讼。"③国民政府《刑事诉讼法》明确规定:"犯罪非依本法或其他法律所定之诉讼程序,不得追诉、处罚。"此外,还比较详细地规定了搜查、扣押、讯问被追诉人等程序,并在一定程度上规定了违反程序的后果,如规定了法院组成不合法、违反回避原则、公开审判原则、应用辩护人案件或指定辩护人案件中辩护人未出庭辩护,剥夺被告人最后陈述权、超出请求范围、判决无理由等,都成为提起三审的理由。不难推断,国民政府时期的刑事审判在理论上是坚持了程序法制原则的。

一、刑事诉讼程序概说

刑事审判作为国家的司法活动,其最突出的特征应该是程序性,即法院严格按照审判制度所规定的程序进行,不得违反,否则,裁决无效,这是由司法追求程序正义的目标所决定的。通过审判程序的有效运作,有助于实体法的价值在社会中获得全面和完整的实现,使被侵犯的权利得到有效救济,使被破坏的法律秩序得以恢复。

---

① 季卫东:《程序比较论》,载《比较法研究》1993 年第 1 期。
② 陈瑞华:《通过程序实现正义》,载《刑事诉讼的前沿问题》,中国人民大学出版社 2000 年版,代前言。
③ 王宠惠著、张仁善编:《王宠惠法学文集》,法律出版社 2008 年版,第 294 页。

(一) 刑事审判程序的定义

通常认为,刑事诉讼是特定国家机关解决被追诉人刑事责任问题的活动,但刑事诉讼必须受刑事程序的约束,超越刑事程序之外的活动不可能是刑事诉讼活动。① 刑事审判程序是国家法律机关按照相关法律规定作出有法律效力之决定的步骤、方式和手续。一方面,刑事审判程序是一种有秩序的、能够作出法律决定的活动、并保持相当稳定性的一种规程;另一方面,刑事审判程序是一种动态的操作过程,是侦控机关、审判机关在当事人和其他诉讼参与人的参加下,解决被追诉者刑事责任所必经的诉讼活动和诉讼行为。无论是静态的程序设计,还是动态的程序执行,都体现一定的规律性和普适性。

审判程序,也即诉讼程序。在西方的法律体系中,诉讼程序自古占有重要地位。古罗马最早的法律文献——《十二铜表法》将诉讼程序列于法典之首,在罗马帝国一部最完备的私法、曾对后世欧洲各国民法的制订和发展有过重大影响的《法学阶梯》中,以诉讼程序为主要内容的诉讼法是其三个组成部分之一。近代西方大陆法系各国先后制定了刑事、民事、行政三大诉讼法,形成了比较完备的诉讼程序规范,为中国近代诉讼程序制度的建立奠定了基础。刑事审判程序作为规制刑事审判活动中法院、当事人和其他诉讼参加人有关诉讼的方式、方法和步骤,以及确定各种诉讼主体权利义务行使的法定程式、规则,是刑事审判制度中的主要规范,这种规范随着清末法律变革的步伐逐渐进入中国,南京国民政府时期逐步完善了刑事审判程序规范。

在学理上,根据不同的标准可对刑事审判程序进行不同的分类。按照时间顺序标准,可将刑事审判程序分为审判前程序、审判程序和审判后程序。例如,美国多数州的司法系统,重罪案件的法定程序一般可以分为三个阶段,即审判前程序、审理程序和审后程序。按照功能标准,可将刑事审判程序分为一审程序和救济程序,其中救济程序包括上诉程序、再审程序。按照案件繁简程度标准,可将刑事审判程序分为普通程序和简易程序。综合起来看,现代各国的刑事审判程序都包括三大阶段:审判前程序、审判程序和执行程序。中国的南京国民政府时期,刑事审判程序也包含了这三大阶段。

程序规范是刑事诉讼法的核心组成部分,刑事诉讼法的基本原则、制度和规定将贯穿于每一个具体程序中。因此,有学者认为,法制现代化的一个

---

① 陈光中:《中国刑事诉讼程序研究》,法律出版社1993年版,第2页。

特色是"法制程序化",司法现代化以程序现代化为其倾向。① 一般意义上,程序规范是作为实现实体性权利的方法以及这种权利受到侵犯时进行补救的手段而出现的。它规定了实现途径或补救程序的启动及进行的条件,为实体规范的实在化和具体化提供了前提基础,也是保证实体规范正确实施的最为有效的措施。② 所以,程序规范对实现实体目的具有极其重要的价值。刑事审判程序对实现刑事实体权利的意义显而易见,它的创设成为立法者的应然使命。

(二)刑事审判程序的创设

与刑事审判的其他制度一样,国民政府时期的刑事审判程序也是在继承北洋政府相关制度的基础上创设的。我国古代刑事审判程序规范不健全,具有现代意义的刑事审判程序规范源自对清末西方程序规范的移植。"清末改制以来,我国刑事诉讼法法律制度以及学说,大多从邻国日本输入,而当时日本的法律制度主要是在明治维新时期从德国移植的。"③"可以说,包括刑事诉讼法律在内的中国近代法律制度,是以德国法为继受源头、以明治维新后效德国法而成的日本法为直接参考,在世纪之交、政权迭替中曲折前行的。"④著名的清末"五大臣出洋考察",为后来中国效仿德国创设包括程序规范在内的近代刑事审判制度奠定了基础。

在沈家本的主持下,修订法律馆参照德、日等国的中国历史上第一部诉讼法典《刑事民事诉讼法》快速制定出来。该法第二章"刑事规则"即为刑事审判程序规范,分七节:(1)捕逮;(2)拘票、搜查票及传票;(3)关提;(4)拘留及取保;(5)审讯;(6)裁判;(7)执行各刑及开释。可以说,这是中国历史上第一次制定出的系统的刑事审判程序规范。紧接着,《各级审判厅试办章程》几乎有一半法条涉及刑事审判程序规范的内容。这个试办章程是刑事诉讼律、民事诉讼律及法院编制法颁行前的一个暂时的、过渡性的法规,兼有诉讼程序及司法组织两个方面的内容。法部在草拟该章程时,一方面根据试办审判厅的需要,规定了有关司法机关组织的内容;另一方面更注意了当时刑事、民事不分的流弊,着重地强调了刑事审判和民事审判的区别和关系。

《刑事民事诉讼法》和《各级审判厅试办章程》这两个法规为民国时代北

---

① 章武生等:《司法现代化与民事诉讼制度的建构》,法律出版社2003年版,第8页。
② 参见齐树洁:《民事程序法》,厦门大学出版社2003年版,第9页。
③ 锁正杰:《刑事程序的法哲学原理》,中国人民公安大学出版社2002年版,第52页。
④ 李春雷:《中国近代刑事诉讼制度变革研究》,北京大学出版社2004年版,第29页。

洋政府及南京国民政府刑事审判程序规范的设立提供了基本模型。并且,刑事审判程序规范成为刑事诉讼法的主体内容。北洋政府的《刑事诉讼律》及《刑事诉讼条例》和国民政府时期的两部刑事诉讼法,除了第一编总则以外,其余均为刑事审判程序规范的规定。国民政府的治权理论一直坚持:人民生命财产与身体自由,皆受法律保障,非经合法程序不得剥夺,这一理论在《刑事诉讼法》里得到体现。

南京国民政府时期,两部《刑事诉讼法》在刑事审判程序规范方面,编章目录一致。即:第二编第一审程序,包括公诉与自诉;第三编上诉审程序,包括通则、第二审、第三审;第四编至第九编依次为抗告、非常上诉、再审、简易程序、执行和附带民事诉讼。但是,在具体内容上有一些不同。首先,与1928年版本相比,1935年《刑事诉讼法》在刑事审判程序规范方面,扩大了自诉范围,但是又对撤回自诉做了限制。1928年《刑事诉讼法》规定刑事犯罪被害人自诉的案件,以初级法院管辖的、直接侵害个人权益之罪和告诉乃论之罪为限,1935年版本则改为凡犯罪的被害人有行为能力者,均可以提起自诉。在撤回自诉方面,则做了一点限制,将可撤回自诉限定在告诉乃论或请求乃论之罪的范围内,其余的不准撤回自诉。其次,扩大不得上诉于第三审案件的限制,并规定凡不得上诉至第三审之案件,均得依简易程序以命令处刑。并增加关于案件已经上诉,如被告人的羁押期间已逾原审判决的刑期,除检察官为不利于被告的上诉外,应将被告释放的规定。再次,1928年《刑事诉讼法》规定检察官对其已提起之公诉,得任意撤回,1935年版本则加以限制:"检察官于第一审辩论终结前,发现有应不起诉或以不起诉为适当之情形者,得撤回起诉",且"撤回起诉与不起诉有同一之效力。"

国民政府刑事程序规范的创设,为国民政府追求刑事司法程序公正提供了一定的制度保障。因为,刑事程序规范作为法律其本身内蕴公正的精神,甚至有学者认为,"刑事审判程序的内在价值可直接用来指程序的公正性,简称为程序正义。"[①]"刑事制裁的生硬使刑事审判具有内在的粗暴性,并且与有目的的法律秩序不相容。刑事处罚很少是消除危害行为的一种有效的方法。同时,它可能是厉害的,因而要为程序形式主义所禁锢。"[②]因此,在刑事司法实践中运行这套内蕴公正精神的刑事程序规范,某种程度上将会产生较为公正的法律效果和社会效果。诚如另一些学者所言,"诉讼程序本身的

---

① 陈瑞华:《刑事审判程序价值论》(上),载《政法论坛》1995年第5期。
② 〔美〕诺内特、塞尔兹尼克:《转变中的法律与社会》,张志铭译,中国政法大学出版社1994年版,第100页。

刚性和不可逆性,诉讼结果的终局性等等,有助于法律的权威;另一方面,法律仪式的操作,也有利于提升法律的权威,增进人们对法律的信仰和情感。"①

事实上,在国民政府前期,这些规范性法律规范的确起到了平息社会纠纷、安定社会秩序的作用,也一定程度提升了法律的权威。但是,到后期,随着国际国内社会形势的变化,国民政府法律价值目标的转向,导致秘密侦查,刑讯逼供,枉法裁判,才严重破坏了司法的公正性。

二、一般程序规范解析

一般程序是相对特别程序而言的,国民政府时期刑事审判以一般程序为主,但是,后期出于政治统治的需要,也大量采用刑事特别程序处理特殊的刑事案件。广义上,国民政府的刑事审判特殊程序还包括简易程序、刑事附带民事程序。按照1935年《刑事诉讼法》规定,刑事审判一般程序包括第一审程序、上诉审程序、抗告程序、再审程序。当时的学者指出,我国现行法,采三审制,其审判程序分为第一审程序、第二审程序、第三审程序。② 这里的第二、三审程序合称上诉审程序,抗告程序与上诉审程序并列,由检察院提起,而再审程序同今天的概念一样,在刑事裁判生效后再提起。

(一) 第一审程序(通常)

第一审程序,是指法院审理第一审刑事案件所适用的程序,也是法院审理刑事诉讼案件的通常程序。相对于第二审、第三审程序,第一审程序是比较完整的程序。在全部审判程序当中,第一审法庭审判是中心,第一审程序是刑事审判程序的基本程序,在整个刑事诉讼程序中处于极其重要的地位。正如有学者所言,第一审程序是审判刑事案件的必经程序,不论公诉案件还是自诉案件的审判,都须先经第一审程序,它是全部审判程序的基础和前提。③ 其他审判程序都是以第一审程序为基础和前提的,既不能代替第一审程序,也不能完全重复第一审的工作。从受理法院的角度看,"所谓第一审,包括初级法院和地方法院的第一审程序,高等法院特别管辖的第一审案件,

---

① 陈真、邓剑光:《建构与价值——刑事司法的若干制度研究》,四川大学出版社2004年版,第9页。
② 王锡周:《现代刑事诉讼法论》,上海世界书局1933年版,第97页。
③ 张仲麟:《刑事诉讼法新论》,中国人民大学出版社1993年版,第392—393页。

得适用之。"①

另一方面,这里的第一审程序主要指通常程序。通常程序规范,它是法院审理普通刑事案件第一审通常适用的程序,也是刑事审判的标准程序,在其他程序没有特别规定的情况下,都参照适用该审判程序的具体规定。我国现行刑事审判程序主要由立案、侦查、起诉、裁判等几个阶段所构成。国民政府时期的刑事审判程序也主要由侦查、起诉、审判等几个阶段构成。

1. 侦查阶段

侦查,按照我国现行的解释是指侦查机关在办理刑事案件的过程中,为收集犯罪证据和查获犯罪人而依法进行的专门调查工作和有关强制性措施。大陆法系国家,认为侦查是特指由国家追诉机关实施的犯罪调查活动,作为公民个人实施的事实调查行为不能算是侦查。《布莱克法律辞典》将"侦查"(investigation)解释为一种"调查或通过调查进行的跟踪程序。"概括地说,侦查是特定国家机关调查犯罪的法律行为,它是刑事审判程序启动的前提,根据侦查所收集的证据和查获犯罪嫌疑人的情况决定是否提起公诉或请求法院受理所侦查的案件。作为近代刑事程序的"侦查",它并不是中国传统法律体制的内生产物,而是在"西学东渐"的中国特定近代化背景下,中国对西方近代刑事诉讼法律制度的"移植"和继受。② 这种西学成果又被国民政府沿用。1935年《刑事诉讼法》将侦查作为程序规范首要的内容,一共36条规定,包括侦查的主体、侦查的启动、侦查的程序及侦查的结果四个部分。

(1) 侦查的主体——检察官

与今天的刑事侦查主体不同,国民政府时期的刑事侦查是由检察官主导的,以检察官为主体开展侦查工作。"侦查机关,原则上属于法院中配置检察处检察官。侦查虽系检察官之专职,然因事务繁重,法律更规定司法警察官及司法警察,以资辅助检察官之侦查事务。"③国民政府时期,检察官因告诉、告发,自首及其他之事实,以预料有犯罪时,即开始侦查。这种检察官主持侦查工作是检察制度的职能之一,它同样是清末司法改革的产物,中国古代的检察制度——御史制度中监察御史起监督作用,没有侦查职能。1906《大理院审判编制法》建立检察制度,规定凡大理院以下审判厅、局,均须设有检察官。1907年公布的《各级审判厅试办章程》及后来颁行的《法院编制法》规定:实行检审合署,在各级审判衙门中相应设置检察厅,配置检察官,检

---

① 王锡周:《现代刑事诉讼法论》,上海世界书局1933年版,第97页。
② 倪铁:《中国侦查学的近代化探源》,载《犯罪研究》2007年第4期。
③ 刘澄清:《中国刑事诉讼法精义》(上册),刘澄清律师事务所1948年版,第134页。

察厅的职权之一是对刑事案件进行侦查。北洋政府时期,实行"审检分立"制,检察官处于原告法律地位,其职权是代表国家,检举与控告犯罪并提起上诉。因为"刑诉采真实发见主义,则必赖一代表国家之机关,负调查证据,供给资料之专责;庶使法院达真实发见之裁判。检察官者,凭功力讯问,调查,搜索,扣押,供给重要资料之机关也。"①

国民政府时期,实行"审检合署"制,但检察官仍独立行使检察权;检察官享有侦查权、检举权及刑罚执行监督权。国民政府两部刑事诉讼法均对侦查的主体作了明确规定。1928年《刑事诉讼法》规定检察官因告诉、告发、自首或其他情事知有犯罪嫌疑者应即侦查犯人及证据。县长、警察局长及宪兵队长官作为司法警察官,享有与检察官同样的侦查犯罪的职权,并规定其侦查期限,如"于查获犯罪嫌疑人后,除有必要情形外,应于三日内移送该管检察官侦查"。1935年《刑事诉讼法》基本没有变化,仍规定刑事侦查工作由检察官主持去完成,县长、警察局长及宪兵队长官作为司法警察官协助检察官开展侦查工作,"司法警察知有犯罪嫌疑者,应被告该管检察官或司法警察官,但得不待其命令经行调查犯人及犯罪情形并收集证据"。两刑事诉讼法采国家追诉主义,以检察官代表国家行使刑事原告职权。凡被害者均须先向检察官告诉,其不起诉者,即不得受正式法院裁判,以保护人民权益为根本宗旨。同时规定自诉,使被害人及有告诉权者,可就被害事实向法院起诉。检察官有独立上诉权及对撤回自诉或上诉案件,亦有干涉权。司法警察官者,在其管辖区域内须与检察官同一侦查犯罪职权,但侦查期间,查获犯罪嫌疑人后,除有必要情形外应于3日内移送该管检察官侦查。或者司法警察官认为被拘提或逮捕之犯罪嫌疑人有羁押之必要者,应于3日内移送检察官处。由此可见,国民政府刑事侦查以检察官为主体,县长、警察局长及宪兵队长官等也有侦查权。

(2) 侦查的启动——多渠道

侦查程序因何启动,也就是侦查程序启动的原因是什么。上文已述,国民政府时期检察官因告诉、告发、自首或其他情事知有犯罪嫌疑者,应即侦查犯人及证据。从这里可以知道,检察官对犯罪嫌疑人实施侦查,并非是无缘无故的,而是先接到刑事案件信息,该信息主要来源于多种渠道:告诉、告发、自首及其他。依据1935年《刑事诉讼法》,被害人及法定代理人或配偶可以直接行使"告诉权",且只能是"本人的直系血亲尊亲属"和"配偶或其直系血

---

① 黎藩:《检察制度存废论》,载何勤华、李秀清:《民国法学论文精萃》(第5卷),法律出版社2004年版,第516页。

亲尊亲属"两类人员有这种告诉的权利。并且,对于一些案件必须告诉才处理,称"告诉乃论"。告发对于任何人均适用,"不问何人知有犯罪嫌疑者,得为告发。""公务员因执行职务知有犯罪嫌疑者,应为告发。"这两个法条虽相近,但意义不一。无论任何人知道有犯罪嫌疑的,都可以告发,也可以不告发,这是普通人的权利。而对于国家公务员,当他或她知道有犯罪嫌疑的,必须告发,这是公务员的义务。同时,法律规定,告诉、告发应以书状或言辞(也就是书面或口头)向检察官或司法警察官报告,如果口头报告的,检察部门应制作笔录。

根据国民政府时期刑法学家夏勤①解释,"告诉",系指犯罪之被告人或其他有告诉权之人对于侦查机关申告犯罪事实以求诉追之谓;"告发",系指有告诉权者及自首者以外之人向侦查机关申告犯罪事实之谓。"自首",系指犯罪发觉前自行向侦查机关申告犯罪事实之谓。② 很显然,这几种渠道之间是有区别的,"告诉"和"告发"是向侦查机关申告他人犯罪事实,"自首"则对于自己的犯罪事实;"告诉"、"告发"不问犯罪事实是否发觉都可以申告,"自首"则限于犯罪发觉前。除此以外,还有其他途径如检察官在执行职务过程中遇到刑事案件,也得进行侦查工作。

在国民政府刑事司法实务中,各法院检察官均以侦讯工作为中心,所有讯问由书记官制作笔录,内容采问答式,一般笔录记载事项与规定相符。少数法院初任之书记官缺乏经验不及制作。少年犯罪之侦讯,各法院采用之形式均与讯问一般刑事被告之形式相同。如检察官职权实际适用之情形③:

① 侦查犯人及证据:(A)因告诉告发自首而开始侦查;(B)自动检举;(C)进行侦查;(D)侦查结果:甲、不起诉处分,乙、提起公诉。

② 实行公诉;

③ 协助自诉;

④ 审核再审;

⑤ 提起公诉及申请履行;

⑥ 提起抗告;

⑦ 提起再审;

⑧ 声请提起非常上诉;

---

① 夏勤,1892—1950,江苏泰州人,1912年于北京政法学校法律本科毕业后赴日,先后在日本东京中央大学、东京帝国大学专攻刑法,曾任国民政府司法院大法官、最高法院刑庭庭长。
② 夏勤:《刑事诉讼法释疑》,任超、黄敏勘校,中国方正出版社2005年版,第135页。
③ 中国第二历史档案馆:《江苏地方法院检察官少年犯罪侦查提纲》,全宗号七(2),案卷号49。

⑨ 指挥裁判之执行：罚金、拘役、徒刑、死刑、易科、保安处分。
⑩ 检验与视察监听；
⑪ 与司法警察机关联系之程度；
⑫ 与推事合作之程度

从上面列举的检察官职权的内容，可以发现检察官侦查犯人及调查证据的程序，主要因告诉、告发、自首而开始，也就是说，国民政府时期检察官的刑事侦查主要启动于告诉、告发、自首等方式。这与中国古代刑事案件的起诉方式几乎是一致的。例如，秦汉王朝刑事起诉方式大致分为三种：一是告诉，即刑事案件的原告及其亲属向当地官府的起诉与告发。二是自首，即刑事案件的被告主动向所在官府投案自首。三是官员纠举，即指秦汉王朝允许官吏主动追查犯罪、司法官员与一般官员在案发之前，对察知的刑事案件拥有举发与追查的权力。实际上，中国古代官府在接到"起诉"后也是要开展调查工作的，只是没有形成系统的"侦查"制度，调查人员没有专业化而已。

（3）侦查的方式与手段

国民政府时期，刑事侦查必须在秘密的方式下展开。当时的刑事诉讼法明确规定，"侦查不公开之"。也即秘密侦查，不公开进行，系指"讯问被告、证人及其诉讼关系人应秘密行之"而言，并非检察审判间不能公开。① 并且，国民党司法行政部门颁行的《办理刑事诉讼案件中应注意的事项》也规定："检察官侦查案件，除依刑事诉讼法第一编第八章至十四章执行强制处分外，应以一切方法为必要之调查，即如私访密查等等"②，足见秘密侦查在国民党刑事侦查中的突出地位。我国秘密侦查的历史悠久，也是世界通例，一定意义上也是刑事侦查技术和侦查目的所需要的。但是，国民政府后期的秘密侦查却存在很多违法的地方。国民党设置两大特务组织——中统与军统，作为专门的秘密侦查机构，他们在地方设立分支机构，秘密渗透、对共产党员进行暗杀和策反，对国民党内部、各民间团体和社会进步人士进行特务式调查和监视，使全国陷入一片恐怖之中，此时的秘密侦查方式已经成为国民党特务组织违法犯罪的工具和手段。

国民政府刑事侦查的主要任务是侦查犯人及调查证据，具体的方法法律也有明定：一是讯问要求。前苏联学者波鲁鲍夫曾言："同犯罪进行斗争的成败，在很大程度上决定于是否善于进行侦查工作，其中，讯问又占有核心地

---

① 夏勤：《刑事诉讼法释疑》，任超、黄敏勘校，中国方正出版社2005年版，第154页。
② 中国第二历史档案馆藏：《办理刑事诉讼案件应行注意事项》，全宗号七，案卷号9928。

位。"①因此,讯问是刑事侦查的首要环节。"通过讯问被告人,突破其心理防线,使其如实交待问题,是侦查工作经济而有效的途径。"②如果"被告不能到场或有其他必要情形,得就其所在讯问之。"也即是被告不能到达侦查人员指定的场所接受讯问的,侦查人员可以就被告现所在地进行讯问。关于侦查事项,检察官还可以向警察局、税务局等机构询问了解。如果"讯问证人、鉴定人时,如被告在场者,被告得亲自诘问。诘问有不当者,检察官得禁止之。预料证人、鉴定人于审判时不能讯问者,应命被告在场。但恐证人、鉴定人于被告前不能自由陈述者,不在此限。"意思是,当侦查人员讯问证人和鉴定人的时候,如被告在场的话,被告可以亲自追问或反驳。但反问有不当的,检察官可以禁止。如果预料到证人和鉴定人到审判时不能到庭,讯问时应命令被告到场,但是如果证人和鉴定人在被告前不能自由陈述的话,则不必要求被告到场。二是侦查协助。即实施侦查,遇有紧急情形,如在群众中逮捕被告可以命令在场或者附近的人予以辅助;在必要的时候,如被告是军官家属,担心拘提被告时军官率众抗议,检察官可以请求附近军事官长派遣军队辅助。三是检察官发现犯罪嫌疑人不属于自己所在法院管辖或者开始侦查后发现案件不属于自己所在法院管辖的,应立即分别通知或者移送该管的检察官。但是,情况紧急也可以做必要之处分。

关于国民政府时期的刑事侦查手段和技术,有学者做过专门的考证后认为,那个时期的"侦查"被看做是能够找到发现"事实真相"和"破获案件"线索的科学方法。并且,十余本警察学的手册和指南都是在南京政府时期出现的,以一种特定的细节讨论法医学、法理学、指纹、笔迹学、保存文件、审问学、密码学和毒理学。③ 1930 年华东书局出版了薛光远的《科学的犯罪侦查学》,1931 年与 1934 年又分别出版了《侦查学要旨》和《侦查术》等著作,集中体现了国民政府时期刑事侦查技术及水平。

大陆法系传统的侦查方式是将发现案件事实真相作为刑事诉讼的主要目标。法国、德国、意大利等国的侦查都是侦查机关针对涉嫌犯罪的嫌疑人进行追诉的活动。无论是司法警察、检察官还是负有侦查责任的预审法官,都要客观地收集有利或不利于被告人的证据,查明犯罪事实,保证有罪者受到公正的追究,防止无罪者受到不适当的牵连,并可以为此依职权主动实施某一诉讼活动,而效仿大陆法系的国民政府的侦查程序也是围绕侦查犯人及

---

① 〔前苏联〕波鲁鲍夫:《预审中讯问的科学基础》,冯树梁译,群众出版社 1985 年版,第 1 页。
② 左卫民:《刑事程序问题研究》,中国政法大学出版社 1999 年版,第 113 页。
③ 〔荷〕冯客:《近代中国的犯罪、惩罚与监狱》,徐有威等译,江苏人民出版社 2008 年版,第 197—198 页。

调查证据而展开的。

(4) 侦查的结果

侦查的目的在于搜查证据及查找犯人以充实提起公诉的材料,因此侦查犯人及调查证据的工作结束后,会得出一定的结论,这便是侦查的结果。依据国民政府刑事诉讼法,侦查的结果有两个:一是提起公诉;二是不起诉处分。当检察官依据侦查所得到的证据足以认为有犯罪嫌疑的,应该向法院提起公诉;被告的所在地不明的,也应提起公诉。根据当时的解释,刑事案件以发现真实①为主旨,凡属犯罪的证据足供提起公诉之用,无论在审判中所搜得或审判外所搜得的,检察官都可以作为起诉的依据。故共犯如有数人,一部分共犯已经起诉,检察官继续获得其他共犯时,当然能够依据审判中搜得的证据提起公诉。② 而当案件有下列情形之一者,应作出不起诉的处分决定:① 曾经判决确定者;② 时效已完成者;③ 曾经大赦者;④ 犯罪后之法律已废止其刑罚者;⑤ 告诉或请求乃论罪,其告诉或请求已经撤回或已逾告诉期间者;⑥ 被告死亡者;⑦ 法院对于被告无审判权者;⑧ 行为不罚者;⑨ 法律应免除其刑者;⑩ 犯罪嫌疑不足者。此外,还有两种不起诉的情形:一是检察官认为较轻微犯罪以不起诉为适当者,可以作出不起诉的处分决定。但是,命令被告向被害人道歉,立悔过书,向被害人支付相当数额的抚慰金,并记录在不起诉决定书内。二是被告犯数罪时,其一罪已受或应受重刑之判决,检察官认为他罪虽行起诉于应执行之刑无重大关系者,可以作出不起诉的处分决定。

当然,与今天的做法一样,国民政府法律要求提起公诉应以书面起诉书的形式,载明当事人姓名、性别、职业、住所,陈明案情等;作出不起诉的处分决定应制作处分书,说明不起诉的理由。不起诉处分书应以正本送达于告诉人及被告,送达时间自书记官接受处分书原本之日起不得超过5日。告诉人接受不起诉处分书后,得于7日内以书面形式阐明不服的理由,经由原检察官向直接上级法院首席检察官或检察长申请再议。对于再议申请,原检察官认为有理由的,应撤销原不起诉处分,进行侦查或起诉;原检察官认为无理由的,应即将案卷及证物送交上级法院首席检察官或检察长。而上级法院首席

---

① 自有国家介入纠纷的解决起,诉讼就以发现真实为其最主要的目的。考察人类刑事诉讼制度的发展史,我们可以发现,无论是原始的弹劾式诉讼还是纠问式诉讼,抑或后来的以当事人主义和职权主义为基础的混合式诉讼,都以查明案件事实作为裁判的依据。只不过,由于人们各个阶段对于"事实"的理解和看法不同,导致人们在追求事实的过程和方法上各异其趣。详见吴丹红:《从发现真实到价值多元》,载《检察日报》2007年6月18日2版。

② 夏勤著:《刑事诉讼法释疑》,任超、黄敏勘校,中国方正出版社2005年版,第156页。

检察官或检察长认为申请再议无理由的,应驳回申请;如果认为有理由的应作出处分:侦查未完备者,命令原法院检察官进行侦查;侦查已完备者,命令原法院检察官起诉。

此外,根据国民政府刑事诉讼法及其实施细则,对于不起诉的被告(确切的讲是嫌疑人)如果在羁押的,视为撤销羁押。但是,再议期间内或申请再议中的,可以要求其提供担保或限制住居,遇有必要情形的可以命令继续羁押。对于不起诉的被告(嫌疑人)如果其有物品被扣押的,扣押物应即发还。但应没收或为侦查他罪或其他被告之用应留存者,不在此限。对于不起诉处分已确定者,除了发现新事实或新证据,或者有再审原因之情形者,不得对于同一案件再行起诉。还有,犯罪是否成立或刑罚应否免除以民事法律关系为断者,检察官得于民事诉讼终结前,停止侦查;对于根本不知道犯罪嫌疑人为何人者,不得终结侦查。

事实上,侦查制度与就有刑诉法上的预审制度相一致,"预审为准备起诉之程序,用以搜集证据,及探索被告,并断定案件之应否起诉也。预审推事对于受嫌疑之被告,非得充分证据,或查明审判中所不易调查之事项,不能裁决起诉;故案件有无证据,在起诉以前,必先有以决定其意见,其所资以决定之方法,即预审程序是也。"①预审程序即系起诉之准备,国民政府旧有刑诉法以预审为起诉前之程序,1935年刑事诉讼法则取消了该制度,其内容被其他制度所吸收。

2. 起诉阶段

起诉,即提起诉讼,就是人们通常所说的告状、打官司,也是侦查终结后一个独立的诉讼阶段。起诉是行使司法权的前提,因为与立法权、行政权相比,司法权的行使具有被动性,必须经诉方或控方请求,方能启动,其不能主动干预社会生活。② 起诉制度是"不告不理"原则的体现,它也是审判活动的通例。刑事审判权的行使,固然在执行法律,但行使过程必须启动于起诉程序。

理论上,在英美弹劾式诉讼中,一切案件都由被害人或其代理人作为原告向法院直接提起控诉;而在大陆法系也只有当原告起诉后,法院才受理并进行审判;如果没有原告,法院便不主动追究犯罪。亨利·梅利曼也认为审判权运行是被动的,在刑事审判中"人们选出负责的官员来审查证据、确定

---

① 高维潘:《刑诉法上之预审问题》,载何勤华、李秀清:《民国法学论文精萃》(第5卷),法律出版社2004年版,第137页。
② 参见王德玲:《民事检察监督制度研究》,中国法制出版社2006年版,第6页。

事实和作出判决,但他们无权创设诉讼,无权决定需要提出哪些问题和哪些证据,也没有固定调查权,这些事情都由被告人和原告人来完成。刑事审判就是在作为仲裁人的法官参加下原告人和被告人之间的辩论"。①

但刑事诉讼的起诉与民事诉讼不同,包括公诉和自诉两大部分内容。我国春秋时期的起诉制度即有自诉和控告两种形式,也就是自诉与公诉,但是与近现代的自诉与公诉是有区别的。《各级审判厅试办章程》首次规定了具有近现代意义的起诉制度,其中刑事案件的起诉有以下几项规定:一是除亲告乃论者外,不论因被害人之告诉,他人之告发,司法警察的移送或自行发觉的,都由检察官提起公诉。该法还明确规定了刑事案件不经检察官起诉不受理的原则,但是现行犯附带犯伪证罪,可以不经检察官起诉而直接进行预审或公判。二是对某些刑事案件(如通奸、诽谤),则规定了亲告乃论原则。国民政府时期的起诉制度分公诉和自诉两种。根据当时的史料记载:"我国现行刑事诉讼制度法院依追诉而审判犯罪,起诉的主体可分为公诉与自诉二种,在法院之外另设检察处代表国家追诉犯罪为公诉,其余犯罪之被害人或其他之人自行追诉犯罪者为自诉。"②

(1) 公诉

所谓公诉,通常解释为有起诉权的国家专门机关向审判机关提起刑事诉讼,要求对犯罪嫌疑人定罪判刑、给予惩罚的一项诉讼活动。③ 上文所述的侦查是公诉的准备,侦查最终是为公诉服务的。"国民政府检察官遇有侵害家国法益时,应将检举犯人之法条,及其犯罪证据,提交法院,请求对该事件开始诉讼程序之行为。"④所以,当时对公诉的理解就是"公诉者,检察官请求科刑之诉也。易言之,即国家对于犯罪人请求法院行使科刑权之谓也。"⑤即对犯罪行为有追诉权的国家机关,依照侦查所收集到的证据,确认被告人犯有罪行,代表国家向法院提起控诉,要求法院惩罚犯罪的诉讼活动,称之为公诉。

在罗马帝国时期和法兰克王国时代,随着国王权力的加强,出现了纠问主义诉讼,即公诉。到中世纪欧洲的君主专制时代,则普遍实行了这种诉讼

---

① 〔美〕约翰·亨利·梅利曼:《大陆法系》,顾培东、禄正平译,法律出版社2004年版,第133—134页。
② 第二历史档案馆藏:《司法行政部调查团第二组(刑事部分)调查报告书》,全宗号七(2),卷号49。
③ 樊崇义、吕萍:《刑事诉讼法学》,中国人民公安大学出版社2002年版,第387页。
④ 黎藩:《检察制度存废论》,载何勤华、李秀清:《民国法学论文精萃》(第5卷),法律出版社2004年版,第514页。
⑤ 刘澄清:《中国刑事诉讼法精义》(上册),刘澄清律师事务所1948年版,第120页。

形式。国民政府时期,1932年颁布的《法院组织法》确立了检察官的公诉人地位,而1935年《刑事诉讼法》则具体规定了公诉的等一系列程序。依据《刑事诉讼法》的规定,"提起公诉应由检察官向管辖法院提出起诉书为之。"同时规定该起诉书应记载两项重要的内容:一是被告的姓名、性别、年龄、职业、住所或居所或其他足以辨别的特征;二是犯罪事实及证据并注明所触犯的法条。起诉时,应将卷宗及证物一并交法院。

从这里不难判断:国民政府刑事公诉的主体是检察官,是由检察官代表国家向法院提起的,类似于现今的检察机关代表国家向法院提起公诉的性质,因为当时实行"审检合署"制,没有单独的检察院设置。检察官对侦查终结的案件认为其事实清楚,证据确实、充分,依法决定代表国家将犯罪嫌疑人交付法院进行审判。也就是说,国民政府时期检察官是唯一享有公诉权的国家机关的代表,其他任何国家机关、团体和个人都无此种权力。不过,提起公诉时必须向法院提交符合规定格式及内容的起诉书(今称公诉书),同时提交案件卷宗及证据等材料。

但是,起诉书等材料提交后,如果还有材料需要提交或者其他请求的,可以补充。对此,国民政府刑事诉讼法规定,于第一审辩论终结前,可以就与本案相牵连的犯罪或本罪的诬告罪追加起诉。如果追加起诉在开庭当日提出的话,可以口头提出。当然,检察官在第一审辩论终结前,发现有应不起诉或以不起诉为适当之情形,可以撤回起诉。撤回起诉应提出撤回书,叙述理由。撤回起诉视为不起诉,但不能因此认为检察官舍弃起诉权,检察官撤回起诉后如发现新事实或新证据,仍可以对于同一案件再次起诉。撤回起诉与不起诉处分有同一效力,以其撤回书视为不起诉处分书。

关于公诉的效力问题,该法律规定,提起公诉的效力,以起诉书指出的为限,不及于检察官所指控的被告以外的人。法院本着不告不理的原则,不得就未经起诉的犯罪进行审判。但是,检察官就犯罪事实一部分起诉者,其效力及于全部。如就连续犯、牵连犯一部分犯罪事实起诉时,其起诉效力就及于其余部分。因为连续犯、牵连犯各部分的犯罪事实均有密切关系,故就其部分犯罪事实起诉时,其起诉效力当然及于其余部分。即使检察官在起诉书中明文限定起诉范围,对于连续犯、牵连犯之部分犯罪事实明白表示不起诉,也属于无效,审判上决不受其拘束。

公诉权,是一种对犯罪的追诉权,犯罪是人类社会特定历史阶段的必然产物。国家为了维持社会秩序,必须对犯罪进行追究和惩罚,而且必须通过审判途径。提起公诉是追究和惩罚犯罪审判途径的首要环节,它是介于侦查和审判之间的一个非常重要的阶段,是刑事诉讼中不可缺少的中间环节。提起公诉阶段的活动,既是对侦查工作的复核审查,又是审判活动的准备,国民政府刑事审判公诉制度的设计同样起到了极为重要的作用。

(2) 自诉

与公诉相对,自诉是国民政府时期刑事起诉的另一种形式。当时的刑事诉讼法明确规定:"犯罪之被害人得提起自诉,但以有行为能力者为限……"完整的理解,刑事自诉是依法律规定享有对某些犯罪追诉权的有行为能力的主体,直接向法院提起的,请求追究被告人刑事责任问题的起诉形式。自诉的主要特征是遭受犯罪行为侵害的被害人直接向法院控告犯罪人的刑事责任,因此这种被害人的告诉应视为一种特殊的自诉形式。①

据考证,刑事自诉是人类历史上最早产生的一种诉讼形式。在人类社会早期,主要的起诉方式是私人起诉,世界各国早期的诉讼制度一般都采用控诉主义,控诉式诉讼提起的方式主要是公民个人的起诉,案件的提起及诉讼的进展都取决于控告人,控告人搜集证据和向法院提供证据,法院根据控诉人的请求进行审理。古罗马"公诉"和"自诉"都是指任何个人都有权告发案件,只是因案件性质不同而区分"公诉"和"自诉"而已,即"公诉"是有关损害国家利益的案件,自诉是有关个人利益的案件。

中国传统诉讼文化和民族心理中有着息争止讼、息事宁人的自诉倾向。西周时期的诉讼制度主要为自诉,起诉由受害人提起,诉讼提起后审判机关方予受理。在秦代,虽然产生了官吏代表国家主动追究犯罪的制度,但自诉仍然是最重要的追诉形式。到唐代,唐律对自诉制度加以严格限制,规定了许多不得告诉的规定。唐代以后的封建制时代,自诉制度基本上没有什么变化。国民政府时期《刑事诉讼法》采取国家诉追主义,以检察官代表国家行使刑事原告职权,并规定被害人和有告诉权人。除向检察官告诉之外,对于某些案件,还有向法院起诉的自诉权利。对此,当时的学者认为,"自公诉实施后,即发生被害人无权过问追诉被告,……显有被害人不能伸张民权之问题,则有德国学者主张应有私诉权,即被害人得提出自诉,自诉亦系代表国家行使诉权。"②

而上文所讲的公诉是对犯罪享有追诉权的检察官代表国家提请法院追究被告人刑事责任问题的起诉形式。公诉虽然产生较晚,但却是当今世界各国刑事诉讼中最基本的、所占比重最大的诉讼制度,甚至于在某些国家处于垄断地位,例如日本刑事起诉仅有公诉,没有自诉的形式。我国自秦朝开始

---

① 参见陈卫东:《自诉案件审判程序论》,中国政法大学出版社1989年版,第8页。
② 刘澄清:《中国刑事诉讼法精义》(上册),刘澄清律师事务所1948年版,第177页。

就有了公诉与自诉之分,自诉即案件的当事人直接向官府告发,公诉即官吏代表封建官府纠举犯罪。但是,真正具有现代意义的公诉与自诉形式是自清末司法改革设立专门的公诉机关以后诞生的,到国民政府时期,自诉制度有了新的发展。刑事诉讼法以国家追诉主义为原则,以私人追诉主义为例外。

从主体上,国民政府时期的刑事自诉是由被害人直接向法院提起控告。但是,此时的自诉被控制在一定的范围内,如刑事诉讼法规定自诉人的范围仅限于直接被害人本人,而且自诉人仅限于有行为能力的被害人,被害人的配偶或法定代理人或其他亲属都没有独立或代为自诉的权利。上诉由被害人先向检察机关提出控告,再由检察机关向法院提起抗诉。也就是说,国民政府时期的刑事自诉主体范围非常狭窄,仅限于有行为能力的被害人。由于自诉的诸多条件限制,使得自诉权利无法真正按自己的意志行事。并且根据《办理刑事诉讼案件应行注意事项》第60条的规定,检察官有协助自诉之义务,对于法院通知审判期日之自诉案件,如有事实上或法律上之意见,或认为与社会或国家之法益有重大关系,务于审判期日,出庭陈述意见。

从程序上,国民政府时期的刑事自诉首先应向管辖法院提出自诉状。该自诉状所载内容与刑事公诉书极为相似,即两点:一是被告的姓名、性别、年龄、职业、住所或居所或其他足以辨别的特征;二是犯罪事实及证据。自诉状应按被告人人数提出缮本。如果自诉人不能制作自诉状的,可以口头提起自诉,由法院书记官做笔录。如果被告不在场,应将笔录送达被告。但是,对于规定期限的告诉或请求乃论之罪超期不得提起自诉。还有,同一案件经检察官终结侦查者,不得再行自诉。在侦查终结前检察官知有自诉者,应即停止侦查,将案件移送法院。但遇有急迫情形检察官仍应为必要之处分。而法院在接受自诉状后应速将其缮本送达于被告,自诉程序以提出自诉状缮本开始。但认为有先行传唤或拘提必要的,可以在讯问时交付。

从价值上,国民政府时期刑事自诉制度在立法中虽然较为简略,但有其一定的价值与意义。首先,自诉制度符合中国民众心理,一些犯罪,如侮辱、诽谤方面的案件,往往涉及被害人的名誉、隐私,如果付诸公诉,张扬开来,可能给被害人心理上造成更大的损害,法律将此类案件的起诉权交给被害人自己行使,起诉与否由被害人自己决定,这样更有利于保护被害人。其次,适应了当时诉讼资源不足的国情,解决自诉案件相对来说要比公诉案件更能节约法律资源。此外,自诉案件审理时间短,可以提高审判效率。

3. 审判阶段

在检察官提起公诉、被害人提起自诉以后,法院将进入刑事案件的审判阶段,也即正式的法庭审判程序。诚如学者所言,"刑事审判程序是引导刑事实体法从抽象走向具体,从理想规范走向现实适用的桥梁和中介"。① 法院的审判程序,按照常规的理解是由法官与控辩双方在相对集中的时间和场所内通过某种正式程式进行的活动,法院裁判的形成是控辩双方以及作为第三方的法官共同参与和相互作用的结果,法院通过审判程序对于案件的处理具有最终解决的权威性效力,对于被告人最终刑事责任的确定具有最后的约束力,国民政府时期的刑事审判程序也基本没有超出这一常规。

（1）审判准备

审判准备比较复杂,依国民政府刑事诉讼法规定,普通刑事审判准备工作包括几个方面:

第一,传唤或通知相关人员于审判日到庭。如"审判期日应传唤被告或其代理人,并通知检察官、辩护人、辅佐人。"这里涉及审判的时间、主体。审判时间——审判期日的确定权,根据当时的解释:"指定审判期日之权,如系合议制,属于审判长;如系独任制,属于独任推事。盖审判长、独任推事有指挥诉讼之职权也。"②同时,指定审判期日,可以使诉讼材料全部出现于法庭,尽快审理终结,避免不必要的诉讼拖延。而诉讼主体③,从法条里可以发现一共有三方:原告方——检察官、被告方——被告、代理人、辩护人、辅佐人及法院。其中被告方比较复杂一点,这里的被告代理人往往指其法定代理人,如未成年人的父母等;辩护人一般由律师充当,"辩护人系为被告利益而保证其权利之人,自开始审理至辩论终结,或根据自己固有的权利或代行被告所有之权利而为被告辩护。"④指定审判期日,应通知辩护人出庭,否则审理难以生效。而辅佐人一般指律师和法定代理人以外的协助被告参与诉讼的人。但是,要求三方诉讼主体到场所使用的信息传递方式是不一样的,即传唤被告用"刑事传票",上面填写有被传唤人姓名、地址、性别、年龄、出生地

---

① 陈瑞华:《刑事审判原理论》,北京大学出版社1997年版,第18页。
② 夏勤著:《刑事诉讼法释疑》,任超、黄敏勘校,中国方正出版社2005年版,第175页。
③ 刑事诉讼三方主体也是当时学界一直坚持的观点,例如,夏勤在《刑事诉讼法要论》指出,只有诉讼主体才能行使诉讼上之处分权,这种处分权的重要作用有审判、追诉和辩护,三者不属于同一主体,而分别由审判衙门、原告和被告行使。当时陈瑾昆在其出版的《刑事诉讼法通义》一书中也对刑事诉讼主体有所涉及,他认为凡成立刑事诉讼,须有三个主体,一为原告,一为被告,统称曰当事人,一为立于当事人外之法院,刑事诉讼乃以此三者为主体。这种观点现在我国的台湾地区仍沿用,如陈朴生在《刑事诉讼法论》中认为:"诉讼主体,乃得在诉讼法上为诉讼行为之人。本法采诉讼主义,故诉讼主体,包括法院及当事人而言……"黄东熊在《刑事诉讼法论》中认为:"法院及原告、被告之双方当事人即属进行刑事诉讼程序之主体。如无此三主体,诉讼则无由成立。"转引自锁正杰:《刑事程序的法哲学原理》,中国人民公安大学出版社2002年版,第52—53页。
④ 夏勤著:《刑事诉讼法释疑》,任超、黄敏勘校,中国方正出版社2005年版,第176页。

与特征、案号与案由、到庭时间与地点、待证事由、备注和附记等,还有注意事项。① 该传票的送达时间有要求,即第一次审判期日的传票至迟应在审判期日前3日前送达,除非《刑法》第61条所列各罪,被告或其代理人无出庭义务。对于检察官、辩护人、辅佐人等均用"通知",将开庭时间、地点及案由注明。法院应将自诉案件的开庭日通知检察官,检察官对于自诉案件可以于开庭日出庭陈述意见。法院除了传唤被告、通知检察官、辩护人及辅佐人外,还要在审判期日之前传唤证人、鉴定人或通译及调取或命令其提出证物。

第二,提前讯问被告。对此,国民政府刑事诉讼法规定,法院为准备审判起见,可以在第一次审判期日前讯问被告。检察官及辩护人可以在该讯问时到场。除有紧急情形外,法院应将讯问的时间、地点预先通知。此外规定,法院接收自诉书后,可以传唤自诉人到场接受讯问。这里同样强调命自诉人到场应用"传唤"。如果自诉人经合法传唤无正当理由不到场的,可以拘提他(或她)。如果询问自诉人及被告时,发现案件属于民事性质,或者自诉人搜集或调查证据为了恫吓被告,则应规劝自诉人撤回自诉。对于告诉或请求乃论之罪,自诉人于第一审辩论终结前可以撤回自诉。撤回自诉必须以书面形式,但在开庭日或受讯问时,可以口头撤回。书记官应将撤回自诉的事由通知被告。撤回自诉的人不得再次提起自诉或告诉或请求。如果法院预料证人不能在审判期日到场的,也可以在审判期日前讯问证人,命令鉴定及通译。当事人及辩护人可以在法院推事讯问证人、鉴定人或通译时在场,所以法院应提前将讯问时间地点通知到当事人及辩护人。还有一种情况需要提前讯问,即"行合议审判之案件,为准备审判起见,得以庭员一人为受命推事,于审判期日前讯问被告及搜集或调查证据。"也就是对于用合议庭审理的案件,应在开庭之前派其中一名法官(推事)去讯问被告及搜集或调查证据。

这里的提前讯问被告,实际上就是刑事"预审"制度。所谓刑事"预审",关于开庭前的审查制度,最早起源于英国的陪审制。1275年《威斯特敏斯特条例》规定:"刑事案件必须实行陪审制",这就是英国大陪审团制的开始,大

---

① 具体内容为:(1)被告无正当理由不到场者,得命拘提。(2)证人受合法传唤,无正当理由而不到场者,法院得以裁定科新台币3万元以下罚锾,并得拘提,再传不到者,亦同。(3)被传唤人出庭时,请仪容整齐,并应携带国民身分证及此传票准时报到。此传票不收任何费用,如提出书状应写明案号、股别。(4)被告或自诉人如有新证物提供调查,请携带到院;如有新证人请求调查,务请查明姓名、住址,以便传唤。(5)证人得请求法定之日费及旅费,于讯问完毕即向承办书记官索取"日旅费申请书兼领款"后领取(但被拘提或无正当理由拒绝具结或证言者,不在此限)。(6)如遇台风等天然灾害,经法院所在地之直辖市、县市政府宣布停止办公时,请勿来院,另候通知。(7)诉讼案件应静候法院公平处理,遇有人向你行骗,请即拨电话号向本院检举。(8)诉讼程序如有不明了之处,请向本院联合服务中心询问,电话为XXX。

陪审团的任务主要是审查控告的证据是否确凿、批准起诉书。现在的庭前审查制度主要是通过审查,决定是否将被告人交付法庭审判,目的是避免多余的起诉,后来在1811年法国最早制定了专门的《刑事预审法》,德国在1877年制定的《刑事诉讼法典》,规定了法国式的预审法官制度和预审程序。而我国对刑事案件实行预审制,也经历了一个不断变化的过程。据《各级审判厅试办章程》规定,凡有以下情况的,应进行预审:① 地方审判厅第一审的疑难案件;② 凡公判案件,因证人、鉴定人供述不实,或重罪受理时误认为轻罪的,或由轻罪发觉其他重罪的;③ 现行犯事关紧要的。预审由预审推事和检察官实行。这一关于预审的规定被北洋政府的《刑事诉讼律》所沿用,然而1928年的《刑事诉讼法》又废止了预审制度,直至1935年《刑事诉讼法》也没有明确规定预审制度,但是原有的关于刑事预审的内容被一些法条所吸收。

此外,关于审判的操作规则,早在《法院编制法》里就已做了规定,包括审判法庭、审判用语、判决的定式等。审判法庭按不同审级采用独任制或合议制法庭。审判用语"以官话为准",录供、叙案用汉文,且审判时"不得非法凌辱"。判词的定式按法律规定,除了记载审判厅名称和标明年月日之外,关于刑事判决书应包括:犯罪者的姓名、籍贯、年龄、住所、职业;犯罪事实;证明犯罪的缘由;援引法律的条款;援据法律的理由等内容。

(2) 法庭审理

首先,出庭人员有规定:一是审判期日应由推事、检察官及书记官出庭,按照合议庭的组织规则。二是审判期日除有特别规定外,被告不到庭者,不得审判。当然,允许被告用代理人的案件可以由代理人到庭。这里的"特别规定"是指"法院认为应科拘役、罚金或谕知免刑或无罪之案件被告经合法传唤无正当理由不到庭者得不待其陈述迳行判决"的规定而言。被告神智不清者,应等其恢复神智以后才审判;还有被告因病不能到庭者,应在其能够到庭以前停止审判。三是对于最轻本刑为5年以上有期徒刑或高等法院管辖第一审之案件,无辩护人到庭者不得审判,但宣示判决不在此限。而对被告出庭有两点要求:一是被告在法庭时,不得拘束其身体,但得有专人看守。二是被告到法庭后,非经审判长许可,不得退庭。如果被告随意退庭,审判长可以命令拦阻禁止其自动离去,但不得罚站或罚跪,使被告精神及身体感觉痛苦。

其次,审理案件的程序。当时的审判必须依下列次序:

一是朗读案由。审判期日以朗读案由为始,也就是说,法庭开庭时间以宣读案由作为开始的标志。这里的"案由"特指检察官或自诉人所起诉的罪名而言。至于由谁朗读案由,旧刑事诉讼法规定由书记官朗读,新法无此规定,所以书记官或审判长均可以朗读案由。朗读时应起立,以示郑重起见。

二是人别讯问。所谓人别讯问就是询问被告的姓名、年龄、籍贯、职业、住居所等个人基本资料,用以判断审判的对象是否正确。也即在朗读完案由后,审判长接着讯问被告①姓名、年龄、籍贯、职业、住居所等,以查验其人有无错误,如系错误应即释放。这是简单的了解被告个人的基本信息,以防判错了人,造成不必要的损失。

三是陈述起诉。由检察官陈述起诉要旨,也即陈述被告犯罪事实,作为法院进行审判及当事人言辞辩论的根据。这里只需要陈述要旨,无须详细叙述意见,因为言辞辩论时检察官尚有充分辩论的机会。

四是事实讯问。检察官陈述起诉要旨后,审判长应就检察官所陈述的犯罪事实讯问被告及证人、鉴定人。参与合议审判的陪席推事,得于告知审判长后讯问被告或证人、鉴定人。

五是调查证据。讯问被告后,审判长调查证据,包括调查证人、证物及鉴定人的鉴定报告等非常详细的细节,这是由当时的审判中心主义原则所决定的。② 证据调查的目的是为了认定犯罪事实,依据法律,审判长每调查一件证据完毕,应询问被告有无意见,并且应告知被告可以提出有益的证据证明自己罪轻或者无罪。当事人或辩护人可以申请法院调查证据,但是法院认为不必要者,可以裁定驳回。

六是言辞辩论。调查证据完毕后,应要求相关人员就事实及法律展开辩论,即使已经辩论后,还可以再次参与辩论,审判长也可以命令再次辩论,在辩论中查明事实真相。这是由当时刑事诉讼法的言辞辩论主义原则所决定的,如果审判笔录中没有被告就事实及法律而做辩论的记载,则显然与言辞辩论主义有违背。而且,辩论应按照这样的次序进行:检察官→被告→辩护人。先由检察官发言,检察官在审判中关于法律点的辩论,必须说明适用法律之条文,包括刑期长短、罚金多少都应该陈述。而且,"检察官必须始终莅庭充分准备辩论,且就对于被告有利不利之点一律注意,始能保护国家利益,

---

① 国民政府时期刑事审判程序中,审判长讯问被告有四种情形:(1) 人别讯问;(2) 关于犯罪事实之讯问;(3) 就证据所为之讯问;(4) 言辞辩论时之讯问。参见夏勤著:《刑事诉讼法释疑》,任超、黄敏勘校,中国方正出版社 2005 年版,第 187 页。
② 当时的学者解释:"我刑事诉讼法采用审判中心主义,虽非以直接审理为必要,但一切案件均须审察内容,就证人之陈述及其他证据为适当之调查,不可完全依赖侦查所得之资料,轻信检察官之主张,忽视审判中被告之辩解,使审判程序仅仅发生形式的作用而已。故案内所有人证、书证以及其他可为证据者,皆当在审判程序中调查而审理之。"参见夏勤著:《刑事诉讼法释疑》,任超、黄敏勘校,中国方正出版社 2005 年版,第 187 页。

安定社会秩序,并顾及人民之权利。"①被告和辩护人有权同检察官对证据和案件情况发表意见和互相辩论。国民政府刑事审判采用言辞辩论主义,一般情况下刑事案件被告必须出庭辩论。但是,也有特别规定:法院认为应科拘役、罚金或告知免刑或无罪之案件,被告经合法传唤无正当理由不到庭者,可以不等其陈述直接判决。

七是最后陈述。审判长在宣示辩论终结前,最后应讯问被告有无陈述,可以由辩护人代为最后陈述。但是,刑事案件在言辞辩论终结后,遇到必要情形,如因审判长与陪席推事记忆被告、证人或其他诉讼关系人的陈述互有差异,因而发生疑义,发生争执,对此法院可以重新再组织辩论,且辩论前仍可以询问证人或调查其他证据,最后必须再问被告有无陈述。当然,被告拒绝陈述的,可以不等他陈述直接判决,或者其未经许可退庭的,也直接判决。该审理程序应该是连续的,包括人员的连续和时间的连续。开庭后参与审理的推事必须始终出庭,中途不得更换推事,如果更换的话就得更新审判程序;时间上,审判不能够一次审结的,除有特别情形外应在第二天连续开庭,如下次开庭因事故间隔至15日以上者,应更新审判程序。更新审判程序后,法院应做必要的事实讯问和必要的证据调查,作为判决的基础。

再次,停止审判。通过审理如果发现以下情形则停止审判:一是"犯罪是否成立以其他为断,而他罪已经起诉者,得于其判决确定前停止本罪之审判。"就是这种犯罪是否成立以其他犯罪确定为前提的情形,其他犯罪已经起诉的,可以在其判决确定前停止这种犯罪的审判。二是"被告犯有他罪已经起诉应受重刑的判决,法院认为本罪科刑于应执行之刑无重大关系者,得于它罪判决确定前停止本罪之审判。"因为犯有他罪已经起诉应受重刑的判决,本罪即使科以轻刑,与重刑合并不致使其刑罚加重,所以无须另行审理。三是"犯罪是否成立或刑罚应否免除以民事法律关系为断,而民事已经起诉者,得于其程序终结前停止审判。"也就是,这种刑事案件以民事法律关系的确定为前提,如果不停止刑事审判,则刑、民两案件的判决会有冲突。但是,在民事审判程序进行中,如果明知其法律关系与刑事没有任何关系,则刑事案件没有必要停止审判。

(3) 宣示判决

宣示判决是刑事审判程序的最后一个环节,也是关系审判公信力及当事人切身利益的阶段,"法律秩序的典型功能是裁判而非决策或行政管理。虽然在裁判中产生一些政治问题,但那只是附带的,而且更多的是由于逻辑的

---

① 何勤华、姚建龙:《赵琛法学论著选》,中国政法大学出版社2006年版,第60—61页。

首先,判决的种类。根据国民政府刑事法律:① 如果被告犯罪已经证明者,应作出科刑的判决,即科刑判决,但免除其刑罚者,应作出免刑判决;② 如果不能证明被告犯罪或其行为不处罚的,应作出无罪判决。因未满14岁或精神不正常而不处罚的,认为有必要作出保安处分必要的,应作出保安处分判决。③ 案件有下列情形之一者,应作出免诉的判决:一是曾经判决确定者;二是时效已完成者;三是曾经大赦者;四是犯罪后之法律已废止其刑罚者;五是被告就他罪受重刑的判决已经确定,因其于执行之刑无重大关系,认为本罪毋庸科刑者。④ 案件有下列情形之一者,应作出不受理的判决:即起诉程序违反规定的、已经提起公诉或自诉的案件在同一法院重新起诉的、告诉或请求乃论之罪未经告诉请求或告诉请求经撤回或已逾告诉请求告诉期间的、曾为不起诉处分或撤回起诉而违背第 239 条②的规定再行起诉的、被告死亡的、对于被告无审判权的、依第 8 条③规定不得为审判的。⑤ 对于无管辖权的案件,应作出管辖错误的判决,并同时判决移交于管辖法院。从法条上看,国民政府时期的刑事判决有科刑判决、免刑判决、无罪判决、保安处分、免诉、不受理、管辖错误六种。因此,当时的学者解释:刑事"第一审判决不外六种:(一) 科刑;(二) 免刑;(三) 无罪;(四) 免诉;(五) 不受理;(六) 管辖错误。六种判决各自独立,对于同一事实谕知一种判决者,同时固不得谕知他种判决,即先后谕知两种判决,亦非所许。"④

其次,宣判的要求。时间上,国民政府时期刑事诉讼法律规定,宣示判决应自辩论终结之日起 7 天内为之,中间本不应该相隔 15 日以上,如认为该条乃训示的规定,隔至 15 日以上宣示判决也不违法,于宣示判决前无须更新审判程序。需要更新审判程序的是指一次审判难以终结的案件,先后开庭的时间如果间隔 15 日以上,则前次开庭所讯问的事实所调查的证据,下次开庭时,参与审判的推事不易回复记忆。即便记住的话,在合议制法庭因参与审理者不止一人,审判长及陪席推事间难免没有争执,所以使审判程序更新,就更新审理所得的资料作为判决的基础。如果刑事案件一次开庭即可辩论终

---

① 〔美〕诺内特、塞尔兹尼克:《转变中的法律与社会》,张志铭译,中国政法大学出版社 1994 年版,第 117 页。
② 《刑事诉讼法》第 239 条:"不起诉处分已确定者,非有下列情形之一,不得对于同一案件再行起诉:一、发现新事实或新证据者;二、有第四百一十三条第一项第一、二、四或五款所定得为再审原因之情形者。"
③ 《刑事诉讼法》第 8 条:同一案件系属于有管辖权之数法院者由系属在先之法院审判之,但经共同之直接上级法院裁定亦得由系属在后之法院审判。
④ 夏勤:《刑事诉讼法释疑》,任超、黄敏勘校,中国方正出版社 2005 年版,第 216 页。

结,并不发生连续开庭审理的问题,仅就一次审理的结果宣示判决,当然就没有更新审理程序之必要。在宣判人员上,宣示判决原则上要求当事人及法庭组成人员在场,但是从当事人方面,法律规定:宣示判决被告虽不在庭亦应为之,也就是被告不在法庭也可以宣判;从法院方面,法律规定:宣示判决不以参与审判的推事为限,也就是只要该法院的推事均可以。推事在宣判时,对于可以上诉的案件还应告知上诉的期限及上诉法院。内容上,主要是判决书所载内容。

复次,判决书符合格式。刑事判决作出以后,必须制作判决书,且应符合规定的格式要求。对此,刑事诉讼法律有规定:一是判决书应记载判决主文;二是有罪判决的判决书应将犯罪事实与处理的理由分别记载在判决书之上;三是有罪判决的判决书,应在主文内分别记载下列事项:① 所判决的主刑、从刑或刑之免除;② 判决6月以下有期徒刑或拘役者,如易科罚金,其折算的标准;③ 判决罚金者,如易服劳役,其折算的标准;④ 判决易以训诫者,其明白;⑤ 判决缓刑的,其缓刑期间;⑥ 判决保安处分,其处分及期间。四是有罪判决的判决书,应在理由内分别记载下列事项:① 认定犯罪事实所凭的证据及其认定理由;② 科刑时所审酌的情形;③ 刑罚有加重、减轻或免除的理由;④ 易以训诫或缓刑的理由;⑤ 判决保安处分的理由;⑥ 适用的法律。五是判决可以上诉的案件,在判决书中应记载上诉的期间及提交上诉状的法院。六是载明作出判决的法院名称、推事、书记官姓名及判决日期。下面是国民政府时期的刑事一审判决书,从这里可以更清楚地了解当时的刑事判决书的格式。

有期徒刑并科罚金判决①

江苏吴县地方法院刑事判决十九年地字第二六三号

判决

被告　林镜忠　即林第书,又名培富,男,年六十六岁,福建人,住阊门外西濠街二百十三号水果公所内,业商

上列被告因侵占,业经本院检察官提起公诉,本院判决如下:

主文

林镜忠侵占一罪处有期徒刑六月,并科罚金一百元。罚金如不完纳,以二元折算一日易科监禁。裁判确定前羁押日数,以二日抵徒刑一日或以一日抵罚金一元。

---

① 谢森等编:《民刑事裁判大全》,卢静仪点校,北京大学出版社2007年版,第268—269页。

事实

缘林镜忠系苏州三山水果公所之管理人,所有该所之公产均归管理收益。历年以来对于经管事项既未报告同帮,又无收支账目足资稽核。民国八年、十八年竟将该所所有南濠街五十四号及仙工里十三号之房屋两所,擅行盗卖于唐、金两姓。经驻沪福建三山水果公所商帮查悉,向本院提起自诉,审理结果以不合自诉规定,送由检察官侦查起诉。

理由

本件被告抗辩要旨略称,苏州三山果桔公所系由三山青果公栈所收,其资金完全出于林、洪、程三姓,为一种私人团体之集合,与上海南帮所组之水果公所绝不相联。告诉人既非林、洪、程三姓之子孙,自属无权告诉。况苏州果桔公所地粮仅有二分,所有十三号及及五十四号之房屋均系祖遗之产,有粮串可为凭证等语。但经本院调阅三山水果公所与被告等因产权涉诉案卷宗,被告致三山水果公所函内有在沪同人提议粮串一节,以使苏沪双方共策进行等语,足征苏沪公所有联络关系,该被告人等以被告盗卖公产依法告诉,自属毫无不合。且查苏州公所公产甚多,本为被告所不争之事实,被告辩称公所地粮仅有二分云云,自系捏饰之词不足置信。被告于民国三年间将南濠街五十四号店屋盗卖于人,旋经备价赎回,业由本院传唤证人黄文园、黄玉富、江一南等到案供明属实,算为公产,而复何疑。至仙工十三号房屋,据告诉人述称,该屋右边墙上原有三山会馆界石一块,已为被告毁去云云,亦经本院民庭履勘属实。更就被告于民事诉讼判决以后,竟与金士英进行和解,情愿将房价五百元分期拨还之情形互相参证。则该十三号之房屋亦属公产,已可证明。该被告因情虚而和解,其事实尤为明显,乃被告以管理人之资格,竟敢擅将上项公产连续盗卖于人,则其应付刑事责任自不待言。

据上论述,合依刑法第七十五、第三百五十七条第一项、第五十五条第二、三两项、第六十四条、刑事诉讼法第三百十五条,为判决如主文。

本案经检察官汪润莅庭执行检察官之职务。

本案上诉法院为江苏高级法院,上诉期限自判决送达后为十日。

诉讼费用者,法律认为诉讼上必要之费用也。国家为保持公理与平衡起见,设置法

中华民国十九年七月二十六日

江苏吴县地方法院刑庭
推事

（4）诉讼费用问题

法院处理诉争，则凡有所争者斯有所讼，但司法经费浩繁，故有诉讼费用之设。① 也即诉讼费用的收取具有一定的理由。有学者指出，一定意义上，诉讼费用与诉讼者的利益是紧密相关的，诉讼费用的合理性在一定程度上反映着一个国家人民享受法律保障的程度。② 清末修律以前，历代对于诉讼费用基本没有明文规定。直到清末法律改革后，《大清刑事民事诉讼法》中才专门列有民事诉讼费表，对民事诉讼费用做了明确规定。同时，为了监督诉费收理，防止官吏差役从中作梗，而特别规定："讼费表须悬挂于公堂墙壁或门外，务使众人易见。"③这里，刑事诉讼费用问题没有被提及。

民国之初专门制定了《诉讼费用规则》，1922年6月北洋政府修正后公布，根据该规则，主要对民事案件诉讼征收诉讼费用。至于刑事案件诉讼，除了诉状抄录费、翻译费、登载官报或新闻纸费、邮电费、运送费、证人鉴定人通译人费、司法衙门调查证据等费用以外，均不征收费用。《诉讼费用纲要》明确规定：刑事诉讼原告毋庸出诉讼费亦毋庸给差费，均由官府筹给，从前所派原被各项规费尽行禁除，民事诉讼应按所讼之件约抽百分之四，如估值制钱……

国民政府时期也继承了这一做法，1928年《刑事诉讼法》认为刑事诉讼是国家刑罚权的实施，费用应由国家负担，所以不设诉讼费用的规定。这同原来的《刑事诉讼条例》设诉讼费用的规定有所不同。1935年《刑事诉讼法》规定一种收费的情形，即第307条：犯刑法伪证及诬告罪章或妨害名誉及信用罪章之罪者，因被害人或其他有告诉权人之申请得将判决书全部或一部登报，其费用由被告负担。也就是对于犯伪证罪、诬告罪、妨害名誉、信用等罪的情况下，让被告承担因判决书登报的费用，对于法庭刑事处理的费用是不收的，基本上与1928年《刑事诉讼法》的规定一致。直到今天，我国法院在审理刑事案件时，是不收诉讼费的。除非是刑事附带民事诉讼，则交纳诉讼费参照民事诉讼。

（二）上诉审程序规范

"何谓上诉，就是当事人对于下级法院未确定的判决，声明不服请求上级法院以判决撤销或更正的救济方法。"④上诉程序通常是指各国法律规定

---

① 王蔚章：《现行民刑诉讼程序辑要》，中华印书局1933年版，第25页。
② 赵晓华：《晚清诉讼制度的社会考察》，中国人民大学出版社2001年版，第24页。
③ 刘锦藻：《清朝续文献通考》（254卷），商务印书馆1936年，刑十三，考9999。
④ 王锡周：《现代刑事诉讼法论》，上海世界书局1933年版，第149页。

的由上级审判机关对因刑事诉讼的当事人或检控机关不服下级审判机关作出的尚未生效的判决或裁定而提起的上诉案件重新进行审理和裁判的诉讼程序。依据国民政府刑事诉讼法,"当事人对于下级法院之判决有不服者得上诉于上级法院。"意思是原被告双方对于下级法院的判决如果不服的话,可以向上一级法院上诉,检察机关则没有提起上诉权。之所以要设置上诉审程序,主要目的是通过上级法院的审理工作使下级法院正确的裁判得以维持,错误的裁判得以纠正,弥补下级法院在审判工作方面水平的不足,使整个审判工作得以准确进行,也是实现审判结果的公平、公正所必需的。国民政府时期,法院审级以实行三级三审制为主,刑事上诉包括第二审上诉和第三审上诉。

1. 第二审上诉

(1) 提起二审上诉的要求

第一,上诉主体:根据国民政府的刑事诉讼法,可知只有原被告双方,尤其是被告可以行使上诉权,提起上诉。第二审上诉具体包括四种情形:一是原告或被告本人可以直接提起上诉;二是被告的法定代理人或配偶可以为被告的利益独立提起上诉;三是原审的代理人或辩护人可以为被告的利益而提起上诉,但不得与被告明示的意思相反;四是检察官对于自诉案件之判决可以独立上诉。从这里可以看出,与一审程序不同,上诉程序既可由被告方发动也可由原告方发动。在所有国家,一审程序只能由原告方包括检察机关和自诉人向法院提起,一审程序的全部活动针对原告方的起诉、围绕被告人是否有罪、应否承担刑事责任、承担什么样的刑事责任等问题展开。在整个审判程序中原告方处于主动进攻地位,必须承担证明被告人有罪的举证责任,而被告则处于被动防守的地位,既不承担证明被告人无罪的责任,更不承担证明被告人有罪的责任。上诉程序则不一样,它既可由一审程序的被告方提起,也可由一审程序的原告方提起,而且在大多数情况下都是由被告方提起。总之,刑事一审案件上诉的主体包括原被告双方当事人。

第二,上诉理由:上诉人不服原判决,一定有其理由,归纳起来有二:① 事实不清,如没有彻底调查事实,或没有以科学方法调查证据,或者忽略事实,武断揣测等;② 法律不当。引用法律错误或者根本不依据法律,或者对法条理解有偏差。[①]

第三,上诉范围:具体到上诉的内容上,可以对判决内容部分上诉,也可

---

① 参见刘澄清:《中国刑事诉讼法精义》(上册),刘澄清律师事务所印1948年版,第190页。

以全部上诉。学界认为,"上诉通常固多对于判决全部为之。但对于判决之一部亦得为之,其不以一部为限者,以全部上诉论。"①为此,国民政府刑事诉讼法明确规定:上诉可以对于判决的一部分为之,未申明为一部者视为全部上诉;对于判决的一部分上诉的,其有关系的部分视为也已经上诉。

第四,上诉期间:根据法律,国民政府时期刑事一审判决以后,当事人如提起上诉,必须在自判决书送达后10日内提交上诉状,但是判决宣示后送达前的上诉也有效力。县司法处也一样,依据《县司法处办理诉讼补充条例修正草案》,告诉人对于县司法处的刑事判决,应于判决送达的第二日起10日内向第二审法院检察官申诉不服,请求提起上诉。过了该期限,告诉人申诉不服的案件,其申诉权虽已丧失,而检察官认为原判决显有重大错误者,仍可以提起上诉。

第五,提交地点:国民政府时期,提起刑事上诉应以上诉书状提出于原审法院为之,并且按照地方当事人的人数提出上诉书状的缮本。如果身在监狱或者看守所的被告提起上诉的,应经过监狱或者看守所的负责人提出上诉状,他在上诉期间内向监狱或者看守所的负责人提出上诉状的,视为上诉期间内的上诉。被告不能自己写上诉书状的,应由监狱或者看守所的公务员代理制作,监狱或者看守所的负责人接受上诉书状后,应附加记载接受书状的年月时,并送交原审法院。

(2) 受理二审上诉的法院

大多数国家的上诉须逐级提出,须由被提出上诉的法院的上一级法院审理,但也有少数国家可以越级提出上诉,由初审法院的上级法院甚至最高法院跨级审理上诉案件。国民政府时期,1928年刑事诉讼法规定,不服初级法院的第一审判决而上诉应向地方法院提起上诉。1935年刑事诉讼法律规定,不服地方法院之第一审判决而上诉者应向管辖第二审之高等法院为之。但是,上诉状应交第一审法院转呈。由于1935年刑事诉讼法是国民政府时期主体性刑事诉讼法律,因此,各地的高等法院就成了受理二审刑事上诉案件的法院。从《民刑事裁判大全》②所收录的第二审刑事案例看,几乎都是由高等法院受理二审刑事上诉案件。

但是,国民政府刑事诉讼法特别规定,由原审法院接收上诉书状,并且做好审核工作,如果"原审法院认为上诉违背法律上之程式或其上诉权已经丧失者应以裁定驳回之"。也就是说,原审法院认为当事人的上诉法律程序或

---

① 王锡周:《现代刑事诉讼法论》,上海世界书局1933年版,第150页。
② 谢森等编:《民刑事裁判大全》,卢静仪点校,北京大学出版社2007年版,第314—346页。

者其上诉权已经丧失了,应该以裁定的形式驳回上诉。如果经审核认为符合上诉条件的,则原审法院应迅速将该案卷宗及证物送交第二审法院。如果被告在看守所或监狱而不在第二审法院所在地的,原审法院应命令将被告解送第二审法院所在地的监狱或者看守所,并通知第二审法院。这样,受理二审上诉的法院包括原审法院与二审法院。原审法院审核并转交材料,二审法院具体审理。

(3) 二审法院审理程序

依据国民政府刑事诉讼法,原则上第二审的审判除本章有特别规定外,准用第一审审判的规定。基本程序是:其一,开庭后,审判长讯问被上诉人的姓名、年龄、籍贯、职业、住居所等基本信息后,应命令上诉人陈述上诉的主要目的及理由。其二,二审法院就原审判决中提出上诉的部分进行调查。其三,二审法院认为当事人的上诉法律程序违法或者其上诉权已经丧失了,应该以判决的形式驳回上诉。当然,二审法院认为上诉无理由的,也应以判决的形式驳回上诉。其四,二审法院认为上诉有理由的,应将原审判决经上诉的部分撤销,就该案件直接作出判决;如果因原审判决作出管辖错误、免诉、不受理等属于不当而撤销的,可以以判决的形式将该案件发回原审法院。如果二审法院就管辖错误不当的案件有一审管辖权的,应作出第一审判决。其五,由被告上诉或为被告之利益而上诉的,二审法院不得作出较重于原审判决之刑,也就是今天刑事上诉中所说的"被告上诉不加刑"原则。但是,因原审判决适用法条不当而撤销的,不受此限。其六,对于① 上诉法律程序违法或者其上诉权已经丧失;② 上诉无理由或有理由;③ 原审判决作出管辖错误、免诉、不受理等属于不当的案件可以不经过言辞辩论作出裁判。其七,二审判决书可以引用一审判决书所记载的事实及证据,并且二审判决被告或自诉人可以为上诉的,还得将提出上诉理由书的期间记载于判决正本上。

2. 第三审上诉

"第三审者,即不服第二审法院未确定之判决,请求第三审法院,以最终判决撤销或变更其判决之谓也。第三审之上诉,在原则上须系不服高等法院之第二审或第一审判决而上诉者,应向最高法院为之。"① 这里,即使对于高等法院第一审判决不服,向最高法院提起上诉,也适用第三审程序。因为在四级三审制架构下,第三审法院一般是高等法院或者最高法院。并且,最高法院的审判为法律审,即适用法律方面之审理。② 而在三级三审制的架构

---

① 参见刘澄清:《中国刑事诉讼法精义》(上册),刘澄清律师事务所印 1948 年版,第 198 页。
② 居正:《最高法院厉行法律审步骤》,载《中央周报》1935 年第 370 期。

下,第三审法院只能是最高法院。

(1) 三审案件的有限性

根据国民政府刑事诉讼法,不服高等法院的第二审判决,应向最高法院提起第三审上诉,最高法院对于高等法院的一审案件(内乱罪、外患罪、妨害国交罪)有上诉权,但是适用第三审程序。但是,并非所有的二审案件都可以上诉。依据1935年《刑事诉讼法》犯最重本刑为3年以下有期徒刑、拘役及专科罚金的案件,以第二审为终审。在此之前的法律也有类似的规定,如北洋政府《刑事诉讼条例》规定,对于拘役或百元以下罚金的第一审判决不服,不得为被告利益上诉于第二审,只得上诉于第三审。1928年《刑事诉讼法》改为凡科一年以下有期徒刑及专科罚金的案件,以第二审为终审。国民政府"三审为原则,二审为例外"审级制度在此得以体现。

(2) 三审理由的唯一性

与这个时期的民事审判一样,刑事案件"上诉于第三审法院非以判决违背法令为理由不得为之",也即提起三审上诉,应以原判决违背法令为理由。只有在二审判决违背法律的情况下,才可以提起第三审上诉。如果不以二审违背法令为理由的,不得上诉第三审。关于"违背法令",当时刑诉法做了解释,即判决不适用法则或适用不当的,为违背法令,具体表现如下:

(1) 法院组织不合法;

(2) 依法律或裁判应回避的推事参与审判;

(3) 禁止审判公开没有依据法律规定;

(4) 法院所认管辖的有无系不当;

(5) 法院受理诉讼或不受理诉讼系不当;

(6) 除有特别规定外被告未于审判期日到庭而直接审判;

(7) 依法应用辩护人的案件或已经指定辩护人的案件,辩护人未经到庭辩护直接审判;

(8) 除有特别规定外未经检察官或自诉人到庭陈述而为审判;

(9) 依法应停止或更新审判而未经停止或更新;

(10) 依法应于审判期日调查的证据未予调查;

(11) 未给被告最后陈述的机会;

(12) 除有特别规定外已受请求的事项未予判决或未受请求的事项予以判决;

(13) 未经参与审理的推事参与判决;

（14）判决不载明理由或所载理由有矛盾。①

另有学者认为，"违背法令者，即判决不适用法则，或适用不当者之谓也。""法则之范围甚广，凡关于一切刑罚法令，及刑事诉讼法规皆属之。不适用法则，即为判决之公务员，有应适用之法令而不适用。"②还有学者认为，"法院编制不合法者，例如无推事资格的人参与审理，或参与审理的推事不足法定人数，或检察官和书记员不出庭者；应行回避的推事参与审理者；禁止审判公开非依法院的规定者……"③等等，都属"违背法令"的情形。除了这些因素以外，诉讼程序虽违背法令而显然对判决没有影响的，不得作为上诉的理由；还有原审判决后，刑罚有废止、变更或免除的，可以作为第三审上诉的理由。

（3）三审受理前程序的普通性

与其他审级一样，第三审上诉书状应叙述上诉的理由，如果没有叙明上诉理由的，应在提起上诉后10日内补充提交理由书到原审法院，这里指二审法院。二审法院在收到上诉书状后应在3日内将上诉书状缮本送交对方当事人（三审被上诉人）。对方当事人接受载有上诉理由的上诉书状或补提理由书送达后7日内提出答辩书到二审法院，如果是检察官作为对方当事人的，应就上诉的理由提出答辩书。答辩书也应制作缮本，由原二审法院书记官送交三审上诉人。原二审法院认为① 上诉违背法律程式或上诉权已丧失；② 不得向第三审法院上诉的判决而上诉的；③ 不按规定补充叙明上诉理由等情形下，应以裁定的方式驳回其三审上诉。除此以外，原二审法院在接受答辩书或提出答辩书期间已满后，应速将该案卷宗及证物送交第三审法院的检察官。无检察官为当事人的上诉案件，原审法院应将卷宗及证物送交第三审法院。第三审法院检察官接受上诉卷宗及证物后，应在7日内添加意见书送交第三审法院，但在原二审法院检察官提出的上诉书或答辩书外没有其他意见的，无须添加意见书。当然，上诉人及对方当事人在第三审法院未判决前，可以提出追加理由书、答辩书或意见书到第三审法院。

（4）三审审理程序的特殊性

首先，第三审法院的审判以书面审理为原则。即第三审法院的判决不经过言辞辩论，如果法院认为有必要的，可以采用言辞辩论，但是必须由律师充任代理人或辩护人，并且以一名受命推事调查上诉及答辩的要旨制作报告

---

① 夏勤：《刑事诉讼法释疑》，任超、黄敏勘校，中国方正出版社2005年版，第145页。
② 参见刘澄清：《中国刑事诉讼法精义》（上册），刘澄清律师事务所印1948年版，第199页。
③ 王锡周：《现代刑事诉讼法论》，上海世界书局1933年版，第161页。

书,审判期日受命推事应于辩论前朗读报告书。检察官或代理人、辩护人应先陈述上诉意旨,再进行辩论。

其次,第三审法院的调查以上诉理由所指为限。即按照上诉书状列举的合法理由行使调查权,但是下列事项必须依据职权调查:法院管辖、免诉事由的有无、受理诉讼的适当与否、对于确定事实援用法令的适当与否、原审判决后刑罚的废止、变更或免除等。三审法院认为:① 上诉违背法律程式或上诉权已丧失;② 不得向第三审法院上诉的判决而上诉的;③ 不按规定补充叙明上诉理由等情形下,应以判决的方式驳回其三审上诉。

再次,第三审法院认为上诉有理由的,应将原审判决中经上诉的部分撤销,作出以下判决:其一,第三审法院因原审判决有下列情形之一而撤销的,应就该案件自行判决:① 虽然属于违背法令,但不影响事实的确认,可以据以作出裁判;② 应作出免诉或不受理;③ 因判决后刑罚有废止、变更或免除。其二,第三审法院因原审判决作出管辖错误、免诉,或不受理属不当而撤销的,应以判决将该案件发回原审法院,但有必要时可以直接发回第一审法院。其三,第三审法院因原审法院未作出管辖错误属不当而撤销的,应以判决将该案件发交该管第二审或第一审法院。其四,第三审法院因撤销原判决的,应以判决将该案件发回原审法院或发交与原审法院同级的其他法院。其五,为被告的利益而撤销原审判决时,如于共同被告有共同撤销理由的,其利益并及于共同被告。

3. 非常上诉

(1) 非常上诉的含义

依据国民政府刑事诉讼法律规定,某一案件的判决确定后,发现该案件的审判属违背法令的,最高法院的检察长可以向最高法院提起非常上诉。当时的著名诉讼法学者郭卫解释:非常上诉者,最高法院检察官对于已确定的判决,以审判违背法令为理由,请求最高法院撤销或变更其判决或诉讼程序的救济方法也。① 还有学者认为,非常上诉制度"因以统一法律为目的,其审判专属于最高法院,故惟最高法院检察署检察长有提起非常上诉之权"②。具体说来,非常上诉有五个特征:

第一,判决确定。非常上诉针对已确定的判决而提起的上诉,而通常上诉是针对未确定的判决声明不服而提起的上诉;

第二,判决违法。非常上诉以原判决的审判违背法令为理由,与再审程

---

① 郭卫:《刑事诉讼法论》,上海法学编译社1946年版,第284页。
② 俞锺骆:《修正刑事诉讼法之商榷》,载《法学丛刊》1933年第2卷第2期。

序以原判决认定事实不当为理由不同。所谓违背法令,是指明显违背实体法或程序法的明文规定,而不是法律解释或见解不同。

第三,最高法院管辖。提起非常上诉的权利专属于最高法院,由检察长、其他检察官提起。在某案件判决确定后,不论什么级别的判决,当他们发现该案件的审判违背法令,应当拟写意见书,将该案件的卷宗及证物送交最高法院检察长,申请提起非常上诉。但是,是否提起上诉,仍应由最高法院检察长自由核定。

第四,没有期限限制。提起非常上诉,没有期限限制,只须在判决确定后,无论何时都可以提起,这与通常上诉及申请再审不同。

第五,无须辩论。非常上诉的审判不需要进行法庭辩论,主要是审查原判决的审判是否违背法令。因为"非常上诉以原审判决认定之事实为依据,而判定其是否违背法令,但最高法院不调查事实,如以认定事实有误,或采证不当为理由,依近年最高法院判例认为不能提起非常上诉。"①

(2) 非常上诉的程序

首先,非常上诉的方式。提起非常上诉应由最高法院检察长,提交叙明理由的上诉书到最高法院,不是向原审法院提交,这也与普通上诉提交上诉书不同。因为管辖非常上诉的权利专属于最高法院。

其次,非常上诉的审理。分以下几步:其一,调查。最高法院接受非常上诉书状后,原则上应以非常上诉理由所指出的事项为限进行调查。但是关于诉讼程序、法院管辖、免诉理由及诉讼的受理,也可以制定受命推事或嘱托其他法院的推事调查事实。其二,判决。最高法院在对非常上诉进行必要的调查后,无须法庭辩论,直接作出判决,具体分两类:一类是认为非常上诉无理由的,就是原判决或其上诉程序并不违背法令的,应以判决驳回其上诉。二类是认为非常上诉有理由的,又应作出两种判决:一种是原判决违背法令的,应以判决将其违背法令的部分撤销;但原判决属不利于被告的,除撤销违背法令的部分外,应就该案件另行判决,以保护被告人的利益。另一种是诉讼程序违背法令的,应撤销其程序。

(3) 非常上诉的意义

国民政府刑事诉讼法关于非常上诉制度设置的目的包括两方面,即一方面统一法律解释,另一方面保护被告人的利益。当时的学者指出:"我国刑事诉讼法,关于非常上诉制度采用之主义,为统一法律之解释,兼保护被告人

---

① 何勤华、姚建龙:《赵琛法学论著选》,中国政法大学出版社2006年版,第62页。

之利益。"① 关于统一法律解释,非常上诉案件主要是因法律适用问题而引起的,因为法律的不统一或法律与法令的冲突等引发对案件判决的出入。由享有法律解释权的最高法院来处理非常上诉案件,正好在处理案件的过程中达到统一法律解释的效果。而对于被告人的保护,也是明显的,因为非常上诉审判作出的判决中,原判决属不利于被告的,除撤销违背法令的部分外,应就该案件另行判决,以保护被告人的利益。而有利于被告的部分,其效力仍应维持。由此可见,国民政府的非常上诉是保证审判公正的重要机制,其意义是不可忽视的。

(三)抗告程序

1. 刑事抗告的概念

与民事抗告程序一样,国民政府时期的刑事抗告程序是与刑事上诉程序并列的司法救济途径。具体说来,刑事抗告是指不服原审法院未确定的刑事裁定,请求直接上级法院以裁定撤销或变更原裁定的救济方法。并且,抗告准用上诉的规定。但是上诉可以对任何判决提起,而抗告并非对任何裁定提出。② 它与今天我国的刑事抗诉概念不同,现行的刑事抗诉制度,是指第一审法院的同级检察院,认为一审法院判决裁定确有错误,在法定的期限内,向上一级法院提出抗诉,要求第二审人民法院重新审理的诉讼活动。有权抗诉的只能是原审法院的同级检察院,而国民政府时期检察官、自诉人及被告均可以提起刑事抗告。与当时的上诉程序所对判决请求不同,抗告针对裁定、且向直接上级法院请求。

2. 刑事抗告的范围

根据史料,国民政府立法对于刑事抗告所采用的主义有二:一是积极列举主义,以不许抗告为原则,许其抗告者,皆列举之;二是消极列举主义,以许其抗告为原则,不许其抗告者,皆列举之。为保护公益计,刑事诉讼采第二个"主义"。③ 即以允许抗告为原则,不许抗告的,法律明文规定。1935 年《刑事诉讼法》对抗告的适用也采用排除法做了如下规定:

(1)关于管辖或诉讼程序的裁定,不得抗告,因为这将妨碍诉讼的进行。但是,法律明文规定除外,如关于羁押、具保、责付、扣押、或扣押物发还,以及因鉴定将被告送入医院或其他处所的裁定,与受裁定人的财产自由关系甚大

---

① 郭卫:《刑事诉讼法论》,上海法学编译社 1946 年版,第 287 页。
② 王锡周:《现代刑事诉讼法论》,上海世界书局 1933 年版,第 175 页。
③ 郭卫:《刑事诉讼法论》,上海法学编译社 1946 年版,第 88—89 页。

的,也准许其抗告。

(2) 不得上诉于第三审法院的案件,其第二审法院所作出的裁定,不得抗告。

除了这两个方面的规定以外,对其他方面的裁定不服的话,可以选择抗告程序。

3. 抗告期间

刑事抗告的期间有通常与特别两种。通常抗告期间为5日,自送达裁定后起算,与上诉期间自判决书送达后起算的期间相同。但是裁定经宣示的,在宣示送达前,提起抗告也有效力。特别抗告期间为3日,如法院认为有再审理由者,应作出开始再审的裁定,对于这项裁定如果不服可以于3日内提出抗告。旧刑事诉讼法将裁定抗告的通常与特别期间分别规定为7日与5日。新刑诉法均做了缩减,以体现效率。

4. 抗告程序

首先,提起抗告,应以书状形式,叙明抗告的理由,提交于原审法院,不得直接向抗告法院提交。其次,抗告属于书面审理,不经过言辞辩论。抗告的性质类似于上诉,因此抗告程序除有特别规定外,准用上诉程序的规定。再次,抗告以不停止执行为原则,所以虽然对于某裁定提起抗告,其裁定仍得执行。但是,原审法院在抗告法院的裁定以前,可以裁定停止执行;当然,抗告法院也可以就抗告作出裁定之前,作出停止执行的裁定。最后,抗告的裁判:

(1) 原审法院的裁判。原审法院对于抗告,先从形式上审查,如认为抗告违背法律程序,或抗告权已丧失,或属于不准抗告的案件,应以裁定驳回。否则,其为合法抗告,进而从实体上进行审查。原审法院认为抗告有理由的,应更正其裁定;认为全部或一部无理由的,应在接受抗告书状后3日内,添加意见书,送交抗告法院,必要时,应将该案件的卷宗及证物一并送交抗告法院。

(2) 抗告法院的裁判。抗告法院对于抗告,仅就抗告书状及意见书加以审查,审查也是从形式到内容。如果已据此可作出裁定的,自然无需使用卷宗和证物。但是对于内容复杂、不易审查的抗告,则要求原审法院送交卷宗和证物。审查结果,认为抗告无理由的,也应驳回抗告;如果抗告有理由的,应将原裁定撤销重新作出裁定,并通知原审法院。

5. 再抗告

顾名思义,再抗告是对于抗告法院所作出的抗告裁定不服再次提起抗告。国民政府对于抗告裁定以不得再行抗告为原则,但是,以下抗告裁定,可以再抗告。

（1）对于驳回上诉的裁定抗告的；

（2）对于因上诉逾期，申请回复原状的裁定抗告的；

（3）对于申请再审的裁定抗告的；

（4）对于481条①定刑的裁定抗告的；

（5）对于490条②声明疑义或异议的裁定抗告的；

（6）证人、鉴定人、通译及其他非常当事人对于被受的裁定抗告的；

以上各款，于受裁定人关系甚大，仅许一次抗告，未足以资保护，故刑事诉讼法特许再行抗告，但不得上诉于第三审法院的案件，其第二审法院所做的裁定，仍不得提起再抗告。③

6. 准抗告

准抗告，与抗告不同，而准用抗告的规定，即不服审判长、受命推事、受托推事或检察官所作的裁定或命令，申请其所属法院，撤销或变更的救济方法。检察官无裁定权，不服检察官的处分，不能抗告，唯有申请检察官所属法院撤销或变更，以资救济。审判长、受命推事、受托推事通常仅能行使法院所委任的权限及职务，而受其委任的拘束。不服审判长、受命推事、受托推事的处分，不能抗告于直接上级法院，而应申请审判长、受命推事、受托推事所属法院撤销或变更。

（1）申请撤销或变更的裁定或命令。包括关于羁押、具保、责付、扣押、或扣押物发还、及因鉴定、将被告人送入医院、或其他处所的裁定或命令。以及对于证人、鉴定人、或通译科以罚锾的裁定。

（2）申请的期间。此期间为5日，与通常抗告期间相同，自从裁定或命令之日起算，其为送达者，自送达后起算。

（3）申请的方式与效果及程序。与刑事抗告程序没有什么区别，申请也应以书状叙明不服的理由，向该管法院提出，具体抗告的处理也遵循抗告的法则。

---

① 指1935年《刑事诉讼法论》第481条保安处分执行内容：依刑法第86条第4项或第3项免其刑之执行，第96条但书之保安处分，第97条延长或免其处分之执行，第98条免其处分之执行及第99条许可处分之执行，由检察官声请法院裁定之。

② 指1935年《刑事诉讼法论》第490条适用法律之准据，其中附带民事诉讼除本编有特别规定外，准用关于刑事诉讼之规定。但经移送或发回、发交于民事庭后，应适用民事诉讼法。

③ 郭卫：《刑事诉讼法论》，上海法学编译社1946年版，第266—267页。

（四）再审程序

1. 再审概念

在今天看来，再审是依照审判监督程序，对案件重新进行的审理，目的是为了纠正已经发生法律效力的错误的判决或者裁定。国民政府时期，"再审者，再审权人于有罪、无罪、免诉或不受理的判决确定后，以认定事实不当为理由，请求管辖再审的法院，重新审判，撤销或变更原判决的救济方法。"①二者的意义基本是一致的。

关于再审制度，当时的立法有两种倾向：一是保护受判决人利益，也即不是有利于受判决人不得申请再审；二是更正事实错误，即申请再审以求实体的真实发现的目的，对受判决人有无利益，在所不问。德国刑事诉讼法采用第二种倾向，效仿德国的国民政府自然也持这种主张。

"再审权与上诉权、抗告权、非常上诉权，同为诉讼法上的权利。"②但是，再审与上诉审及非常上诉不同。再审与非常上诉针对已确定的判决，而上诉针对未确定的判决。再审与非常上诉虽然同属于对于已确定的判决声明不服，但是非常上诉以原判决违背法令为理由，再审则以原审判决认定事实不当为理由。并且再审仅对有罪、无罪、免诉或不受理的判决进行处理，与上诉审及非常上诉不同，而抗告只针对未确定的裁定而提起。

2. 再审理由（条件）

再审必须有法定的理由，国民政府由于司法资源的有限，或出于对裁判的权威，对于再审理由要求很严格，"申请再审之条件，法律限制极严，再审有理由，即视其是否具备法定之条件为断。"③依据刑事诉讼法，有罪判决确定后，为受判决人的利益起见申请再审的，须具有下列条件：

其一，原判决的证据已被证明属于伪造或变造的，包括证物、证言、鉴定或通译。因为判决是以证据为主要依据的，证据伪造，必然造成判决的失真，因此，即使判决已经确定，仍然需要再审。

其二，受有罪判决的人被证明是被诬告的，违背了刑罚本身的目的和宗旨，需要再审重新确认，澄清事实，对诬告者定以诬告罪的处罚。

其三，参与原审判决或审前调查、侦查、起诉等职务的检察官、推事，因其在执行职务过程中犯罪已被证实的，如有意诬陷被告而收受被害人贿赂，且

---

① 郭卫：《刑事诉讼法论》，上海法学编译社1946年版，第269页。
② 王锡周：《现代刑事诉讼法论》，上海世界书局1933年版，第191页。
③ 江海飚：《新刑事诉讼法精义》，中华书局1936年版，第203页。

被确定的判决所证明的。

其四,因发现确实的新证据足以认为有罪判决的人应受无罪、免诉、免刑或轻于原判决所认罪名的判决的,必须通过再审使有罪判决的人不受或减轻处罚。

以上条件,只要具备其中一条即足可申请再审。当然,有罪判决确定后,也有为受判决人的不利起见申请再审的,如因重要证据遗漏而再审。但是,必须在送达判决后 20 日内申请再审。因为重要证据对判决影响很大,直接影响当事人双方的利益。

3. 再审法院

关于再审法院,当时的法国固定由最高法院承担,而德国则规定由原审法院审理,国民政府采德国立法,自然规定由原审法院作为再审法院。这里的原审法院有可能是一审法院,也有可能是二审法院,甚至第三审法院。如果是一审法院作出的有罪、无罪、免诉或不受理的判决确定后,应以一审法院为原审法院;如果一审法院上述判决经过二审法院撤销改判,或者二审法院判决经三审法院撤销改判的,则应以撤销改判的第二审法院或者第三审法院为原审法院。具体的管辖原则是:(1)判决的一部分曾经上诉,一部分未经上诉,对于两部分均申请再审,应由二审法院再审;(2)判决在第三审法院确定的,对于该判决申请再审的,应由三审法院再审。

4. 再审权人

再审权人,就是申请再审,行使再审权的人。国民政府时期,刑事再审权人包括以下两类:一是为受判决人的利益而申请再审的,可以由以下人员行使:(1)管辖法院的检察官;(2)受判决人及其法定代理人或配偶;(3)受判决人已死亡,其配偶、直系血亲、三亲等内旁系血亲、二亲等内姻亲或家长家属。二是为受判决人的不利益而申请再审的,必须由管辖法院的检察官或者自诉人行使再审权。

5. 再审程序

(1)申请。再审启动于申请,所以,首先应向再审法院递交书面状纸叙明再审理由,附加原判决书缮本以及证明再审原因的证据等材料,这是必要的方式,否则予以驳回。这种再审申请的效力不及于原判决的执行,但是,再审法院的检察官在决定再审之前,应命令停止执行,再审法院裁定停止刑罚的执行。当然,再审法院在作出再审判决前,再审权人可以撤回再审申请。只有当受判决人的法定代理人或配偶为了受判决人的利益申请再审,其撤回时应取得受判决人的同意;自诉人申请再审,其撤回再审申请时必须经过检察官的同意。撤回后不得以同一理由申请再审。

（2）审理。开始再审的裁定作出后，法院应依据审级和通常程序重新作出判决，例如开始再审的裁定为第一审法院的，应依据第一审程序新作出判决，以此类推。具体程序与通常程序相同，开庭时受判决人必须到场。但是，受判决人已死亡或再审前死亡的，为其利益申请再审的案件，无须言词辩论，由检察官或自诉人以书面诉状陈述意见后，作出判决。但是，自诉人已死亡的，法院可以直接作出判决，或者通知检察官陈述意见。如果受判决人已死亡或再审前死亡的，为其不利益申请再审的案件，则终止审理，否则失去意义。对于为受判决人利益申请再审的案件，作出有罪判决的，不得重于原判决所判刑罚，否则失去其申请再审的初衷。

（3）公告。为受判决人的利益申请再审的案件，作出无罪判决的，应将该判决书刊登公报或者其他报纸，这是为恢复受判决人名誉当然应有的办法。

综上所述，南京国民政府时期，刑事审判的一般程序规范是较为完备的，且实现了与当时较为发达国家的刑事审判制度的接轨，无论在实务中的运行效果如何，这种注重执法程序的理念在中国这个重实体轻程序的国度里，是值得充分肯定的。正如学者所言："南京国民政府时期，随着诉讼法的逐步健全，司法实践中注重诉讼程序的正当，已是现代司法文明潮流。"[①]

[①] 张仁善：《国民政府时期诉讼迟延问题剖析》，载《法律文化研究》（第 1 辑），中国人民大学出版社 2005 年版，第 215 页。

第七章　南京国民政府时期刑事审判的特别程序规范

刑事审判的程序规范包括两个部分,除了一般程序规范以外,还包括特别程序规范,在国民政府时期,特别程序规范的地位一度超过了一般程序规范,成为审判特别刑事案件的重要活动准则。

一、刑事审判特别程序的理论

按照现代的诉讼理论,刑事诉讼程序有普通程序和特别程序之分。所谓普通程序也即上文所述的一般程序,是指适用于一般案件的诉讼程序;特别程序是指适用于特殊类型案件或特定被告人的诉讼程序。① 就南京国民政府时期而言,除了普通法院及普通刑事诉讼程序外,国民政府还设立特别刑事法庭,并实行特别刑事诉讼程序。所谓特别刑事诉讼程序,"其规定特定之人、时、地或事项所适用者。"②并且,当时的"特别刑事法,不论其为特别刑法,抑或特别刑事诉讼法,其内容均为补充普通刑事法之规定。其未规定者,仍适用普通刑事法或其他特别刑事法之规定。"③也就是说,刑事特别程序是针对特别刑法所规定的犯罪种类而设置的特殊程序。

国民政府司法部依据1928年草拟法院组织法草案时效声称,法院有特别、普通两种,法院组织法所定纯为普通法院,凡依特别法组织的法院,不归司法部监督,也不受法院组织法支配。这个说明的弦外之音,就是国民政府可以根据自身需要,建立各种特别刑事法庭,采用特别的刑事审判程序,并制定了《特别刑事临时法庭诉讼程序暂行条例》等特别刑事审判程序规范,为特别刑事诉讼程序提供了法律依据。关于特别刑事诉讼的程序规范,相关法律有明确规定:

(一)启动程序特别

与普通刑事程序不同,特别刑事诉讼程序启动于任何人的起诉。依据

---

① 陈卫东:《刑事特别程序的实践与探讨》,人民法院出版社1992年版,第1页。
② 陈朴生:《中国特别刑诉法通论》,中华书局1939年版,第1页。
③ 同上书,第2页。

1928年《特别刑事临时法庭诉讼程序暂行条例》的规定,凡属反革命或土豪劣绅的案件,不论何人,都可以起诉。司法警察官署移送案件到法院,应制作移送书,记载:(1) 被告的姓名、性别、年龄和职业、住所或居所,或其他足以辨别的特征;(2) 犯罪事实及证据,以及所犯法条。司法警察官署移送到法院的案件,视为提起公诉。

(二) 审理程序特别

法院在第一次审判期日前秘密询问被告后,直接进行审判,审判期日,检察官可以不出庭。并且,原移送机关不得撤回案件。对于法院判决不得上诉,但可以自送达判决书后10日内申请直接到上级法院覆判一次。如果是死刑或无期徒刑,无需申请,依职权直接送最高法院覆判。① 而对于初审法院的裁定可以依法抗告一次,对于覆判法院的裁定则不可以抗告。覆判案件以书面审理为原则,但由高等法院或分院覆判的,可以提审或命令推事莅审。覆判法院对于覆判案件的判决,应自接受卷宗证物之日起20日内作出,但必须提审或莅审的,其审限可以酌量延长,但不得超过20日。法院书记官接受判决书原本之后,除有特别规定外,应在7天之内制作判决书正本,送达检察官、申请人或被告人。

另一方面各省国民党党部、省政府或特别市党部、市政府如认为地方特别刑事临时法庭的判决违法时,可向中央特种刑庭提起非常上诉。而国民党中央党部或国民政府如认为中央特种刑庭的判决违法时,得令复审。中央特种刑庭对已上诉的案件,发现有非法裁判情况,得发交有权审判的法庭重审;原判认定事实有错误的,得以判决发回更审;如无提审的必要,可派员莅审。至为明显,这个条例的目的在于使政治案件摆脱一般的诉讼程序,而置于国民党的严密监督之下,以便借"反革命"之名迫害革命党人和革命群众。

国民政府时期特别刑事审判制度的设置,彰显了国民政府政治统治的力量之强悍。表面上,"实因吾国不时处于动乱年代,刑法之主要条文,悉为特别刑法越俎代庖……"②但是,从特别刑事案件的性质上可以判断,国民政府为了维护政权,立法特别规定:一切妨害到国家政治军事等重要利益的行为,都将受到特别法律的严厉惩罚和治理,这也是南京国民政府时期刑事审判制

---

① 覆判制度起始于民初,简单地说,就是由县知事审理的刑事案件,不管犯罪嫌疑人及其代诉人有没有上诉,都要在一定的期限内将案件卷宗和审理结论送到高等审判厅去审查,这种制度被称为覆判,即特定案件的自动上诉制度。参见李启成:《民初覆判问题考察(上)》,来源:法律史学术网。

② 蔡墩铭:《唐律与近世刑事立法之比较研究》,台北五洲出版社1968年版,第346页。

度的一个非常明显的特色所在。

二、特别刑事审判程序的类别

(一) 军事审判

上文已述,国民政府时期的刑事审判,分为普通刑事审判和特种刑事审判两大类。普通刑事审判由法院和县司法机关审理,依照《刑法》和某些特别刑事法规定罪量刑。特种刑事审判,是国民政府为强化其统治,专门颁布特别刑事法规,把诸如危害民国、汉奸、盗匪、烟毒、贪污等重要案件,改由军法机关或兼任军法官的县长,按特定的程序进行审理并定罪科刑。军事审判是特别刑事审判的突出代表,它是对军人犯罪的特殊审判,国民政府中后期与战争相伴,从抗日战争到国内的内战,因此,军事审判成为国民政府刑事审判的重要组成部分。

1. 军事审判的适用

1928年刑事诉讼法,对于有军人军属身份者,不问其犯军法,或是犯军法以外之罪,一律由军事机关审判,不受普通法院之追诉处罚。1935年的刑诉法则做了修改,明文规定:"军人军属之犯罪,除犯军法应受军事裁判者外,仍应依本法规定追诉处罚"。军事审判依据特别的法律,"刑事诉讼法各规定,不适用于军法审判,但其法理可以参酌。"[①]国民政府于1930年3月24日专门公布了《陆海空军法审判法》,第1条即规定:凡陆海空军军人犯陆海空军刑法,或刑法所揭各罪,或违警罚法,或其他法律有刑名者,依本法之规定审之。非军人犯了陆海空军刑法所揭各罪仍然由普通法院审判。犯罪人如果不是现役军人就不得由军官审判,军中秘书如果是刑事被告,应由军法会审判。军法会审不许旁听,军事审判的启动也与普通刑事审判不同,即军人犯刑法或违警罚法,或其他法律之罪的,军事检察权各官长,均有起诉的权力,但罪应亲告者不在此限。同时,军事检察权各官长有搜查证据的权利。军事检察权是指各级司令部副官或军法官、宪兵官长、卫守司令部或警备司令部审查官长。

2. 军法会审的组织

军法会审分为简易、普通和高等三类,分别审理不同军阶的军人犯罪。

---

① 刘漱石:《特种刑事法规集解》,皖南出版社1945年版,第465页。

简易与普通军法会审设在各总指挥部、各军部、各独立师部、各独立旅部、或各该管高级长官的驻在处所;高级军法会审设在总司令部或军政部海军部。而简易军法会审组织应以各该部军法会审高级军法官1员为审判长,以军法官2员为审判官及书记组成;普通及高等军法会审组织应以审判长1员、审判官2员、军法官2员及书记组成。各军法会审的审判长和审判官,由该管长官指派,但从事实上的便利考虑,可以将被告人移送到其他军法会审审判。简易军法会审,审判上尉以下官佐士兵及同等军人的犯罪;普通军法会审审判校官及同等军人的犯罪;高等军法会审审判将官及同等军人的犯罪。高等军法会审因境地远隔或属相障碍,得命审判长、审判官、军法官前往该地组织审判。复审由普通高等军法会审审判,但缺席审判的复审不在此限。

3. 军法会审程序

(1) 审问。总司令及其他长官受理被告事件,应交给军法官审问。军法官审问时,应发传票给被告。如果认为有必要,得发拘票,但应及时报告该管长官,被告人依传票或拘票出庭的,军法官应在24小时内讯问完毕。如果超过24小时仍需要留的,应发看管票,被告因疾病或其他重要事故不能依传票或拘票出庭的,军法官可以到被告所在地讯问;如果被告人远在外地,可以委托该外地的军事检察官、警察司法检察官代为讯问,并送达传票与执行拘票;如果传拘的被告人逃匿,可以通知各官署及各地方法院检察官与警察官署一体拘捕。军法官讯问时,发现有共犯或个罪外尚有余罪的,可以直接讯问共犯。审问与军人共犯的非军人完毕后,应将该非军人连同供词证物送交该管辖法院检察官或其他行使检察权的官署。

(2) 会审。军法官审问终结后,应交付军法会审①审判。但是。如果认为触犯风纪或其他情形不应交付军法会审的,应立即制作裁决书,连同诉讼书送呈该管长官核办。审判时,简易军法会审的开审,审判长、审判官和书记均应列席;普通及高等军法会审的开审,审判长、审判官、军法官和书记均应列席。审判长有自行讯问被告或命令审判官、军法官讯问的权力。审判长自开庭以至判决终结之间,认为有必要时,可以发传票、拘票及看管票。审判长因法庭的警戒事宜可以作出相当的处置。凡应处徒刑以上之刑的被告人逃走,及应科罚金的被告人接到传票至开庭时不出庭的,应进行缺席审判。审判共犯案件,对于出庭者判决。

判决终结应由军法官依据下列方法制作判决书,经参与会审的审判长、

---

① 国民政府时期,按照蒋介石的指示,军法会审的审讯分为预审和会审两个阶段。参见梁小进、陈先枢:《1938:"11·13"长沙大火》,湖北人民出版社2005年版,第45页。

审判官、军法官及书记全体签字盖章,连同诉讼书呈报总司令部或军政部海军部或该管高级长官,具体分五种情形:其一,判决有罪者,应载明其犯罪证据及适用之法条正文;其二,判决无罪者,应载明被告人之犯罪嫌疑不能证明,或行为不构成犯罪的理由;其三,判决免诉者,应载明被告人死亡或超期起诉的时效,或大赦特赦,或经确定判决,或法律上免除其刑情事;其四,判决管辖错误的,应载明管辖错误的事实;其五,被告人的官职、队号、姓名、籍贯、年龄、住所及判决的年月日。

（3）复审。总司令部或军政部海军部或该管高级长官认为军法会审有判决不当之宣告的,可以命令复审。被告人在宣告判决后也可以申请复审,但必须符合下列条件:第一,同一案件别人已受刑罚宣告,而被告人不属于共犯;第二,因他人诬告而其人已受刑罚宣告的;第三,作为判决基础的证据已被确定的判决证明属于伪造或变造的;第四,因发现其他确实证据,足以认为被告人应受无罪判决的。此外,剿匪区内军事机关审判盗匪案件,受刑人可以依据军事审判程序呈请复审。因被告人申请复审的,其判决刑罚不得比原判决重。

简易与普通军法会审对于因缺席判决而提起复审的,应直接复审,无须呈送总司令部等复审。总司令部或军政部海军部或该管高级官长下有复审的命令,如果其刑正在执行时应立即停止执行,如果是死刑的,应在呈请复审时停止执行。复审案件如果呈请核定的,复审判决应仍候呈请核定后施行。

4. 军法审判审限

审判审限是审判效率的标志之一,诚如学者认为的那样:"审判效率"与"审理期限"有着其共性的一面,恪守法定期限审结案件既是审判效率高低的直接体现,也是确保司法公正的前提。① 对于军法审判的审限,国民政府于1939年7月专门公布了《军法审判审限规则》,其规定适用会审程序的军法审判审限如下:(1)检证处分期限3日;(2)审问期限10日;(3)简易、普通及高等军法会审期限分别为5日、15日和20日;(4)军法会案件的再议复议期限,简易为3日,普通及高等为10日;(5)军法官呈诉复审具理由书的期限为3日,军法官对于呈诉复审附加意见书的期限为7日;(6)其他军法审判审限为40日,发还复审审限为20日。

当然,如果有特别规定迅速结案的则遵从特别规定,如需延长需要经过一定的程序。1944年11月起,特种刑事案件除烟毒延至1946年5月外,其

---

① 姜建新、蔡航:《民商事案件的第一审审理期限与审判效率问题的调查与分析（下）》,载金华市中级人民法院网,发布时间:2010-6-2 15:33:39。

他新起诉的案件,陆续改由法院系统审理,所以 1945 年后军法机关审结的特种刑事案件数逐渐减少。

5. 县长及行政长官的军法会审

此外,根据 1938 年 5 月国民政府军事委员会公布的《县长及地方行政长官兼理军法暂行办法》,凡依法令应归军法审判的案件,可以由县长或地方行政长官(直接施政者)兼理。但是,县长或地方行政长官兼理军法审判,中央最高军事机关得随时提审,派员莅审或移转管辖。并且,县长或地方行政长官对于军人犯刑事或惩罚法令的案件,应在 3 日内呈报中央最高军事机关核示,并通知其所属部队或机关的长官,非中央最高军事机关授权不得审判。但是,战争期间,县长或地方行政长官对于部队移送的军法案件,不得以非其管辖拒绝受理,如有调查证据不便或有其他障碍时,可以移转其他县长或地方行政长官审判。县长或地方行政长官的管辖境内设有其他军法机关的,由最先受理案件的机关审判,但设有卫戍警备或戒严司令部的区域,凡与军事或治安有关的军事案件,不问受理先后,均送由该卫戍警备或戒严司令部审判。县长或地方行政长官对于兼理军法案件的管辖有争议时,由中央最高军事机关指定。县长或地方行政长官可以设置承审员及书记员助理军法事务,但仍须该县长或地方行政长官在判决书内签署盖章。

县长或地方行政长官判决的军法案件,应在宣判后 10 日内制作判决书正本,并命令被告人提出声辩书,连同全案卷证,呈交各省高级军事机关核转中央最高军事机关核定。各省高级军事机关核转军法案件时,应先予审查,如果认为原判不当的,可直接发回复审,或附加意见。中央最高军事机关对于送核的军法案件,应作出如下处置:

(1) 事实明确、罪刑允当,引律无误者,予以核准;

(2) 事实明确、罪刑未当,引律有误者,予以纠正;

(3) 事实未明者,发还复审,于必要时由中央最高军事机关提审。

此外,县长或地方行政长官办理军法案件,应受中央最高军事机关的指导。

6. 战时简易军法审判

战时特殊情况,需要快速解决问题,所以程序从简。1943 年 3 月 8 日,国民政府修正公布了《战时陆海空军审判简易规程》,对战争期间的军事审判做了一系列规定。

(1) 审判组织。审判将官及其同级军人案件,以审判长 1 员、审判官 4 员组成合议庭进行审理,由中央最高军事机关组织,但军政部及各战区司令长官可呈请中央最高军事机关授权审判;审判校尉官及其同级军人案件,以审判长1员、审判官2员组成合议庭进行审理。但对于校尉官及其同级军人犯5年有期徒刑之罪的,可以独任审判;审判士兵及其同等军人案件,以审判官1员独任审理。但是士兵及其同等军人犯死刑、无期徒刑之罪的,应合议审判。

(2) 呈请核定。对于上述审判组织的如下裁判,应呈请总司令部或军政部海军部或该管高级长官核定:其一,将官及其同等军人判处2年以上有期徒刑的;其二,校官及其同级军人判处10年以上有期徒刑的;其三,尉官及其同级军人判处无期徒刑以上的;其四,士兵及其同等军人判处死刑的。上述处罚还可以呈请代行陆海空军大元帅职权的军事委员会委员长核定,但应月汇报,国民政府备查。

总之,战时由于特殊的环境所限,对军人犯罪采取简易的程序,表现在按照军人的级别及犯罪情节轻重确定独任制和合议制审判,一改平时合议制军法审判的形式,且在战时合议庭的人员组成上也有缩减。

(二) 惩治汉奸

审判为现代国家行使科刑权所必经之程序,对于汉奸犯罪行为的认定也必须经过审判程序。汉奸审判由于军事法庭承办,所以与普通刑事审判不同,表现为审判迅速、程序简捷、审判不分。汉奸案件经军法机关审判后,其判决尚须核定以昭慎重。

1. 汉奸犯罪的界定

《辞海》给"汉奸"下的定义是:原指汉族的败类,现指中华民族的叛徒。在抗日战争时期出卖中华民族利益、投靠日本侵略者的人,但是"汉奸"一词并非出自中国的抗日战争时期,据考证,1000多年前的西汉王朝和漠北匈奴对抗时期就出现了。① 1937年8月13日公布《惩治汉奸条例》,1938年8月15日,国民政府公布《修正惩治汉奸条例》。依据该条例,同谋敌国而有下列行为之一者为汉奸:(1) 图谋反抗本国者;(2) 图谋扰乱治安者;(3) 招募军队或其他军用人工役夫者;(4) 供给、贩卖、或为购办、运输军用品或制造军械弹药的原料者;(5) 供给、贩卖、或为购办、运输役米麦面杂粮,或其他可充粮食之物品者;(6) 供给金钱资产者;(7) 泄露、传递、盗窃有关军事政治经济之消息文书图画或物品者;(8) 充任向导或其他有关军事职役者;(9) 阻碍公务员执行职务者;(10) 扰乱金融者;(11) 破坏交通通讯或军事上的工事或封锁者;(12) 在饮水食物中投放毒物者;(13) 蛊惑军人、公务员或人民

---

① 李家莉:《汉奸的由来》,载《文史月刊》2009年第1期。

逃犯通敌者等。十一种情形将汉奸的行为概括在内。

很明显,汉奸是指叛变投敌的民族败类。民国时期的学者撰文指出:"神明华胄,竟有汉奸,实国家之隐患,民族之大耻。故对此辈甘愿投敌为虎作伥之民族败类,自应从严惩治。"①"日本帝国主义为了加快灭亡中国,采取以华制华的策略,收买大批无耻汉奸,破坏中国抗战力量。在这样伟大的民族战争发动以后,汉奸的活动也更形猖獗,侦探军情,破坏交通,散布谣言,扰乱金融,实在防不胜防……"②这些论断无疑将汉奸定位在民族罪人之列。

2. 汉奸案件的管辖

1944年11月特种刑事案件诉讼条例施行以前,汉奸案均归军法审判。也即对于汉奸犯罪案件管辖,由有军法审判权的机关或部队审判。根据《修正惩治汉奸条例》第14条,汉奸犯罪由军事法庭进行审判,当同一汉奸案件,如同时有两个以上的军事法庭管辖权发生争执时,呈由中央最高军事机关核定。该案件应在宣判后5日内制作判决书正本,并要求被告人提出声辩书,连同卷证,呈送中央最高军事机关核定。但有紧急处置必要者,可以叙明犯罪事实,适用法条,以及必须紧急处置理由,电请核示。如果在接战地域,授权于战区司令长官代核补报备案。中央最高军事机关对于送核的案件,可以提审、派员莅审或转移管辖。事实上,"抗战期间,以安定后方为要,司法机关与行政机关,同负有维持地方秩序之责任。针对汉奸行为,要求各级法院检察官,应于当地军警机关及党部肃反人员密切联系。设立军法执行监及分监,调现任推事、检察官若干人进行特殊训练,前往军法执行监工作。"③1945年9月下旬,抗战告成,国民政府下令,在全国各地逮捕汉奸。从1945年9月至12月,共捕获有汉奸嫌疑者4291人,移送军法机关审判者334人,移送航空委员会讯问查办者24人,在押病死者43人。④

依据《特种刑事案件诉讼条例》,汉奸盗匪经宣告死刑的,如果在该管辖区域内镇压匪乱维持治安确有重大关系时,原审法院可以先行摘叙犯罪事实、证据及必须紧急处分的理由,电请最高法院就死刑部分予以核准,随时补送卷宗证物。最高法院认为有疑义时,应电令原审法院速即呈送卷宗证物。最高法院核准时,应自接受电报之日起,3日内直接电令司法行政部令准执行,其核准的电文视为核准判决,并毋庸送达。

---

① 钱清廉:《惩治汉奸法》,正中书局1940年印行,第2页。
② 蔡力行:《侦查汉奸的方法》,上海书话书店1938年版,第1页。
③ 中国第二历史档案馆藏:《司法院第一次工作报告》,全宗号七(2),案卷号172。
④ 邹朗:《戴笠新传》,团结出版社1988年版,第261页。

但是，后来规定汉奸案件主要由司法机关管辖。1946年3月9日，司法行政部抄发《处理汉奸法令》给监察院院长于佑任及各监察院，指出："处理汉奸机关除被告原属军人曾任伪军职应受军事审判者外，其余人犯之侦查审理均属司法机关管辖。"①这一改动在后来的史料中得以印证，1946年4月17日，司法行政部训令高等法院首席检察官："各高等法院分院受理汉奸案件繁多，为增进行政效率起见，嗣后各高等分院首席检察官处分汉奸案件，除呈报各该管高等法院首席检察官备案外，并同时将处分书正本逐行呈部候核，以期迅速除分行外合行令仰遵照并转饬遵照此令。"②同年6月11日，司法行政部又训令高等法院首席检察官：（1）对于汉奸案件如经侦讯认为罪证确实并应查封其财产者，应依照现行惩治汉奸条例规定程序于查封财产后，详列案情罪证呈由本部报请院长转程；（2）知有汉奸罪犯而不能断定其罪证是否确实，认为须辑案侦办者依刑事诉讼法关于通缉的规定直接通缉并将通缉人犯列表呈报本部备查。③ 而司法机关受理汉奸案件又主要是检察官。"汉奸案件，除被告原属军人，复充伪军职，应归军法办理外，其余概由高等法院检察官办理。"④可见，高院检察官在处理汉奸案件方面承担着重要任务。

汉奸出卖民族利益和国家利益，自然罪孽深重，所以应受严厉制裁。国民政府中期，抗战爆发，国家面临危难，一些人经不住日本人的威逼利诱，投靠日本，为日本人效劳，出卖中华民族利益，危害极大，因此，国民政府要求所有的机关、组织和个人只要发现汉奸，立即举报、检举、逮捕或给予制裁。资料显示：汉奸案件在复员初期经收复地法院察处厉行检举颇著成效，其数量以二审检察处之检举为大多，此情势所使然，其他案件以伪证诬告罪之检举最为常见。因此类犯罪易于办理，案件中发觉检举比较方便。在大都市及其附近各法院检举犯罪多为诈欺烟毒等案件，而地区法院多为盗窃杀人等案件，此又为民风及俗习之关系。至于检举案件被告之职业在都市多为商人，在县份多为农民，此非纯正职业而影响犯罪。虽因各该地方人民以该职业为故也，至若干法院如此。⑤ 仅广东高院检察处"自复原后迄今，计自行检举，及各机关移送之汉奸嫌疑案件，共二千一百五十六宗，均随收随办。"⑥显见，

---

① 中国第二历史档案馆藏：《司法行政部抄发处理汉奸法令》（1946年），全宗号七，案卷号9748。
② 中国第二历史档案馆藏：《司法行政部训令》（1946年4月17日），全宗号七，案卷号9748。
③ 中国第二历史档案馆藏：《司法行政部训令》（1946年6月11日），全宗号七，案卷号9748。
④ 中国第二历史档案馆藏：《广东高等法院检察处工作报告》，全宗号七(5)，案卷号196。
⑤ 第二历史档案馆藏：《司法行政部调查团第二组（刑事部分）调查报告书》，全宗号七(2)，卷49。
⑥ 中国第二历史档案馆藏：《广东高等法院检察处工作报告》，全宗号七(5)，案卷号196。

对于汉奸案件采取了快速严厉的措施。

但是,国民政府时期正在走西学之路,一些人认为这样对待汉奸有违法治的精神,提议对于惩奸案件:(1)应统一逮捕机关;(2)应遵司法程序行使检举;(3)凡确有祸国殃民之奸恶行为者,应从速检举厉行惩办,以正纲纪而慰民心;(4)凡被迫在敌伪组织或团体仅负空洞名义而无奸恶行为者,从轻发落,免予起诉或减免罪行当否呈请公决。① 这是对待汉奸比较理性的做法。当然,在国家非常时期,从民族情感的角度出发,国民政府对于有害国家和民族利益的罪人采取一些极端的做法也有其一定的合理成分。因为在中国,"当汉奸是不能被饶恕的,是要被骂祖宗八辈的,死了以后是不准进家族墓地的,这是千百年来中国老百姓都懂得的道理,是中国人的民族精神、传统文化、人品和人格的'底线'"②。由此可以理解一斑。

3. 对于汉奸罪犯的处罚

对于汉奸罪犯的处罚是极为严厉的。依据惩治汉奸条例,对于汉奸犯罪,一般处死刑或无期徒刑,没收全部财产(酌留家属生活费)。"对于潜入后方的间谍汉奸,国民政府严惩不贷,一经发现,证据确凿,即予枪决,并及时广播登报,以示惩戒。抗战八年中,见于报端的在后方捕获而被枪毙的汉奸是为数不少的。"③

如果包庇纵容汉奸罪犯者,以共同正犯论处。明知上述所列犯罪而窝藏不报者,处无期徒刑或7年以上有期徒刑;故意陷害诬告他人者,以所诬告之罪处罚。关于汉奸未遂案件,情节轻微可以宽恕,及没收、褫夺公权等项,在本条例无特别规定的情况下,可以适用刑法总则。预备或阴谋犯汉奸之罪的,处以1年以上7年以下,甚至7年以上有期徒刑。因此,对于汉奸犯罪刑罚处罚以从重为原则。在财产处罚方面也不从轻,"查各军政机关于复员之初,据人民告发某某有汉奸嫌疑,即将其财产先行查封。"④后来才稍有改进。

当然,对汉奸们的量刑,也有一定的尺度。对于与日本合作的傀儡组织,如伪维新、伪华北政务委员会和汪精卫政府的最高首领都判了死刑。伪省长原则上处死刑,伪部长一般为无期徒刑,伪次长为7至15年,伪局长为3至5年有期徒刑。普通通敌的,概处以2年6个月的徒刑。据统计,1946年4月至1947年2月,高等法院共审理汉奸案530余件,终结381件。其中判处死

---

① 中国第二历史档案馆藏:《参议员望仮等六人提案》,全宗号七,案卷号9748。
② 马丽:《抗战时期汉奸为奸目的之探析》,载《黑龙江史志》2008年第18期。
③ 孟庆祥、程堂发:《惩治汉奸工作概述》,载《民国档案》1994年第2期。
④ 中国第二历史档案馆藏:《广东高等法院检察处工作报告》,全宗号七(5),案卷号196。

刑14人,无期徒刑24人,有期徒刑265人。①

4. 对汉奸罪犯的管理

国民政府对汉奸罪犯除了处罚严厉以外,还进行严格细致的管理。下面是两份1947年6月首都高等法院关于通缉汉奸人犯的表格,从中可知国民政府时期通缉汉奸的基本程序及工作细致程度。

表7-1 首都高等法院检察处通缉汉奸人犯表(1947.6)②

院长赵琛	中华民国年月日	应通缉被告				特字第204号	中华民国卅六年	首都高等法院通缉字第
		罪犯		罗九峰	姓名			
		南京沦陷期间	年月日时	未详	年龄			
		南京	处所	北方口音	其他特征			
		本处	应解处所	潜逃	通缉理由	案由		
		行注意						
一、通缉通知或布告后,检察官、司法官得拘提或逮捕被告;二、执行拘提逮捕应注意被告身体名誉;三、被告抗拒拘提逮捕或脱逃得用强制力拘提或逮捕,但不得逾必要之限度;四、拘提或因通缉逮捕之被告即解送指定之处所,如三日不能到达,应依被告之申请先送达较近之法院讯问其人有无错误。								

表7-2 首都高等法院检察处通缉汉奸人犯表(1947.6)③

罗九峰	姓名	通缉汉奸人犯表 首都高等法院
男	性别	
不详	年龄	
不详	籍贯	
不详	住址	
该被告于南京沦陷期间曾充伪南京盐房管理处简任处长,营私舞弊敛财甚巨	案情	
经国防部保密局函送本院检察官侦查起诉	罪证	
该被告置有益来棉毛纺线公司股票五万股,合伪币五十万元,已予查封。	备注	

由上表可见,国民政府对汉奸人犯的管理是非常重视的,对每个人犯的信息都有记录。既反映适用法律的规范,又体现管理水平的程度。此外,每个法院甚至全国各法院受理汉奸案件均有统计资料。据1948年《中华年鉴》统计,自1945年11月至1947年10月底,各省市法院处理汉奸的情况是:检

---

① 《审判汉奸》,载《解放军报》2005年8月16日第3版。
② 中国第二历史档案馆藏:《各省高等法院检察处通缉汉奸人犯表》,全宗号七(1),案卷号218。
③ 同上。

察方面办结45679案,起诉者30185人,不起诉者20055人,其他13323人。审判方面办结25155案,其中死刑369人,无期徒刑979人,有期徒刑13570人,罚款14人。究竟总数有多少,还待进一步的研究。不过以上只是司法部门的统计数,受军法审判的汉奸尚不包括在内。① 但是,1949年春,国民党政府逃往台湾时,代总统李宗仁下令:凡处有期徒刑以下者一律释放;无期徒刑者一律移送上海提篮桥监狱和老虎桥首都监狱继续羁押。由于战乱,被判有期徒刑的汉奸实际并没有服满刑期,而得以侥幸提前出狱。②

表7-3 受理汉奸案件表(三十四五年度)③

省市别	受理件数			终结件数	未结件数	审判部分								
						终结情形(被告人数)								
	共计	旧受	新收			小计	死刑	无期	有期	拘役	罚金	免刑	无罪	其他
总计	20386	26	20360	16636	3750	20709	297	801	10044	—	11	35	4016	5505
首都	474	—	474	350	124	426	13	21	241	—	2	—	11	138
上海	735	—	735	575	160	662	9	23	442	—	6	2	34	146
江苏	1985	—	1985	1565	420	2073	1	45	1032	—	—	—	283	700
浙江	4276	1	4275	3973	303	3214	45	114	2590	—	1	12	946	1506
安徽	1104	—	1104	808	296	982	12	27	531	—	—	1	259	152
江西	709	1	708	647	62	730	15	42	469	—	—	3	150	51
湖北	1377	—	1377	1175	202	1339	21	44	641	—	—	1	372	260
湖南	469	—	469	365	104	474	3	18	243	—	—	1	105	104
四川	31	2	29	22	9	24	1	1	11	—	—	—	7	4
河北	1260	—	1260	689	571	800	12	33	514	—	—	2	42	97
山东	1139	—	1139	939	200	1038	15	41	465	—	—	1	104	412
山西	351	—	351	321	30	326	16	20	231	—	—	—	28	31
河南	2387	—	2387	1639	748	2225	15	29	883	—	—	1	417	883
陕西	62	—	62	57	5	58	—	9	13	—	—	—	22	14
甘肃	2	—	2	2	—	3	—	1	1	—	—	—	1	—
福建	417	20	397	395	22	425	3	12	147	—	—	1	105	157
广东	1358	2	1356	1161	197	1525	42	167	840	—	—	2	150	324
广西	1982	—	1982	1703	279	243	46	132	591	—	2	6	935	401
云南	2	—	2	1	—	3	—	2	1	—	—	—	—	—
贵州	19	—	19	19	—	37	—	13	2	—	—	—	9	13
绥远	237	—	237	227	10	229	19	7	155	—	—	2	35	11
辽北	—	—	—	—	—	—	—	—	—	—	—	—	—	—
辽宁	7	—	7	7	—	7	—	—	—	—	—	—	—	—
台湾	3	—	3	3	—	3	—	—	1	—	—	—	1	1

资料来源:根据各省高等法院及分院造送之年报表编制
说明:西康青海宁夏新疆热河五省据呈报未受理此项案件

---

① 孟国祥、程堂发:《惩治汉奸工作概述》,载《民国档案》1994年第2期。
② 《中华民国史档案资料汇编》第五辑第三编"政治"(一),江苏古籍出版社1999年版,第355页。
③ 中国第二历史档案馆藏:《受理汉奸案件表》,全宗号七(1),案卷号2030。

(三) 惩治贪污

国民政府时期,比较注重惩治贪污腐败,其决心较大,力度较强。但是,在管辖权方面曾几度变更。国民政府初期,以法制作为建章立国的根本,在惩治贪污腐败方面着眼于依法治理。为此,1932 年 12 月立法院拟定了《惩治贪官污吏办法纲要》,决定在最高法院和高等法院设立惩治贪污专庭,表明国民政府依据法律由司法机关审办和处理贪污问题的立场,对此当时的《法律评论》杂志有刊载:

> 国府准中央政治会议函为决议迅速成立惩治贪污专庭,请分饬遵办等由,昨特会行政司法监察三院,其原文云为令遵事准中央政治会议函开查关于整饬吏治贪污,兹经本会议第三○八次会议办法四项:其一,整饬吏治首须正本清源于考试铨叙监察注意,应由国民政府饬考试监察两院切实办理;其二,中央于最高法院设惩治贪污专庭,以最高法院院长为庭长,行政院代表监察院代表参加组织之;其三,省于高等法院设惩治贪污专庭,以高等法院院长为庭长,省政府代表参加组织之;其四,凡犯贪污罪情节重大者得处死刑或无期徒刑,并经函准政府复称已分别令行在案,兹本会议第三五一次会议复经决议,迅速成立惩治贪污专庭,相应再行录案函达,即希查照分饬遵办等由,准此,除分令外合行,令仰该院转饬遵照办理此令。①

但是,随着抗战的全面爆发,军事委员会的地位和权力的上升,军法运用的范围又开始逐渐扩大,力度也有所加强。对于贪污问题,军事委员会明确要求以军法进行惩治。1937 年 2 月,蒋介石以军事委员会委员长的名义通令:现值抗战期间整个国家民族生命皆在呼吸存亡之中,所有文武各级官佐务应激发忠诚廉洁奉公,倘有贪污不法舞弊营私或侵渔公款或克扣军饷或藉端剥削索诈民财者,一经查处必以军法从事……②

1943 年 3 月 12 日,军事委员会行政院公布《划一贪污案件管辖暂行办法》。规定陪都各中央机关及在陪都各中央机关人员的贪污案件,由军法执行总监部审判。驻在各省市区内的中央机关人员的贪污案件,应由驻该省市区内的有军法职权的中央机关审判。各省市区内的地方机关人员的贪污案件,应由全省保安司令审判。其县市所属贪污案件,因距离辽远,解送困难

---

① 《惩治贪污专庭之具体化》,载《法律评论》1933 年第 496 期。
② 转引自黄小彤:《从军法到司法:20 世纪三四十年代国民政府贪污案审理权的转移》,载《云南民族大学学报(哲学社会科学)》2007 年第 2 期。

的,可以由全省保安司令委任犯罪地的县长代为审判,或派员莅审。而各部队的贪污案件,由该管有军法职权的高级司令部审判,其距离辽远,解送困难的,呈由中央军事机关特定审判机关。可见,虽然由军法机关处置贪污等案件的确具有迅捷严厉的功效,但实际施行起来却困难重重。

该办法还规定,贪污案件经判决后,应呈中央最高军事机关核定执行。中央最高军事机关对于贪污案件认为情节严重或必要时,可以随时提审,或派员莅审。但是,贪污案件审判管辖有争议时呈由中央最高军事机关核定。

抗战后期随着民主政治和司法地位的加强,人们普遍认为,对于贪污问题实行民主政治,使人民有权监督政府,纠弹官吏,是治理贪污的根本途径。而实行"法权统一"、"司法独立",不仅是保障人民身体自由的一项重要前提,也是人民检举违法官吏的重要保证。① 而且,美国等世界舆论也对国民政府施加压力,如1944年11月,司法行政部密令各省政府转饬所属,因美国政府即将派员来华考察司法,是自法权收回以后,外人首次来华考察司法,各行政司法机关"须互相联系合作,各县乡镇人员有遇控案不听法院传唤情事必须切实改正"②。逐渐,国民政府将官员贪污案件以及其他案件的审理权划归司法系统,自1944年底贪污案归司法机关管辖。

然而,根据当时的材料,司法管辖腐败案件的实际效果并不理想,"很多民众依然将控告官员贪污的诉状呈给军法执行总监,或者其他有军法审判权的机关,而不是司法机关。"③由此反映国民政府贪污腐败势力之强盛,也表明当时司法审判的权威性不够高。

(四) 县司法处刑事覆判

1. 刑事覆判程序设计的目的

1935年《办理刑事诉讼案件应行注意事项》第100条规定,覆判程序,即重新审判,为现行司法制度上补偏救弊之特殊办法,担任审查者,务宜慎重办理。但是,覆判制度是清朝创立的。据学者考证,清末的法制变革中,各省法院大多未及设立,司法仍由县知事兼理者居多。与审判机构的新旧并立相适应,为保证案件审判的质量,清廷特别创立了覆判制度,即对于未设立新式审

---

① 《保障人身自由问题——本刊第八次座谈》,载《宪政月刊》1944年第10期。
② 转引自黄小彤:《从军法到司法:20世纪三四十年代国民政府贪污案审理权的转移》,载《云南民族大学学报(哲学社会科学)》2007年第2期。
③ 中国第一历史档案馆藏:《云南粮政人员贪污案》(1944年),全宗号7,案卷号9036。

判机构的地区仍依照旧有方式审判的重大案件,由大理院进行覆审①、监督。民初审判机构的设立情况亦未乐观,为此,在推进新型上诉制度实施的同时,清末的覆判制度被继续援用并不断修正。②

南京国民政府时期,为了确保刑事审判质量,相关刑事法律规定,凡法院接受覆判案件,应先就是否为应送覆判之案件,是否经过法定期限未经被告声明上诉或告诉人呈诉不服,有无应令原机关查复之疑义事项,以及初判认定之事实及其认定所依之证据是否明确,初判认定之事实与适用之法则是否相符,初判适用法则有无错误,量刑标准是否失当各点,加以审查,然后依法裁判,不可草率从事。

1936年,国民政府在颁布《县司法处办理案件补充条例》之后,紧接着颁布了《县司法处刑事案件覆判暂行条例》。该条例规定:县司法处的刑事案件,未经上诉或撤回上诉或上诉不合法,未经第二审实体上的审判时,应由高等法院或分院覆判。所谓覆判,也即上诉级审判,此为救济非正式法院刑事案件判决的不当而特设的一种程序。因为县司法处的组织较普通法院简单,且其审判官的资格也不如法院推事严格,而兼理检察事务的县长常常因公务繁忙疏忽提起上诉。被告或其他上诉权人又不明法律,以致判决确定后,事情尚未解决。这样,对于轻微案件来说,其关系不大,但是重大案件则严重影响人民的权益,所以国民政府特别制定《县司法处刑事案件覆判暂行条例》,使县司法处的刑事案件由高等法院或分院覆判,以资纠正。③

2. 刑事覆判案件及管辖

县司法处的刑事案件,其因未经上诉或撤回上诉或上诉不合法,未经第二审实体上的审判而确定的,不问该案件判决的结果如何,均应由该高等法院或分院覆判,但《刑法》第61条所列各罪属于轻微的案件,不在此限。刑事案件是否送请覆判,应以判决时所引法条为准,且以已经确定者为必要。所以已经合法上诉时,第二审法院即应为第二审的判决,自然没有移送覆判的余地。并且,刑事案件的部分应送覆判的,应将全部案件送请覆判。

3. 县司法处刑事覆判程序

(1) 转交材料:依据《县司法处办理案件补充条例》,原审县司法处对于

---

① 覆审与重审及上诉不同,重审与上诉程序是由当事人的不服引起的,而覆审则是司法机关根据法律的规定而自行进行的,即使当事人服从判决,司法机关也必须根据法律的规定加以覆审。
② 李春雷:《中国近代刑事诉讼制度变革研究》(1895—1928),北京大学出版社2004年版,第201页。
③ 参见陈朴生:《中国特别刑诉法通论》,中华书局1939年版,第177页。

应该进行覆判的刑事案件,在上诉期间届满,或撤回上诉后,其卷宗及证物未送上诉法院者,应于5日内将判决正本及卷宗证物,呈送该管高等法院或分院检察官。在接受这些材料后,检察官除认为有提起上诉的必要可以在10日内向法院提起上诉外,应在5日内转送该管法院覆判。至于撤回上诉的刑事案件,其卷宗及证物已送上诉法院,或上诉不合法,未经第二审实体上审判的,高等法院或分院也应直接覆判,无须检察官的转送。

(2)办理程序:高等法院或分院对于县司法处刑事案件的覆判应依下列程序进行:

其一,复查。高等法院或分院发现初判有疑义事项,可以命令原司法处组织复查,且以合议的形式开展复查。

其二,裁判。覆判程序所作出的裁判包括三类①:

一是核准。当案件在:其一法律事实相符、其二事实明了仅系援用法律错误不影响科刑、其三诉讼程序虽属违背法令而显然对判决没有影响等情形下,应作出核准的判决,也就是维持原司法处的判决。当然,初判所援用的法律错误及诉讼程序有违背法令的,应在核准判决的理由内予以纠正过来。

二是更正。案件有下列情形之一者,应作出更正的判决,无须覆审。其一,事实明了,援用法律错误,影响定罪科刑;其二,主刑的量刑失当;其三,从刑或保安处分失当;其四,缓刑不合法定条件。

三是覆审。案件有下列情形之一者,应作出覆审的裁定。其一,事实虽然明了,但主刑的量刑失当,认为应加重至处以无期徒刑或死刑的;其二,案件有上述核准或更正判决以外的情形的,如初判未经记载事实不明,或认定事实错误等。在作出覆审的裁定后,初判视为撤销,无须在主文中宣示。对于覆审裁定,不准抗告。

4. 刑事覆判上诉

刑事覆判案件虽属于重新审理的案件,但是如对其判决不服,仍可以提起上诉:

(1)检察官对于核准、更正等判决,可以上诉于第三审法院;对于原审县司法处更审的判决,可以上诉于第二审法院,但不得再送覆审,且应依据普通程序办理。

(2)被告对于更正或原审县司法处更审的判决,可以上诉于该管第二审法院或者第三审法院,但以其判决处刑重于初判者为限。

---

① 参见陈朴生:《中国特别刑诉法通论》,中华书局1939年版,第179—181页。

(3) 原自诉人对于原审县司法处更审判决的案件,可以提起上诉,但以其处刑轻于初判者为限,其余判决则无上诉之权。

(4) 原告诉人对于原审县司法处更审判决的案件,处刑轻于初判时,得向第二审法院检察官申诉不服,请求提起上诉。

三、简易程序规范

刑事特别程序,广义上可称为"刑事简易程序",它不仅能以简便易结的非正式审判途径处理大量的刑事案件,提高诉讼效率,而且也有利于司法公正的实现。① 基于此,将简易程序规范作为刑事特别程序的一部分。

(一)刑事简易程序概念

简易程序是基层法院对某些简单轻微的刑事案件,依法适用较普通审判程序简易的一种审判程序。根据《布莱克法律词典》的解释,简易程序,仅相对于普通程序而言,泛指不经检察官起诉、陪审团定罪或者普通法正常程序所要求的其他程序,法官直接以迅速、简单的方式处理争议,解决案件,作出裁判的任何诉讼程序。凡使刑事案件得到快速处理的特别程序都可称为简易程序,例如美国的"辩诉交易"、德国的"处罚令程序",较普通程序简便快捷的刑事审判程序。

刑事简易程序最早为英国所采用,大约开始于1848年至1849年间的英国,当时只适用于轻微犯罪。也有学者认为,1852年颁布的普鲁士法首次确立了处刑命令程序,用于办理处以罚金或小额徒刑的刑事案件,它标志着德意志刑事简易程序的诞生。② 二战后面对犯罪率持续上升的严峻形势,美、法、日、意等国也开始采用刑事简易程序。并且,在很多国家,"迅速地审判一直被当做诉讼制度的理想。"③近年来,英国绝大多数的刑事案件是由治安法院按照简易程序审理的。根据英国内政部统计资料表明,现在英国治安法院按简易审判程序审理的案件占全部处理案件总量的96%。④ "简易程序通过对审判组织、审判准备工作、庭审内容以及证人、鉴定人出庭作证方面的简化,使整个案件的处理所耗费的时间、人力、物力大为减少,使审判效率得到

---

① 张慧、杨瑞:《刑事特别程序探析》,载《兰州学刊》2004年第3期。
② 马贵翔:《刑事简易程序概念的展开》,中国检察出版社2006年版,第16页。
③ [日]谷口安平:《程序的正义与诉讼》,王亚新、刘荣军译,中国政法大学1996年版,第55页。
④ Cordon C. Barclay, the Criminal Justice System in England and Wales, 1995, p.6.

提高。"①依据程序分流功能,部分案件适用简易程序处理,可使有限的司法资源发挥其应有的作用。

我国近代也广泛适用简易程序处理刑事案件,学者认为,近代半殖民地半封建的中国也建立和发展了自己的刑事简易程序。清王朝 1908 年为调整轻微犯罪仿照日本国 1885 年颁布的《违警罪即决例》而制定《违警律》,标志着近代中国简易刑事程序立法的萌芽。② 后来,袁世凯政府司法部曾于 1911 年 4 月 3 日公布了《地方审判厅刑事简易庭暂行规则》和《审检厅处理简易案例暂行细则》。这两个法令规定配置简易庭协助检察官在接受情节较轻的刑事案件之后,应即时起诉,简易庭应于一小时内开庭审理,自接受案件到作出判决,不得超过 7 天。1920 年 10 月,北洋政府司法部又以求得"简易刑事案件迅速完结"为理由,公布了《处刑命令暂行条例》。该条例规定:地方审判厅简易庭对于判处五等有期徒刑、拘役或罚金的案件,经检察官的申请,可以不经过审判,"迳以命令处刑"。这一规定实际上是以行政命令代科司法审判,为北洋军阀政府的基层司法机关任意判罪定案开了方便之门。

国民政府时期,对刑事简易程序也非常重视。1928 年 3 月,国民政府法制局在审查《刑事诉讼法草案》的过程中,认为:"盖以一般刑事案件固应依通常诉讼程序进行,然遇特种案件,事实明显,无须经繁杂程序亦可为办结者,自以依简易程序速结为宜,即在被告方面,亦有节省时日费用等种种之利益。"③因此,在《刑事诉讼法草案》中新增设简易程序作为修正案的第七编。1928 年 7 月 28 日《刑事诉讼法》正式公布,标志着简易刑事程序规范以正式立法的形式首次出现在中国的刑事诉讼法典中。1935 年《刑事诉讼法》继续规定了简易程序,并做了进一步的修订,即对于轻微的犯罪案件(处有期徒刑 6 月以下、拘役或罚金的案件),得因检察官之申请,不经通常的审判程序,直接以命令判刑。特别是在"清积案,其诉讼程序之过于繁重者,亦宜量加删改,求其切于实用,简而易行"④。

(二) 简易程序的适用

根据国民政府刑事诉讼法,适用简易程序的案件,应具备下列要件:

---

① 许兰亭:《刑事一审程序理论与实务》,中国人民公安大学出版社 2002 年版,第 327 页。
② 马贵翔:《刑事简易程序概念的展开》,中国检察出版社 2006 年版,第 17—18 页。
③ 郭卫:《刑事诉讼法论》,上海法学编译社 1946 年版,第 285 页。
④ 王宠惠著、张仁善编:《王宠惠法学文集》,法律出版社 2008 年版,第 294 页。

1. 依据自白或其他现存证据已足以认定其犯罪

依据 1935 年《刑法》第 61 条①所列各案件,均属情节轻微。但是,必须具备一种特定要件:即依据被告侦查中的自白,或存有其他现存的证据。否则,即使情节轻微案件,也不适用简易程序。也就是,适用简易程序的案件必须同时符合两个最主要的条件:情节轻微和证据明确。1928 年刑事诉讼法规定适用简易程序的案件,以最重本刑为 6 个月以下有期徒刑、拘役或专科罚金者为限。新刑事诉讼法扩张了此等案件的范围,改为:凡是不得上诉至第三审,即《刑法》第 61 条所列各罪之案件,均得依简易程序,以命令处刑。只是法院依处刑命令所科之刑,则仍以 6 月以下有期徒刑、拘役或专科罚金者为限。到法院作出处刑命令时,可以并科没收,或为其他必要的处分。但是,被告应免除其刑罚的,应以命令形式告知。处刑命令的作出,并不开庭宣告。

2. 检察官提出适用简易程序的书面申请

简易程序者,第一审法院对于特种轻微的刑事案件,因检察官的申请,不经通常审判程序,直接以命令处刑的程序也。② 并且简易程序只有第一审法院适用,二审、三审禁止适用。简易程序因检察官的申请而启动。起诉不依通常起诉的方式,而依申请的方式。法院以命令处刑,必须基于检察官的申请,这是"不告不理的原则"所决定的。但是,应以书面诉状申请,不以口头申请。该书面诉状同样应记载:(1) 被告姓名、性别、年龄、职业、住所或居所,或其他足资辨别的特征;(2) 犯罪事实、及证据、所触犯法条等,连同卷宗及证物一并送交法院。这里有一份检察官的处刑申请:

浙江金华地方法院检察处刑命令申请书③

被告人:王悦山

告诉人或告发人

上述(原文右列)被告人为故买私盐一案,业经侦查认定犯罪应行申请以命令处刑,并开列各项如下:(原文左)

一、犯罪事实

王悦山曾于本年十一月三十日向一不识姓之过路人故买食盐十余斤,每斤计价二元二角,经浙区食盐收运处获解到处。

---

① 该条内容为:犯下列各罪之一,情节轻微显可悯恕:(1) 犯最重本刑为三年以下有期徒刑、拘役或专科罚金之罪,但公务员等犯罪除外;(2) 犯盗窃罪;(3) 犯侵占罪;(4) 犯欺诈罪;(5) 犯赃物罪。
② 郭卫:《刑事诉讼法论》,上海法学编译社 1946 年版,第 287 页。
③ 中国第二历史档案馆:《司法文书》(1941 年),全宗号七,卷 768。

二、犯罪证据

上开犯罪事实,业经该被告当庭自白不讳

三、所犯法条

核其行为,实有触犯私盐治罪法第六条之罪疑,应依同法第二条第一项第一款减等处刑。

依上所述,合据刑事诉讼法第四百四十四条申请以命令处刑!

此致

同院刑庭

浙江金华地方法院

检察官　蒋海溶

中华民国三十年十二月十一日

(三) 简易程序的核心

简易程序直接以命令处刑,宜于迅速结案。由检察官调查简易程序的案件,审酌情节,认为宜以命令处刑的,应即请求以命令处刑,如上文所列举的例子。《办理刑事诉讼案件应行注意事项》第 96 条规定,关于检察官申请以命令处刑之案件,应另立收案簿,随到随办。法院认为案件不得或不宜以命令处刑的,应适用通常程序审判。此时,对于检察官的申请,不能直接予以驳回。处刑命令的方式,应力求简略,不能像判决书那样繁杂,其记载:(1) 当事人姓名等基本信息;(2) 犯罪事实及证据;(3) 应适用的法条;(4) 301 条事项;(5) 自处刑命令送达之日起,5 日内可以申请正式审判的告示。"申请正式审判,即请求法院适用通常程序审判之谓。"①《办理刑事诉讼案件应行注意事项》第 97 条规定,简易判决书自须力求简括,以期便捷,其应记载之犯罪事实,于犯罪行为之外,时日处所,均可从略。

在德国,检察院可以舍弃对轻罪提起公诉,而是申请由法官签发处罚令予以处理。法官在处罚令中认定被告人有罪,确定对他的处罚。在德国约有一半左右的案件是以处罚令程序来处理的。② 这是一种对轻微案件适用的书面审理程序。在这一程序中,由法官一人独任审判,且不经公审程序,法官只对检察官提出的书面申请和案件进行审查即可对被告人处以罚金等轻微刑罚,而不再进行正式的法庭审判程序,对解决诉讼拖延极为有效。这种程

---

① 郭卫:《刑事诉讼法论》,上海法学编译社 1946 年版,第 291 页。
② 〔德〕约阿希姆·赫尔曼:《德国刑事诉讼法典》,李昌珂译,中国政法大学出版社 1995 年版,引言第 10 页。

序主要在大陆法系国家流行,当时的德国、日本、意大利等大陆法系国家纷纷采纳了这一程序,国民政府无疑也同样效仿。因为"深受大陆法系法律文化传统影响的我国应该具有处罚令生存的土壤。"①

对于《刑法》第 61 条所列各罪,适用简易程序审判,作出 6 个月以下有期徒刑、拘役或罚金的处刑命令,允许以简略的方式制作判决书,仅记载被告姓名、判决主文、犯罪事实及适用条件,由推事署名,于宣示时当庭以正本交付被告,如检察官、自诉人申请应并交付之,以期简便。处刑命令的告知方式仅以送达为必要程序。书记官接受处刑命令原本后,应立即制作正本,并送达当事人。旧法规定处刑命令,到场交付本人的,以送达论,新法取消了该规定。被告申请正式审判的期间,自处刑命令送达日起算。当然,关系重大的案件自然依据法定程序为之。

这里,处刑命令与确定判决有同样的效力。处刑命令确定的原因:(1)已过申请正式审判的期间;(2)被告舍弃申请权;(3)被告撤回申请;(4)驳回申请的裁判已经确定。所谓处刑命令与确定判决有同样的效力,即检察官不得对于确定处刑命令的案件,重新起诉。检察官必须依据命令的内容,指挥执行。

对于简易程序所作出的处刑命令,所处之刑,纵有错误或不当,被告如果不服,只得申请正式审判,不能提起上诉。如被告不服,在处刑命令送达后 5 日内,可以用书状的形式向命令处刑的法院申请正式审判。当然,这种申请正式审判的权利,被告可以舍弃,也可以撤回。

(四)简易程序的意义

在国民政府的学者看来,刑事诉讼法的目的是对于罪犯适用刑罚权,为防止实施刑事诉讼程序的公务员草率错误,所以审判程序,不得不详密规定,以资保障。然而,不论何种案件,一律依据通常程序,即必须开庭审判、举行辩论,其裁判又必须以判决作出,反而导致被告及诉讼关系人耗费时间,影响工作,不堪拖累之苦。且检察官及法院也因手续繁重、处理迟缓,成为工作的障碍,此非立法的宗旨。"故于通常审判程序之外,再设简易程序"②以适应审理不同案件的需要,因此,刑事简易程序有其意义。

首先,可以节约诉讼成本。刑事简易程序有利于节约成本,提高审判效率。意大利刑法学家贝卡利亚曾指出,"诉讼本身应该在最可能短的时间内

---

① 叶青:《中国审判制度研究》,上海社会科学院出版社 2002 年版,192 页。
② 郭卫:《刑事诉讼法论》,上海法学编译社 1946 年版,第 287—288 页。

结束","惩罚犯罪的刑罚越是及时就越是公正和有益"①。我国现今的刑法学者也主张程序及时终结原则,即程序应及时地产生裁判结果,并使被告人的刑事责任得到最终的确定。②

其次,可以节约司法资源。刑事简易程序是指在普通程序的基础上对诉讼环节进行一定程度简化的诉讼程序。与普通程序相比,简易程序简化、省略了一些环节和步骤。其简易性可以表现为庭前程序的简化、开庭审判程序的简化或者审理期限的缩短等。无疑,这种简化节省了人力物力,它是刑事案件中简单、轻微的性质所允许的,亦是司法资源投入的有限性及人们追求司法资源有限性的客观要求,特别适应了国民政府时期司法资源有限性的需要。

再次,可以减轻当事人诉累。即刑事简易程序有利于减轻当事人的诉累。国民政府时期,人们对于审判效率意见较大,认为:"结案迟缓,诉累过深。今日最新法院最不能厌足人望者,为案牍未能速结,使人民有废时糜费,讼则终凶之苦,亟应厉行民刑诉讼审限,以戒濡滞;并于各种诉讼程序力求简易化,民事言词起诉,得扩张至地方管辖之案件,刑事应再行推广被害人自诉之范围,以便便民。"③简易程序在保障当事人基本诉讼权利的基础上,通过简化程序缩短审理期限,使案件得以及时处理,从而使公正与效率两大价值目标得到平衡与兼顾。简易程序在追求效率的同时,没有放弃对公正的追求。相反,"刑事简易程序产生的基本原因在于解决正当程序理念下迅速结案的要求与实践中刑事案件增多、司法资源有限的矛盾。"④

拘役及谕知缓刑判决⑤

江苏吴县地方法院刑事判决十七年初字第七六号

判决

被告　胡文藻　男,年二十八岁,江西人,住鸟雀桥弄二号,无业

上列被告因侵占案件,经本院检察官提起公诉,本院判决如下:

主文

胡文藻连续侵占一罪,处拘役二十日,缓刑三年。

事实

缘胡文藻与彭徐氏同居素识,本年八月三十一日(即阴历七月十七

---

① 〔意〕贝卡里亚:《论犯罪与刑罚》,黄风译,中国大百科全书出版社1993年版,第56页。
② 陈瑞华:《刑事审判原理论》,北京大学出版社1997年版,第390页。
③ 翁赞年:《培养司法元气论》,载《法律评论》1932年总第434期。
④ 叶青:《中国审判制度研究》,上海社会科学出版社2002年版,第168页。
⑤ 谢森等编:《民刑事裁判大全》,卢静仪点校,北京大学出版社2007年版,第265页。

日)彭徐氏将衣服五件托送洗染店洗染,胡文藻当即送去。后数日彭徐氏交与洗衣费二元八角,嘱其往取,胡文藻遂将此款私行用去。越数日胡文藻又另向友人处借洋二元余,将衣服从洗衣店取出,送往当铺当洋六元五角花用,与彭徐氏避而不见。至本月七日为彭徐氏寻获,扭送市公安局,转解本院,经检察官侦查起诉。

  理由

  按胡文藻连续侵占自己持有之他人所有钱财、衣服,系经彭徐氏当庭指供,并据被告胡文藻一一自白不讳,证据已属明确。核其所为实犯刑法第七十五条、第三百五十六条第一项之罪,唯观其犯罪后之态度颇知自悔,兹依第七十七条减本刑二分之一,依刑法第二条、刑法施行条例第三条、比较刑律第三百九十一条之刑,自系刑法为轻,处以拘役二十日。后该被告未曾受拘役以上刑之宣告,爰依同法第九十条宣告缓刑三年,兹据刑事诉讼法第三百十五条,判决如上。

  本案经同院检察官孙希衍执行检察官之职务。

  中华民国十七年九月十五日

江苏吴县地方法院刑事简易庭
推事

  上文为1928年江苏吴县地方法院的一份刑事判决书,针对一起案情简单、事实清楚的侵占案件,采用简易程序处理,迅速结案,无疑是提高了审判效率,节约了该地方法院的人力资源,更重要地是尽快解决了当事人之间的矛盾,减轻了当事人双方的诉累。

  当然,国民政府时期,法官非常稀缺,欲求诉讼详尽而且迅速,根本不可能。例如,当时的北平地方法院人口140余万,华洋杂处,辖境辽阔,诉讼繁多,案情复杂为全国之首,而推事检察官不过40余人。[①] 这种国情之下,符合适用简易程序的刑事案件基本上都是以简易程序结案的。

四、刑事附带民事程序

(一) 基本理论

  与现行的制度类似,国民政府时期的刑事附带民事诉讼,也是指因犯罪

---

① 《司法制度的过去与将来》,载何勤华、李秀清:《民国法学论文精萃》(第5卷),法律出版社2004年版,第466页。

而受损害的人,在刑事诉讼进行中附带提起民事诉讼,以请求恢复其所受到的损害。"在审判中因犯罪而物损害人尚得提起民事诉讼,对于被告及依民法负赔偿责任之人请求回复其损害。"①在两种性质不同的诉讼合并审理的过程中,附带民事诉讼必然要受到刑事程序的制约,也即刑事附带民事诉讼具有特殊性。因此,将刑事附带民事诉讼程序纳入刑事特别程序范畴。

对于刑事附带民事诉讼,世界上很多国家早就予以了关注,特别是大陆法系国家,在立法上比较重视。我国现代意义上刑事附带民事诉讼制度的设立,最早见之于清政府1907年制定的《各级审判厅试办章程》中,该《章程》第47条规定:"于公诉时,并要求追还赃物,损害赔偿及恢复名誉者,得附带诉讼。"后来被沿用,国民政府1928、1935年的《刑事诉讼法》里均有"刑事附带民事诉讼"专编。1935年《办理刑事诉讼案件应行注意事项》第98条规定,《刑诉法》第491条所谓因犯罪而受损害者,系指因刑事被告之犯罪行为而受有损害者而言。

换言之,即受损害原因之事实,即系被告之犯罪事实,故附带民事诉讼之是否成立,应注意其所受损害,是否因犯罪行为所生,至于其损害之为直接间接,在所不问,不能因其并非直接被害人,即认其附带民事诉讼为不合法,而不予受理。因此,从性质上看,刑事附带民事诉讼程序与通常民事诉讼相同,只是附带于刑事诉讼而提起。从审判上讲,在未与刑事诉讼程序脱离时,应由刑事法庭审判。如果已经移送或者脱离刑事诉讼后,则应由民事法庭审判。

之所以设置刑事附带民事诉讼制度,"刑事责任与民事责任有时由同一行为而发生,即被害人所受之损害,与犯罪为同一原因所生之结果。在此情形,必一面向刑事法院提起刑事诉讼,他面又向民事法院提起民事诉讼。则被害人于提供诉讼材料之重复、费用劳力时间之多耗,固感痛苦。而刑事与民事之裁判,如互相抵触,尤为有失法院威信。此各国立法例,所以于严守民刑事分化之原则外,更认附带民事诉讼之制度也。"②

(二) 当事人

附带民事诉讼的当事人,并非全部与刑事诉讼当事人相同。

1. 附带民事诉讼的原告。即为因犯罪而受损害的人,包括直接受害人与间接受害人。例如,某人被杀,其父亲或儿子都可以提起附带民事诉讼。

---

① 陈朴生:《中国特别刑诉法通论》,中华书局1939年版,第161页。
② 郭卫:《刑事诉讼法论》,上海法学编译社1946年版,第311—312页。

此时,代表国家行使公诉权的检察官则不能提起附带民事诉讼。

2. 附带民事诉讼的被告。即因犯罪侵害他人身体、自由、名誉或财产的人。但是,有时该被告以外的第三人,虽与该被告有共同的犯罪行为,但不负刑法上的共同责任,而依据民法的规定,应该承担民事责任,该第三人也是附带民事诉讼的被告,也得对其提起附带民事诉讼。在这个意义上,附带民事诉讼的被告,并非与刑事诉讼被告相同。

(三) 管辖

附带民事诉讼利用刑事诉讼程序迅速终结,解决被害人的物质损失。所以在管辖上,其随着刑事诉讼而变化。即刑事诉讼属于第一审法院管辖的,附带民事诉讼即归于受理刑事诉讼的第一审法院管辖;如果刑事诉讼已到第二审,附带民事诉讼也归于受理刑事诉讼的第二审法院管辖,而不适用民事诉讼管辖制度。但是,军事审判则不同。依据《陆海空审判法》的解释,"军法审判无附带民事诉讼之规定如遇此类案件,应将其民事部分移送普通法院办理。"①1935 年《办理刑事诉讼案件应行注意事项》第 99 条规定,附带民事诉讼无论是否繁杂,若刑事诉讼已就此项之事实为调查者,即应以刑事判决所认定之事实为据,予以附带民事判决,不得移送民事庭,以期便捷。

(四) 起诉

首先,附带民事诉讼提起的时间有一定的要求,刑事诉讼法规定,附带民事诉讼必须在刑事诉讼起诉后提起。② 但是,刑事诉讼在第一审终结后,提起上诉前,不许提起附带民事诉讼。因为这段时间里,刑事诉讼的审理程序在第一审已经终结,无从利用,而是否上诉还难以预定。至于未经第一审而向第二审提起的附带民事诉讼,第二审判决后,只能上诉于第三审法院。其次,附带民事诉讼提起方式上,原则上原告应提出诉状于刑事诉讼所属的法院,该诉状所记载的事项与民诉相同,并按照对方当事人数量提出缮本。但是,在审判期日,原告释明不能提出诉状的事由后,可以口头提起附带民事诉讼,但被告不在场者除外。

(五) 适用法律

国民政府关于附带民事诉讼适用的法律,大致包括以下几个方面:

---

① 刘漱石:《特种刑事法规集解》,皖南出版社 1945 年版,第 465 页。
② 现今的刑事附带民事案件,在刑事诉讼过程中,有权提起附带民事诉讼。如果是国家、集体财产遭受损失的,人民检察院在提起公诉的时候,可以提起附带民事诉讼。

1. 实体法。附带民事诉讼与通常民事诉讼相同，其唯一目的仅在于请求恢复损害。这种请求权必须因犯罪事实致受害而发生，比民法上的权利要狭窄，所以判断该诉讼所适用的实体法，与通常的民事诉讼没有什么差别，附带民事诉讼所请求的范围应依据民法的相关规定。之所以这样，学者解释：附带民事诉讼的本质，本与通常民事诉讼相同。因解决责任问题而适用的实体法，要与通常民诉法无异。所以附带民事诉讼的赔偿责任，仍依民法定之。①

2. 程序法。理论上，附带民事诉讼是在利用刑事诉讼的审理，迅速完结其诉讼，原则上自应准用刑事诉讼法，但刑事诉讼法无规定者，则准用民事诉讼法。例如，附带民事诉讼有假扣押、假处分和假执行的必要，可适用民事诉讼法。② 实务中，附带民事诉讼是附带于刑事诉讼而提起，因此附带民事诉讼程序可以作为刑事诉讼的一部分，除了有特别规定外，应准用关于刑事诉讼的规定。但是，附带民事诉讼如果经过移送或发回、发交于民事庭后，由民事庭审理，则应适用民事诉讼法。

（六）审理程序

依据1935年刑事诉讼法，附带民事诉讼的审理应当遵循以下程序：

1. 附带民事诉讼，原则应与刑事诉讼同一审判期日（时间），因此在刑事诉讼的审判期日，可以传唤附带民事诉讼关系人。

2. 附带民事诉讼的审理应在审理刑事诉讼后进行，但是审判长认为适当的情况下，也可以同时调查，若先审理附带民事诉讼，而后审理刑事诉讼，则不合顺序。

3. 就刑事诉讼所调查的证据，视为就附带民事诉讼也经调查，以期省略程序。且检察官不是附带民事诉讼的当事人，对于附带民事诉讼的审判无须参与。

4. 当事人经合法传唤，无正当理由不到庭，或者到庭不做辩论，或者未经许可中途退庭的，可以不等其陈述而直接作出判决。

（七）移送程序

首先，附带民事诉讼是为了方便起见附带于刑事诉讼而提起，但是，如果附带民事诉讼内容繁杂，必须经过长期审理才能够终结其审判的，就不能勉

---

① 王锡周：《现代刑事诉讼法论》，上海世界书局1933年版，第218页。
② 同上书，第219页。

强附带,否则将拖延刑事诉讼的进程。在此情况下,不管诉讼程度如何,都将以裁定的形式移送民事庭审理。其次,经过申请正式审判的期间,或者被告舍弃申请权,或者撤回申请,或驳回申请的裁判确定的,即与确定判决有同一效力,法院以命令处刑。原不经过通常审判程序,如处刑命令确定后,则附带民事诉讼的请求妥当与否,不由审判,自应移送该法院的民事庭,该移送应以裁定的形式。这两项移送案件,免交审判费,对于移送的裁定不得抗告。再次,刑事诉讼作出无罪、免诉或不受理等判决的,经原告申请时,应将附带民事诉讼移送管辖法院的民事庭审判,因为此时的附带民事诉讼已经失去附带性质,变为独立的民事诉讼。最后,如果第二审或第三审法院仅就附带民事诉讼而审判的,应以裁定将该案件移送该法院的民事庭。所谓仅就附带民事诉讼而审判,是指刑事判决并未上诉,或者撤回刑事上诉,或者刑事上诉因不合法已经撤回等情形。当事人对于此项裁定均不得提起抗告。

(八) 判决程序

首先,附带民事诉讼的判决以刑事诉讼判决所认定的事实为依据。如果附带民事诉讼的原告自动放弃请求,则法院也即放弃。其次,附带民事诉讼利用刑事诉讼的程序,所以附带民事诉讼的判决应与刑事诉讼同时作出。如果刑事诉讼已经判决,而附带民事诉讼尚待调查情况,也可以在刑事诉讼判决后作出附带民事诉讼的判决,但不能超过 5 日。在实施巡回审判的情况下,附带民事诉讼确系繁杂者,可以不受上述限制。①

(九) 特别意义

附带民事诉讼是为被害人的便利而设置的制度。附带民事诉讼的目的在于请求填补被害人的损失,既包括财产上的损失,也包括人身(具体身体、自由或名誉等)方面的损失,请求相当的赔偿。其意义在于及时、有效地弥补被害人的物质损失,缝合当事人的创伤。正如西方法学家所普遍认为的那样,刑事附带民事诉讼制度不仅在诉讼法上有经济、便利、减少诉累的意义,而且从诉讼法要保障实现实体法的意义上来说,它还有及时满足被害人"私法"上赔偿损害要求的作用,在"公诉"上对于保护其社会秩序,镇压惩罚犯罪也有重要意义。② 的确,刑事附带民事诉讼将两种程序合并审理,既省略了案件处理上的重复环节,又节约了社会的诉讼资源,及时地维护了社会秩序。

---

① 罗金寿:《民国战区巡回审判制度述略》,http://justice.fyfz.cn/art/852786.htm。
② 陈光中:《外国诉讼程序比较研究》,法律出版社 1988 年版,第 399 页。

五、巡回审判程序

何为巡回审判，现在的解释是指"基层人民法院及其派出法庭在辖区交通不便、群众文化素质不高、地方经济不发达这种特定的历史条件下，由法院在诉讼过程中做一些本应属于当事人自己的事情，在所辖区域内定期或不定期地巡回流动，选择案件发生地、当事人所在地或其他方便民众的地点开庭审理案件，以巡回法庭的形式搞好法律宣传、上门立案、就地开庭、及时处理简易民商事纠纷案件的一项审判制度，从而使法院更好地方便群众诉讼，体现司法便民、利民。这是巡回审判制度的基本概念。"①国民政府时期尤其是抗战阶段也实行过巡回审判，1938年12月15日，国民政府司法院居正签署了《战区巡回审判办法草案》，在战区实行巡回审判。

巡回审判本为英美国家的制度，国民政府将其引入中国，并先试点再推广。根据档案史料，国民政府时期，有人提过议案，主张巡回审判制度宜继续普遍推行，其重要原因是②：

  交通困难，以各省情形言，幅员辽阔，交通不便，常有县区横亘二百余里者，鞭长莫及，势使然也。又依法院组织法规定县或市区域狭小者，得合数县设一地方法院，基此规定，将来各地普设法院，辖境亦不能过小，故就交通方面言，巡回审判制度实为补救区域辽阔之至善良法。再就审判方面而言，欲发现真实证据，无论民事刑事最重履勘，例如民事之疆界纠葛，刑事之现场勘验，设有巡回审判人员周巡乡镇时遇有此等案件，就地履勘，即可于采证方面裨益良多，裁判迅速正确，可操左券，此其一。

  又基于审判经验，无论民事刑事当事人多举有证人，法院为求得事实真相起见，往往徇当事人之申请予以传集，是以每一件因传集证人致拖延不决，而作证义务又系法律所规定，证人为他人之纠纷矿时发事，道途奔驰，虽获得少许费用，究属得不偿失，他如串证等弊易于此时发生，设普遍推行巡回审判制度，则此弊可免，此其二。

类似的提案较多，除了呼吁"宜继续普遍推行巡回审判制度"外，还有请求"加强巡回审判制度"的提案，它主张"（一）加强组织巡回机构；（二）全

---

① 星全鸿、朱学恩：《巡回审判的理论与实践》，http://www.qh.xinhuanet.com/hdfy/2007-08/02/content_10751839.htm。
② 中国第二历史档案馆藏：《巡回审判制度宜继续普遍推行案》，全宗号七，案卷号6540。

国各地普遍组织巡回机构;(三)法官须受六月以上之训练"①。这些议案和提案资料揭示了巡回审判制度的两大优势,既解决了因交通不便所带来的诉讼困难问题,又方便了调查取证,尤其适合我国当时的现实国情。为迅速处理纠纷,提高审判效率做出了巨大贡献,尤其是在国民政府时期,该制度是值得适用的。因此,1938年底所公布的《战区巡回审判办法草案》顺利获得通过。该《办法》规定高等法院或分院于战区内为谋诉讼人之便利,可以派推事巡回审判其管辖的民刑案件,以及战区内地方法院或县司法机关不能执行审判职务时可以实行巡回审判,并对巡回审判做了如下规定:

(一)巡回审判的推事

巡回审判以推事一人或三人承担,并且该"推事"是以具有法院组织法所定高等法院推事的资格,并富有审判民刑诉讼案件经验者充任。一般情况下,"凡具有法院组织法所定推事资格,富有审判经验,而愿赴战区服务者,登记即可。"②关于书记官录事执达员检验员司法警察庭丁公役之事务,由当地司法机关或县政府派人承办,但巡回审判推事于必要时得酌带法院人员办理。这里的司法机关或县政府所派之人员应分别受巡回审判推事或书记官的指挥。办理巡回审判的推事除了拿原来薪水以外,还给予补助俸。

(二)巡回审判的区域

巡回审判的区域由该管高等法院或分院酌量决定,巡回审判的期间也应由该管高等法院或分院斟酌实际情形决定,并于巡回区域内先期布告。巡回审判就其管辖区域内司法机关或其他适宜处所开庭。关于民刑诉讼案件审理之期日得由巡回审判推事预先嘱托当地司法机关或县政府逐案排列,并传集诉讼关系人及一切证人。但是,"战区各县人民之上诉,除划入巡回审判区域者,得向巡回推事上诉外,其法院尚能执行职务之区域,仍应上诉于高等法院或其分院。惟因战事关系,受理上诉之法院,往往迁地办公或交通失其常态,致管辖各县距离之远近,赴诉之难易,随之而异,其有呈请变更管辖者,均经斟酌情形,予以核准,仍以必要者为限,俾免人民就审陷于不安定之状态。"③也即是说,巡回审判的区域极为有限,只是在非常时期为了应急需要。

---

① 中国第二历史档案馆藏:《加强巡回审判制度案》,全宗号七,案卷号3126。
② 中国第二历史档案馆藏:《司法院第四次工作报告》,全宗号七(2),案卷号172。
③ 同上。

(三) 巡回审判的程序

一般情况下,诉讼关系人虽未购用状纸,巡回审判推事仍应受理案件,并免征诉讼费用。巡回审判推事未到达前,当地司法机关或县政府于必要时实施紧急处分,推事到达时即送推事办理。具体审判程序依据司法行政部拟定的战区巡回审判民刑诉讼暂行办法,一以力求程序简捷,适应战区环境为主。审判推事对于刑事案件在进行事实调查后,依法作出裁判。除了一审以外,巡回审判推事可以受理刑事覆判、刑事二审案件。即应送覆判之案件得有原审机关迳送巡回审判推事覆判。覆判案件经更审判决后应送巡回审判推事查核,如认为有疑义者应进行第二审审判,无疑义者发回执行。

(四) 巡回审判的结果

根据巡回审判推事对刑事案件所作判决的刑罚轻重,巡回审判的效力不同。即巡回审判推事判决有期徒刑以下的刑事案件未经被告上诉者应即执行。但是,巡回审判推事判决死刑、无期徒刑以下的刑事案件未经被告上诉者,应检同卷证呈送最高法院检察署。最高法院检察署检察官接受前项卷证后得于10日内提起上诉。关于管收羁押及徒刑拘役易服劳役的执行,有监所地方照旧办理,无监所地方由巡回审判推事交县政府或临近监所处置。为了观察巡回审判的效果,"高等法院随时严加考察,并颁发巡回审判民刑案件报告书表格,按期报部,以资稽核。"①巡回审判推事书记官所经办的文件可以用当地司法机关或县政府的印信。

《战区巡回审判办法草案》虽然颁布了,但是不能实行,在实践中仍遇到一些实际问题。根据1939年国民政府司法院的第三次工作报告,"虽经颁布临时指定管辖办法,籍资救济,然战区各地,交通失其常态,往往予当事人以赴诉之不便,于此际进行审判,与其以当事人就法官,毋宁以法官就当事人,爰拟采取英美法系之巡回审判制度,先于战区内试办,其组织及诉讼程序,一以删繁就简为主,适合于特殊情势"②,所以应尽快核准实行《战区巡回审判办法》。国民政府也确实将巡回审判作为一项任务去落实,在后来的司法院第四次工作报告中,"对于战区巡回审判之推进,尤督促不遗余力,他如扩充法院,改良监所。自战区巡回审判办法颁布,司法行政部即通令战区各省高等法院遵照试办,指示进行步骤,并饬与省政府商拨经费,嗣后文电督促,至

---

① 中国第二历史档案馆藏:《司法院第四次工作报告》,全宗号七(2),案卷号172。
② 同上。

再至之,除湖南福建两省战区甚小,暂缓举办外,迄现在止,湖北广东浙江江苏四省,业已实施,江西河南山西三省,亦定期开办,安徽省正在积极筹备中。"①

巡回审判制度的推行及实践证明,国民政府善于借鉴国外先进的制度成果,但是,囿于中国的国情,制度的国内实践坎坷曲折,这也是整个国民政府时期制度借鉴与实践推行中所经常遇到的问题。

六、刑事裁判的执行

(一) 执行概念

"执行者,即就确定裁判之内容,使之实现之行为也。"②意思是刑事裁判的执行,是就确定的刑事裁判内容,采取措施具体实施使其实现的行为。如执行死刑,是针对已经确定的死刑判决,将被告带到刑场枪毙或其他方法使被告死亡。

执行为审判后的程序,是极为重要的程序。《各级审判厅试办章程》中关于判决的执行,认为它是保证法律能真正得到实施的重要一环。刑事判决,徒罪于上诉期满后执行,流罪以上遵照奏定章程于核准后执行。"法治国之可贵者,以立法能实行也。故国家之盛衰兴亡,以法之实行程度如何为比例,而立法之良否其次也。"③这是民国时期的学者对法律执行意义的精到见解。

执行作为法律行为,它必须以已经确定的裁判为依据。国民政府时期,裁判除了保安处分另当别论外④,其他裁判都是在确定后发生执行的效力,执行以裁判确定为必要条件。"凡一切刑罚及处分,通常多于裁判确定后,即予执行。"⑤但是,有特别规定的,从其他规定。例如,《刑事诉讼法》第401条,即为裁判尚未确定,也可以执行的例子。第465条例外规定,裁判虽已确定,仍不得执行。

从刑罚种类看,1935年刑事诉讼法规定,刑事裁判的内容包括死刑、无期徒刑、有期徒刑、拘役、罚金、服劳役及役收财物等。这里需要指出的是,由

---

① 中国第二历史档案馆藏:《司法院第四次工作报告》,全宗号七(2),案卷号172。
② 郭卫:《刑事诉讼法论》,上海法学编译社1946年版,第295页。
③ 陶保霖:《论法律之执行》,载何勤华、李秀清:《民国法学论文精萃》(第5卷),法律出版社2004年版,第24页。
④ 保安处分或在刑罚执行前执行或在刑罚执行完毕或赦免后执行。
⑤ 郭卫:《刑事诉讼法论》,上海法学编译社1946年版,第299页。

于刑法中增加了"保安处分"的内容,所以,刑事诉讼法也增设了相应的规定。据该法第485条规定,依《刑法》规定"付保安处分的","由检察官声请法院裁定之"。还有第486条关于"依《刑法》第13条易以训诫者,由检察官执行之。"从这里可以看到,某些法西斯刑事制度,也渗入于刑事诉讼法之中。

(二) 执行主体

执行裁判,关系重大。国民政府时期的司法警察、司法警察官、看守所或监狱长官等作为执行主体,行使指挥执行权。1935年《刑事诉讼法》规定,刑事判决的执行,原则上由进行裁判的法院的检察官负责执行。鉴于检察官的地位,凡是裁判的执行,原则上应由为裁判法院的检察官指挥。当然,上级法院检察官也享有指挥执行权利。因为检察官上下一体,但是有一定限制,法律规定,上级法院检察官限于因驳回上诉抗告的裁定,或因撤回上诉抗告而应执行下级法院的裁判,且诉讼卷宗现存于上级法院的。除了检察官以外,专司审判的法院审判长、受命推事、受托推事也享有一定范围的指挥执行权,主要是对拘提、羁押、搜索、勘验等处分在审判进行中可以随时裁定,或者科刑缓刑判决、无罪判决,如经检察官声明放弃上诉,或属于不得上诉等情形,法院审判长、受命推事、受托推事直接依据裁判执行。

(三) 执行方式

与申请一样,执行作为一个严格的法律行为,必须有书面执行命令,且附上原裁判书的缮本或者范本,没有裁判文书仅记载于笔录的,也应附加笔录缮本,交付执行权人。告知裁判内容,以免执行错误。但是,执行拘提、羁押、搜索、勘验等处分无需书面执行命令。

(四) 执行次序

对于同一被告,如以一个裁判而宣告两种以上主刑或数罪并罚而有两个以上裁判,不得不考虑执行次序问题。对此,国民政府刑事诉讼法律做了规定。

1. 罚金。罚金与其他主刑的执行,并没有妨害,不拘泥于一定的次序,所以先可以就罚金执行,或者将罚金与其他主刑同时执行。

2. 其他主刑。被告受两个以上主刑的宣告,如果是死刑与自由刑,或无期徒刑与自由刑,原则上应就主刑中刑罚较重者执行,其次是执行较轻的。但是,有必要时,检察官亦得酌情予以变更,停止重刑的执行,而先执行其他刑罚。

(五) 执行场所

国民政府时期,刑罚的主要场所有监狱、反省院及感化院。依据刑事诉讼法,对于普通犯人犯有死刑、徒刑或拘役等刑罚,规定在监狱里执行,而政治犯则应在反省院里执行,少年罪犯则在感化院里接受教育和改造。

1. 监狱

国民政府时期,监狱改良运动蓬勃兴起,在很大程度上改善了监狱的环境和设施,为死刑、徒刑、拘役等刑罚的执行提供了条件。自1928年的《监狱规则》到1946年的《监狱行刑法》公布,国民政府讨论通过了100多项不同的法律、法规的规则。显见,国民政府对监狱的重视。1929年被司法行政部调查的54所新监中,大部分既拥有单身牢房也有杂居牢房。1935年9月的国民党全国司法工作会议,就监狱和拘留所条例、建造新监和拘留所的费用;监狱和拘留所职员的培训、刑事判决的执行和对犯人的改造等48项议案进行了讨论,为监狱改良做了积极的思想准备。1936年初,王用宾领导下的司法行政部宣布了一个长远的计划,以在全国建造40所新监,每一个都被设计得能容纳多达1000名犯人,而位于上海蒲松且能够容纳8000人的部辖第二监狱,是计划中最大的。在南京建造一个可容纳4000人的新模范监狱,这一监狱被划分为男监、女监、少年监和医院等几个部分,其建造工作大部分由犯人自己完成,采用了先进的分类体系,邀请了许多心理学家、社会学家和教育家前往磋商指导,因此这个监狱被认为比当时的北京模范监狱更为先进。但是,由于国民政府经费的有限及战争的影响,严重破坏了国民政府的监狱改良计划。

"南京政府十年时期的犯人数量可估计为7.5—9万,与这一时期被估计为4.5亿的总人口相比,这一数字是极小的,尽管民国时期没有进行调查统计。取较高的数字9万,则民国时期的监禁比率为10万人口中大约有20万人。正如我们看到的,整个民国时期,各级司法当局通过实施罚款和短期徒刑、一般赦免、减刑和假释以控制犯人数量。"① 外国学者评价到,"监狱是司法管理明显的表现,是法律现代化的杰出纪念,是政府权力和正义所及。"② 国民政府的监狱建设不免折射出其法律制度的现代化程度和管理水平,虽然在国民政府的监狱管理中也存在过诸多的腐败现象。

---

① 〔荷〕冯客:《近代中国的犯罪、惩罚与监狱》,徐有威等译,江苏人民出版社2008年版,第229—230页。
② 同上书,第239页。

2. 反省院

反省院是20世纪20年代末国民政府建立的专门羁押政治犯的地方。根据档案史料记载："反省院原为感化政治犯而设,各省已成立反省院者,计有江苏等十一省,首都反省院,亦经组织成立。"①这里,1928年国民政府在杭州建立了第一个反省院,随后又在国民党控制下的主要省份建立了15个反省院。反省院用来关押政治犯,"当国民党政权处于20世纪二三十年代出现的一系列政治思想的威胁之下时,这其中包括工团主义和共产主义,监禁数量日益增多,以使持不同政见者闭嘴,也使反对者受到惩罚。"②《反省院条例》第1条规定:司法行政部为感化反革命人,得依本条例于高等法院所在地设反省院。

《反省院条例》是国民政府为了加强对反省院的管理于1929年12月2日由国民政府颁布的,它规定反革命人有下列情形之一者入反省院:(1)受反革命罪刑之执行,无期徒刑逾10年,有期徒刑逾1/2,而有后悔实据者;(2)受反革命罪刑之执行完毕,仍有反革命刑之虞者;(3)反革命罪宣告1年以下有期徒刑者;(4)依共产党人自首法第8条规定移送者;(5)经中央党部议决送反省院者。反省院设院长、总务、管理、培育各主任,及助理员;并以院长、各主任、省党部代表1人、高等法院推事及检察官各1人,组织评判委员会。反革命人之反省,以6个月为一期,期满,其未执行之刑期,以已执行论;但经评判委员会认为应继续反省者,应再受反省处分。反省院如发觉受反省处分者,在反省期内,有新罪证,或认为不能感化者,应送交该管法院审判,或执行其刑。

1930年3月3日,国民政府立法院又公布了《军人反省院条例》12条,规定国民政府为感化反革命军人,设军人反省院于首都;院长由军政部军法司司长兼任;评判委员由院长、总务、管理、训育各主任,中央党部、军事参议院、训练总监邻、参谋本部、海军部各派代表1人组织之。其余内容,大致与反省院条例相同。接着,1931年2月21日,国民政府有制订了《首都反省院组织条例》9条,规定首都反省院置院长1人,设总务、管理、训育3科,各置主任1人。反革命人,合于《反省院条例》第5条规定之情形,而犯罪地在首都,或经中央党部之议决,即送入首都反省院;但犯罪地在未设立反省院之省,或在

---

① 中国第二历史档案馆藏:《反省院之裁撤》,全宗号七(2),案卷号172。
② 〔荷〕冯客:《近代中国的犯罪、惩罚与监狱》,徐有威等译,江苏人民出版社2008年版,第263页。

已设立反省院之省而有特别情事者,亦得送入首都反省院。①

对反省院的犯人采取分类管理,根据江苏反省院遗留下来的手写报告宣示 1935 年 9 月 259 名犯人被组织成六个类别。根据他们的受教育背景分组,大多数组的课程包括党义、政治科学、古代史、算术,甚至商务,程度较高的组参与研究。湖北省的反省院也以相同的方式管理,根据他们的受教育程度,犯人被划分为几组,从 A 组的学生到 D 组目不识丁的农民。但是,"像为普通犯人而设的新监一样,反省院从未达到过改造犯人的目的。"②

因此,到 1938 年,国民政府又将反省院予以裁撤。因为"自上年战争发生,情势变迁,中央曾规定非常时期各反省院临时办法四项,凡反省人情节较轻者,交保释放;案情较重尚须感化者,移送后方反省院继续反省。其有抗敌情绪而有能力者,予以训练,备游击战争之用。本年一月,复奉令转国防最高委员会议决议,现在反省院受反省处分者,一律准予保释,反省院一律裁撤,亦经通饬遵照。盖所以昭示与众更始一致御侮之意也。"③

3. 感化院

感化院是国民政府设立的改造少年犯罪的专门场所,20 世纪的青少年改造学校不再像 19 世纪建立的犯罪司法机构,它已经失去了作为公众政策手段的可信性。尽管它提出的少年拯救观的永久丰碑比不上埃尔迈拉教养院或阿提卡教养院,但民国时期的刑法学家们对其他国家各种各样的少年感化政策还是非常精通的。④

国民政府时期,"对于有犯罪倾向而无保护之少年,不可不施以保安处分。据一般立法例,此种少年,多收容于公私之强制教育场或感化院。"⑤保安处分的目的在于预防将来的犯罪或者其他类似犯罪的恶害,以教养和保护为宗旨,所以对于这类人单独设置感化院用来专门感化和教育他们。1928 年 5 月,国民政府全国教育工作会议上,有人提出对犯人进行感化教育的方案,经审查获得通过。1933 年国民政府建立了济南少年监狱,1934 年建立了武昌少年监狱。这两个少年监狱强调"三民主义精神"教育,提供技能教育,教授基本知识,强调养成勤劳和纪律以适应社会。

---

① 谢振民:《中华民国立法史》,中国政法大学 2000 年版,第 457—458 页。
② 〔荷〕冯客:《近代中国的犯罪、惩罚与监狱》,徐有威等译,江苏人民出版社 2008 年版,第 266 页。
③ 中国第二历史档案馆藏:《反省院之裁撤》,全宗号七(2),案卷号 172。
④ 〔荷〕冯客:《近代中国的犯罪、惩罚与监狱》,徐有威等译,江苏人民出版社 2008 年版,第 169 页。
⑤ 胡长清:《保安处分与刑罚》,载何勤华、李秀清:《民国法学论文精萃》(第 4 卷),法律出版社 2004 年版,第 342 页。

感化制度也是西学的产物,"在行刑改革上,美国久居指导地位,其感化监制,曾风靡一时,欧洲诸国,争相仿效。"①国民政府也深受影响,"在南京政府十年期间,1934年为找到事实依据,石志泉和洪文澜带领一个代表团到日本,对少年感化院进行更细致的调查。"②之后,他们坚定了一个信念:感化院的教育能使少年犯的道德转变。因此,有必要对低能、残废、疾病、不良犯罪的各种青少年进行教育:感化教育建议对少年犯的特殊需要进行劝导,而不是用刑罚的方法,把他们改变成能融入社会的个体。在这种背景下,国民政府积极筹建感化院,倡导对少年犯的感化教育。

(六) 执行程序

执行程序是将犯人送到指定场所进行管理的活动,它以刑罚种类而有所不同,与公诉和自诉案件无关。根据《办理刑事诉讼案件应行注意事项》第67条,"检察官对于自诉案件裁判之执行,与公诉案件并无区别。"国民政府时期,对于即将接受执行的罪犯如果未受羁押的,应先传唤到案。如果不到案的,应立即拘提。并且,按照执行刑罚不同实施不同的程序。

1. 关于主刑

国民政府时期,刑罚的主刑包括死刑、无期徒刑、有期徒刑、拘役、罚金等五种。

(1) 死刑。死刑为最严重的刑罚和生命刑,应该采取严格的慎重方法。③ 国民政府时期对于死刑判决,应由检察官速将该案卷宗送交司法行政最高官署复核死刑,予以批准,在死刑批准令到达后3日内执行死刑。也即"执行死刑非经司法部核准不能执行,一经司法部覆准,应于文到3日内执行。"④这里,司法行政最高官署并非自身有裁判权,但它可以直接将原确定判决撤销或者变更,不过根据检察官送交的卷宗,加以审查。如果发现该案件有符合再审或非常上诉的原因的,可以命令该管辖法院的检察官办理。如认为有请求特赦或减刑的理由,亦可送司法院转呈国民政府核准施行。此为执行死刑判决的最后救济方法,对司法权的独立,并没有影响。对于经核准确需执行死刑的,应安排在监狱里执行,这一做法较前有所进步。"往昔死

---

① Trorsten Sellin:《欧洲最近之行刑思潮》,李述文译,载何勤华、李秀清:《民国法学论文精萃》(第4卷),法律出版社2004年版,第400页。
② [荷]冯客:《近代中国的犯罪、惩罚与监狱》,徐有威等译,江苏人民出版社2008年版,第169页。
③ 郭卫:《刑事诉讼法论》,上海法学编译社1946年版,第299页。
④ 王蔚章:《现行民刑诉讼程序辑要》,中华书局1933年版,第205页。

刑之执行,采用公行制,即肆诸市朝,与众共弃之意。既不合于刑罚原理,且反养成人民残忍之风。故刑事诉讼法规定,死刑于监狱内执行之,除经检察官或监狱长官之许可者外,不得擅入刑场内。盖采用秘密行制也。"①当然,这种秘密行制对死刑本身警示作用的发挥不太有利。

至于执行方法,也仅以剥夺受刑人的生命为目的。通常用绞刑,并在执行时,必须使用麻醉药品,使其减少痛苦。执行死刑,检察官除了依通常程序行使指挥权以外,必须亲临现场监视,且要求书记官到场,就执行现状制作执行死刑的笔录。如果被执行人有遗言的,应向检察官陈述,记载于笔录当中。笔录最后必须由检察官及监狱长官签名。同时,国民政府法律规定,在犯人心神丧失未痊愈前及怀胎妇女未生产前,均应停止死刑的执行,该停止执行的命令也由司法行政最高官署下发。

为了进一步规范死刑执行问题,1948年国民政府司法行政部公布了《执行死刑规则》10条。其中规定:第一,执行死刑由检察官会同看守所长莅视验明并核对人犯人相表指纹表后送监执行,羁押监狱者会同典狱长办理执行前后,应将受刑人拍照相片报部备查,其偏僻县份无照相设备者得以指印代之;第二,刑场应选在监狱内距离监房较远场所,并应严守秘密,非经检察官及监狱长官许可不得进入刑场;第三,执行死刑应用新式绞机,在未设置新式绞机前暂用枪毙。执行时得先用麻醉剂,行刑手应技术精熟。受刑人如有遗嘱应由在场书记官于执行后3日内送达;第四,执行枪毙逾20分钟、执行绞刑逾2小时后,由莅场检察官会同法医或医官立即覆验。② 从这里可以看出,国民政府对执行死刑是比较重视的和人性化的。

(2)徒刑。为监禁刑,使被告失去自由的刑罚。对于监禁刑犯人,一方面要求其服劳役,另一方面让其学习。服劳役由指挥执行的检察官命令,以矫正犯人懒散的习惯,使得其出狱后,能够自谋生计,不再犯罪,对国家和社会都有好处。学习方面,当时的"犯人除了学习国民党的党义,还要学儒家伦理学以及不同派别的宗教"③。监狱图书馆的建设,一定程度反映了国民政府对犯人学习的重视。1937年的监狱图书馆藏书中,有2066本是关于道德的小册子,1119本关于基督教,910本关于佛教,还有217本关于道教,有38本涉及国民党的思想体系。④ 至于拘役类似于徒刑,只是刑期较短而已,

---

① 郭卫:《刑事诉讼法论》,上海法学编译社1946年版,第300页。
② 中国第二历史档案馆藏:《执行死刑规则》(1948年),全宗号七(5),案卷号125。
③ 〔荷〕冯客:《近代中国的犯罪、惩罚与监狱》,徐有威等译,江苏人民出版社2008年版,第231页。
④ 孙雄:《江苏上海第二特区监狱三年来工作报告》,1937年,第116页。

其执行方法及场所都与徒刑相同。

对于受徒刑或拘役刑处罚的犯人,如果有以下情形之一的,依据检察官的指挥,在犯人痊愈或原因消失之前停止执行:一是心神丧失者;二是怀胎7个月以上者;三是生产未满1个月者;四是现患疾病,恐因执行而不能保其生命者。对于上述四种情形停止执行的,检察官得将受刑人送入医院或者其他适当的处所。

(3)罚金。为财产刑,应依据检察官的命令执行。新刑事诉讼法规定,只有在裁判宣示后,如经过受裁判人的同意,而检察官不在场的,可以由推事当庭指挥执行。罚金应在裁判确定后2个月内完成,期满不交纳的,强制执行。经过强制执行仍无力交纳的,应改为服劳役,服从指挥执行的检察官的命令。具体折算办法是:以1元以上3元以下折算服劳役1日,但服劳役期限不得超过6个月。但是,这种替代罚金的服劳役与执行徒刑、拘役等主刑的服劳役是不一样的,应区别对待,分别执行,不能将其与徒刑、拘役犯人住在一处。此外,罚金应该就受刑人本人的财产予以执行,例如儿子被处罚金,不得执行其父亲的财产,反之亦然。但是,受刑人已经死亡,如果有遗产可供执行,仍得执行。

2. 关于从刑

国民政府时期刑法规定的从刑包括:剥夺公权、没收两种。

一是褫夺公权。即剥夺公权,为名誉刑,类似于今天的剥夺政治权利。依据当时的刑法,剥夺公权主要剥夺五个方面的公权:(1)为公务员之资格;(2)依法律所定之中央及地方选举为选举人及被选举人之资格(选举和被选举的权利);(3)入军籍之资格;(4)为官立公立学校职员教育之资格;(5)为律师之资格。剥夺公权又分为无期及有期(1年以上15年以下),宣告死刑或无期徒刑,其褫夺公权为无权;宣告十年以上有期徒刑者,其褫夺公权为无权或有期。宣告6月以上10年以下未满有期徒刑者,其褫夺公权不得超过10年。① 经判决确定后,检察官应随时将被剥夺公权者的姓名、年龄等告知被剥夺公权者所在地的自治团体,并填具剥夺公权通知表,直接送铨叙部备查。

二是没收财产。为财产刑,有一般没收与特定没收两种。一般没收是将犯人全部或重要的财产收归国库,特定没收只将与犯罪有一定关系的物品收归国库。没收的物品包括三类:即违禁物、供犯罪所用及犯罪预备之物以及

---

① 陈瑾昆:《刑法总则讲义》,吴允锋勘校,中国方正出版社2004年版,第295—296页。

因犯罪所得之物。没收的执行与罚金大致相同,所不同的是,罚金有时得由推事当庭指挥执行,没收则必须依据检察官的命令执行而已。关于没收物品的处分,应依据其种类和性质,或破坏、或废弃、或送交军事机关备用、或以其利益归于国库,均由检察官依职权酌情处理。

3. 关于其他处分

(1) 追征,规定于刑事诉讼法分则的一种刑法上的特别处分;(2) 罚锾,规定散见于刑事诉讼法证人、鉴定人等违背义务各条中,民诉法也有此规定,它完全为对于第三人违背诉讼上义务所实施的制裁,绝无刑罚的性质,含有禁戒性质。(3) 没入,对于具保停止羁押的被告已逃匿者所实施的制裁,如被告确属于因病在外治疗,一时不能到案,尚不应没入其保证金。检察官可以直接命令,执行没入。

没收物及扣押物之发还。凡经裁判没收的物品,原则上不许发还。但是,如果被没收的物品属于第三人所有的,检察官在执行后3个月内权利人申请发还时应发还,如果物品已经处理的,则应发还价金,以保护第三人的权利。如果没收的物品属于伪造或变造的,检察官在发还时应将其去掉,或加上标记,杜绝重新利用。而扣押物与犯罪无关,原则上应发还。但是,被扣押物品所有人住所不明,或者因其他原因不能发还的,应由检察官公告招领。自公告之日起,6个月内无人申请发还的,该物品即归属国库。如果属于不便保管的物品,应该拍卖以保管价金。

保安处分及训诫。保安处分,顾名思义是保护社会安全的处分,它是1935年《刑事诉讼法》新增加的内容,是仿效日本的制度①。日本近代学者提出了"保安处分论"作为预防犯罪的方法。"所谓保安处分,指以犯罪反复的危险性为基础,为了社会的保安,作为对刑罚的补足(补充、代替)由法院宣告的强制处分。"②它是指刑罚以外的刑事制裁,主要是针对那些心神状态特殊,或以犯罪为常习或职业,或知识尚未发达的青年犯罪者而实施的类似刑罚的处分。日本作为预防犯罪的方法。保安处分由检察官指挥,训诫由检察官执行。保安处分的目的在于防卫社会,"这种处分不仅对于常习犯人可于刑罚之外,依代替或选择的方法以达适用之目的,即所谓无行为能力者及

---

① 日本新刑法草案具有种种特色,其中最著者,为刑罚以外之"保安处分",分两种:(1) 对于息于劳动者、酒精中毒者、精神障碍者之保安处分。(2) 关于累犯,特关于常习犯(职业犯)之保安处分。

② 〔日〕大谷实:《刑法讲义总论》,日本成文堂1986年版,第536页。

精神障碍者,亦在适用的范围内。"①也就是对于有危险性质的人限制其自由,等其危险消除后,再恢复其自由,不能以金钱或其他物件代替,也与强制处罚有区别。

(七) 刑事赔偿制度

刑事赔偿制度是关于刑事判决及执行错误的国家赔偿制度,以赔偿因无罪责,而被未决羁押或执行自由刑者被侵害的法益。国民政府时期的刑事赔偿制度未建立起来,但是学界已有呼声。例如,当时的学者曾在1933年10月出版的《法学季刊》第2卷第2期撰文倡议建立刑事赔偿制度,他指出,"刑事赔偿制度,在我国有迫切之需要,已有客观之事实,辩证吾人所言之不诬。然今当立法院修订刑事法典之际,社会上,殊少有人注意此问题者,此实不可解之现象也。"②

综上,国民政府时期,基于特殊的政治需要及战争需要,在刑事审判程序方面出台了众多的特殊规范,这些规定程序简化,军事审判色彩浓厚。由于特别法是普通法的补充,并且特别法制订起来方便,使用起来灵活,适用范围广泛,所以国民政府动辄制定刑事特别法,企图用严刑峻法镇压自己的政敌,集中表现了国民政府时期刑事审判制度的反动性和局限性。

---

① 蔡枢衡:《教育刑主义概观》,载何勤华、李秀清:《民国法学论文精萃》(第4卷),法律出版社2004年版,第114页。
② 刘陆民:《刑事赔偿制度之法理观》,载何勤华、李秀清:《民国法学论文精萃》(第4卷),法律出版社2004年版,第162页。

第八章　南京国民政府时期刑事审判的监督机制

在刑事审判制度体系之中，监督机制占有重要地位，它是保证审判质量不可或缺的制度设计。南京国民政府时期，刑事审判的监督机制自然成为后人关注的部分。

一、审判监督的理论基础

"监督"一词在中国自古有之，现代汉语中的"监督"归属于权力和权利，无论与哪个词语共用，都没有改变其监察、纠偏、匡正的基本含义。① 就刑事审判监督而言，是检察机关对法院刑事审判活动的合法性以及裁判结果的正确性进行的法律监督。② 早在18世纪，法国思想家孟德斯鸠就认为，"一切有权力的人都容易滥用权力，这是万古不变的一条经验。有权力的人使用权力一直到遇有界限的地方为止"。③ 孟德斯鸠的这句名言道出了权力制衡的必要性。

而审判监督的基础就在于权力制约和监督理论。任何权力的行使都必须受到制约，即权力的行使需要监督，这是最基本的法理。权力失去制约就必然被滥用，刑事审判权同样如此。在历史长河中，有效地制约和监督权力始终是各个时代的政治家们高度关注的核心问题。其中，亚里斯多德的分权理论开创了西方权力制约思想的先河，也为权力监督提供了理论基础。国家权力是一种有限的资源，合理配置权力资源是法治国家的重要任务，权力制衡理论为国家权力的配置提供了较为理想的蓝图，它通过分散国家权力，达到促使国家权力和谐的目的，并且使国家权力处于受监督的、可控制的状态。刑事审判作为国家重要的权力资源，为防止其被滥用，保障其正常运行，就必须对其予以监督。这是最基本的道理，也是实现司法公正的客观需要。因为刑事审判直接涉及当事人的利益，能否在人们之间合理分配利益是衡量公正

---

① 甄贞等：《法律监督原论》，法律出版社2007年版，第5页。
② 伦朝平：《刑事诉讼监督论》，法律出版社2007年版，第6页。
③ 〔法〕孟德斯鸠：《论法的精神》，张雁深译，商务印书馆1976年版，第102页。

的标尺,必将影响到社会公众对司法审判活动的整体评价,影响法律的社会效果。

再从检察制度的起源看,最初的一个主要动因是国王为了对付地方领主司法权的垄断,而设立国王代理人行使控诉权,在法庭上制约法官的专断。因为在检察制度出现的初期,各国一般都采用纠问式的审判模式,法官集控诉与审判职权于一身,为了保证国王法律的统一正确的实施,制约法官的恣意专断,必须以新的国家权力去制约法官的行为,于是检察官及检察制度应运而生。不难发现,检察制度是应权力制衡理论而生的,是权力制衡理论的具体化。

关于审判监督,中国古代也设有专门的机构。例如,宋朝设立的审刑院属于直接对皇帝负责的审判监督机构,明朝时将御史台更名为督察院,仍为监督机关。但是,现代检察机关对审判进行监督的制度源于清末。1906年,清末政府颁布《大理院编制法》,效仿德国、日本等欧陆国家创立了中国现代意义的检察制度。该法第12条规定:"凡大理院以下审判厅、局,均须设有检察官。其检察局附属该衙署之内。检察官于刑事有提起公诉之责。检察官可请求用正当之法律。检察官监视判决后正当施行。"也即是在大理院下设置的各级审判厅内附设各级检察局。各级检察局设立一名检察长,除了行使公诉权以外,监督审判和判决的执行。这是仿效德、日等国刑事诉讼制度而提出的,是中国实行检察制度的开始。

1907年公布的《各级审判厅试办章程》①及后来1909年颁行的《法院制编法》规定:实行检审合署,在各级审判衙门中相应设置初级检察厅、地方检察厅、高等检察厅及总检察厅;初级检察厅设检察员,地方及高等检察厅设检察长及检察官,总检察厅设厅及检察官;检察厅的职权是对刑事案件进行侦查、提起公诉、实行审判监督,充当民事案件的诉讼当事人或公益代表人。进一步明确了检察权能的范围,并且检察官有权"监督审判并纠正违误"。

中华民国时期,在沿用清末检察监督的基础上不断发展了该制度。1915年,北洋政府对清末的检察制度稍有变动,规定在各级法院辖区内设立一个检察厅,并改总检察厅为检察长。1916年北洋政府颁布《裁撤各级检察厅并

---

① 《各级审判厅试办章程》规定,检察官"统属于法部大臣",受检察长的节制,"对于审判厅独立行其职务"。检察官的职权是:(1)对刑事案件提起公诉;(2)收受诉状,请求预审及公判;(3)指挥司法警察逮捕罪犯;(4)调查事实,搜集证据;(5)民事保护公益,陈述意见;(6)监督审判并纠正违误;(7)监视判决之执行;(8)关于婚姻、亲族、嗣续等民事案件的审判。必须有检察官位庭监督,否则判决无效。凡经检察官起诉的案件,审判厅不得无故拒绝,被害人也不能私自和解。

改定检察长名称令》及《各省高等法院检察官办事权限暂行条例》,在高等法院配置首席检察官一人,检察官若干人,依法独立行使其职务。国民政府时期,也非常重视对刑事审判的监督,南京国民政府《训政纲领》及《训政时期约法》均将国民政府的权力分为行政、立法、司法、考试、监察五种,而《中华民国宪法》第 99 条则明确地规定:监察院对于司法院人员的失职或违法有弹劾的权力,这为当时的审判监督提供了宪法依据。国民政府还曾多次颁布修订《法院组织法》和《刑事诉讼法》,使检察机关的职权不断拓展,监督作用不断加强。其中 1928 年的《刑事诉讼法》规定检察官在侦查过程中有权命令司法警察协助侦查,或指挥司法警察官和司法警察侦查犯罪。甚至一些特殊案件,检察官可以请军队协助侦查。1932 年的《法院组织法》规定在最高法院内设检察署,其他各级法院仅设置检察官,他们的共同职权就是对审判实施监督。总体上,国民政府时期的刑事审判监督已经在法制的基础上,形成了一个比较完整的体系。

二、刑事审判监督的体系

国民政府时期,刑事审判监督这个比较完整的体系包括监察院、司法院、司法行政部、法院检察部门以及国民党和广大民众,理论上形成了一个严密的网络系统,确保刑事审判的公正性和严肃性。

(一) 监察院的监督

早在我国古代,监察机构监督司法官吏已成定制。正如学者所言,"中国古代的统治者惯用监察方法来监督官吏的行为,包括他们的司法行为。"[①] 民国时期,这一做法得以传承和发展,国民政府时期设立的监察院,就具有监督官吏的职能。但是其创立者是孙中山先生,监察院是孙中山先生倡导的"五权分立"理论的产物,早在广州国民政府时期的监察院即具有监察国民政府所属行政、司法机关官吏之行为的职责。[②] 1928 年 10 月,国民政府公布的《监察院组织法》明确规定:监察院为国民政府最高监察机关,依法行使弹劾、审计职权。据此组织法,1931 年 2 月,国民政府监察院正式成立,它的职能是依法行使对所有政府官员和公务人员的监察权。"凡对公务人员过失之举发,应呈由监察院处理。非监察院及其所属不得受理,其不经监察院而

[①] 王立民:《法律思想与法律制度》,中国政法大学出版社 2001 年版,第 167 页。
[②] 周生春、朱丹:《论台湾监察院的过去、现在和将来》,载《浙江大学学报》1994 年第 3 期。

公然攻讦公务人员,或受理次项攻讦者,以越权论。"①这里,弹劾权是监察院最主要的职权,弹劾权行使的对象是一切公务人员。自然包括法官和检察官。在刑事审判的过程中,法官和检察官如果枉法裁判,将受到监察院的弹劾。因此,监察院成为刑事审判监督的重要力量。

抗战时期,依据1937年的《非常时期监察权行使暂行办法》,监察院除了行使弹劾和审计权力以外,还有纠举权和建议权。即:监察人员对于公务员的违法或失职行为,认为应迅速撤职或其他紧急处分者,得以打破原来弹劾官吏的办案程序,予以书面纠举;凡监察委员或监察使认为"应速去职或为其他急速处分者",即可随时单独以书面进行纠举,不必由其他监察官吏连署,也不用提交监察院会议审查,纠举案一经监察院长审核后,即可交被纠举人主管长官或其上级长官进行处理。该主管长官在接到纠举书后,即应按照情节决定撤职或其他处分。如果认为不当,应该向监察院申复理由,如果主管长官在接到纠举书后一个月内不进行行政处分,又不申复,或虽然申复但无理由,监察院有权将该项纠举案改做弹劾案,并得不按照一般弹劾审查程序,移交惩戒机关。而建议权是监察院为适应战时需要而增设的另一项职权,属于事前监察行为。依据《非常时期监察权行使暂行办法》,各机关或公务员对于非常时期内应办事项有奉行不力或失当者,监察委员或监察使得以书面提出建议或意见。建议权既对人又对事,既可以督促有关机关改正其不合适的措施,又可建议撤换失职人员。

为了更好地开展工作,国民政府于1933年将全国划分为14个监察区,第二年改为16个监察区,并设立了检察使署,各区的监察使承监察院之命,在所派监察区巡回视察。监察院监察使经常从事视察、调查活动并接受民间诉状。以1947年度为例,监察院共办理了视察案59起,调查案2109件,接受民间诉状4018件。②

然而,国民政府所实行的监察权是弹劾与惩戒分立的制度,弹惩分离制度大大削弱了监察权的效力。往往需要重新调查,方可作出惩戒决定,"不独耗费旷时,抑且予犯法官吏以规避机会"③,那些收到纠举案的长官更是尽其掩饰之能事,使大事化小,小事化了,弹而不惩的结果比比皆是。如1935年1月,送交政务官惩戒委员会惩戒的案件有50件,但经议决的仅有18件,且其中有9件是不受惩戒的。一位监察委员说:"依据本院最近统计,惩戒案

---

① 钱端升:《民国政制史》(上册),上海书店1939版,第274页。
② 郭宝平:《民国监察体制述论》,载《政治学研究》1989年第6期。
③ 国民政府监察院:《监察制度史要》,中华书局1933年版,第148页。

与弹核案之比例,成为十与百之相差。而各案中弹核政务官之案,"稽至二十余起尚未明定惩戒处分,以致时论抨击,竟谓监察机关等于虚设。"①以致百姓对监察院不满。

但是,无论怎样,国民政府时代的监察院在监督政府官吏及公务员方面,还是起到了一定的作用。单就刑事审判言,刑事审判的法官和检察官在履行职务的过程中,必定要考虑接受监察院监督的问题,以致谨慎行事,否则将付出被弹劾的代价,并且监察院所拥有的弹劾权本身具有司法性质,对司法官吏起到宏观的监督作用。

(二) 司法院的监督

国民政府时期,司法院②作为全国最高的司法机关,对刑事审判工作起着监督作用。

早年,《法院编制法草案》第161条规定凡司法监督权的施行区别如下:(1)法部堂官监督全国审判厅及检察厅;(2)各直省提法使承法部堂官之命监督本省审判厅及检察厅;(3)总检察厅厅丞监督该厅及各级检察厅;(4)高等检察长监督该厅及所属之下级检察厅;(5)地方检察长监督该厅及所属之初级检察厅。(6)初级检察厅监督检察官或检察官监督该厅之录事书记生承发吏及司法警察吏员。审判分厅分院及检察分厅如置监督推事及

---

① 周继中:《中国行政监察》,江西人民出版社1989年版,第542页。
② 依据1928年10月8日公布的《中华民国国民政府组织法》,司法院为国民政府最高司法机关,掌理司法审判、司法行政、官吏惩戒及行政审判各职权。司法院对于主管事项,得提出议案于立法院。10月20日,国民政府公布的《司法院组织法》规定:司法院由院长综理院务,设秘书处,置秘书长1人、秘书6—10人,掌理文书之收发和编制及保管和分配、文件之撰拟和翻译、印信之典守、会计、庶务及其他不属于参事处主管各事项;设参事处掌理司法法案和命令之撰拟和审核事项;设司法行政署,承院长之命综理司法行政事宜;设司法审判署,承院长之命,依法对民事和刑事诉讼案件行使最高审判权;设行政审判署,承院长之命,依法掌理行政诉讼和审判事宜;设官吏惩戒委员会,承院长之命,依法掌理文官和法官惩戒事策。此外,司法院享有法令之统一解释和决定判例变更之权,具体由司法院院长经司法审判署署长及该署各庭庭长会议议决后行使。经国务会议和立法院之议决,司法院得增置或裁并所设委员会及各机关。11月7日,中央政治会议第162次会议通过《修正司法院组织法》,改司法行政署为"司法行政部",改司法审判署为"最高法院",改行政审判署为"行政法院"。1935年,司法院设司法会议,掌理及讨论司法之法律和预算、司法机关简任以上人员之任免、司法院各部院会间不能解决之事项等,司法院院长为司法会议,司法院下设有最高法院、行政法院、中央公务员惩戒委员会和司法行政部。国民政府后期,设立总统府司法院,1948年5月20日,"行宪"开始后,中华民国总统府公布新的《司法院组织法》,规定司法院为国家最高司法机关,掌理民事、刑事、行政诉讼之审判及公务之惩戒;设大法官会议,行使解释宪法并统一解释法律和命令之职权;司法院正、副院长和大法官人选均由总统提名,征得监察院同意后任命之;设秘书长1人,承院长之命处理院务并监督所属职员;设秘书处、参事处、会计处、统计室、人事室,各处、室职掌同前不变,与国民政府司法院的职能基本相同。

监督检察官准予前数项之例由该推事或检察官行监督权。第162条规定:凡实施监督之权如下:(1)官吏与本职有怠驰者应警告之使勤慎其职务;(2)官吏于职外侵越者应警告之循守其本分。第163条规定:凡审判厅及检察厅官吏如有怠驰及越职等事屡戒不悛或情节较重者当用惩戒法处分之。①这些规定表明,行政隶属关系决定了监督关系及职权的存在。

司法院于1928年11月6日成立,作为国民政府最高的司法机关,行使国家的司法权,直接管辖司法行政部、最高法院、行政法院和国家公务员惩戒委员会。根据《司法院组织法》第6条,司法院院长综理院务、监督所属机关。司法院下属的大法官会议和三院(会)"上戴司法院院长,受其监督"②。其中,司法院内设最高法院掌管民刑诉讼的终审,因此,司法院对刑事审判享有监督权,对刑事审判的审理期限、管辖范围进行监督。从司法院的工作报告中可以发现,司法院在审判监督方面所做的工作。

> 民刑诉讼案件,因更改审级制度,又因社会进步,人事复杂,较前激增,二十五(1936)年之初,(司法院)曾严令最高法院及各省高地各法院限期六个月,将二十四年(1935)以前旧案清理完毕,计最高法院清结民事一千四百余案,刑事四千余案,各省高地各法院各清结民刑五千九百余案。自此以后,随时督促,各省法院,每月收结数目,大致尚能相抵,至行政诉讼及惩戒事件,均督饬各该院会,随到随结,尚无积案,此平时工作之大概情形也。

> 法院审理案件,贵能迅速终结,近年以来,诉讼增繁,不免积压。战争发生,各地羁押之刑事人犯,时受空袭,难期安全,故刑事积案,更有从速清结之必要,是年十月最高法院拟定《非常时期处理刑事案件暂行办法》七项,呈经司法院备案,就人犯之在押者,优先办结,一面通饬各省高等以下法院,于事实审时,调查证据,务须详慎,第三审法院得根据明了之事实,以为裁判,则发回更审之案件,自可减少。③

上述工作报告无疑表明:司法院基于自己的职权享有对刑事审判的监督权。并且,司法院从创设伊始便具有规范控制功能。1946年宪法颁布之后,规范控制的职能转移给大法官,其职权范围更有质的扩充,司法院(大法官)于统一解释法令权之外又获得了宪法解释权,并为法律终极解释者与宪法守

---

① 张一鹏:《检察讲义》,安徽法学社1911年版,第73—74页。
② 萨孟武:《中国宪法新论》,台湾三民书局1993年版,第262页。
③ 中国第二历史档案馆藏:《司法院第一次工作报告》,全宗号七(2),案卷号172。

护人。①

在司法院第四次工作报告中,有专门的"民刑诉讼事件之核示"部分,实际上是对司法院在监督案件方面的工作所进行的总结,其指出:"各省法院审理民刑事诉讼,往往仅图结案,而不注意当事人之利益,例如欠缺要件可以补正者遂予驳回其诉,又如当事人昧于法律知识,误用名词,而承审者不探究其真意之所在,加以晓谕或纠正,竟究其误用之名词,予以裁判,不仅未能解决事件之纠纷,且因以引起人民之责难,爰特通令所属,务须准情度理,不得草率从事。"②可见,国民政府对刑事审判监督的重视之程度。

(三) 司法行政部的监督

"司法行政权的安排与司法审判工作的质量息息相关,处于行政体系下的司法(行政)部权力过大",虽然"可能影响法官独立审判"③,但是,其对审判业务所发挥的监督功能不可小视。早在民国元年,参议院议决《司法部官制》12 条,由临时大总统于同年七月二十四日公布。其第 1 条规定:"司法总长管理民事、刑事、非讼事件、户籍、监狱及出狱人保护事务,并其他一切司法行政事宜,监督所辖各官署及司法官。"第 5 条至第 9 条,规定司法部置总务厅及民事、刑事、监狱 3 司,并各厅司之职掌。④

1928 年 10 月,国民政府正式实行五院制,司法部改称司法行政部,隶司法院之下。⑤ 根据后来的《司法行政部办事细则》⑥,司法行政部设有专门的刑事司,刑事司又分四科分别具体管理刑事审判各相工作。即第一科主管:(1) 关于人民陈诉刑事事项;(2) 关于公务员犯罪事项;(3) 关于特种犯罪事项;(4) 关于国际交付罪犯事项;(5) 关于其他刑事事项。第二科主管:(1) 关于死刑执行事项;(2) 关于赦免减刑复核事项;(3) 关于缓刑免刑无罪及保安处分事项。第三科主管:(1) 关于无期及 5 年以上有期徒刑事项;

---

① 聂鑫:《民国司法院:近代最高司法机关的新范式》,载《中国社会科学》2007 年第 6 期。
② 中国第二历史档案馆藏:《司法院第四次工作报告》,全宗号七(2),案卷号 172。
③ 聂鑫:《民国司法院:近代最高司法机关的新范式》,载《中国社会科学》2007 年第 6 期。
④ 谢振民:《中华民国立法史》,中国政法大学出版社 2000 年版,第 374—375 页。
⑤ 国民政府司法行政部也是几经变迁的结构,先是国民政府司法部,1927 年 8 月 9 日,公布《司法部组织法》,规定司法部执掌民刑事件、人口、户籍、监狱及其他一切司法行政;设部长和次长各 1 人、参事 2—4 人及秘书处、总务处、民事司、刑事司、监狱司。11 月 17 日,改设为司法行政部并隶于国民政府司法院之下。1928 年 11 月 7 日,中央政治会议第 162 次会议通过《司法行政部组织法》,设刑事司,掌理刑事诉讼和审判及检察之行政事项、特赦和减刑及复权事项、执行刑罚和缓刑事项、国际引渡罪犯事项;设监狱司,掌理监狱之设置和废止及管理、监狱官吏之监督、犯罪人之感化和假释及出狱人之保护、犯罪人异同识别和犯罪人卫生及工作各事项。
⑥ 中国第二历史档案馆藏:《司法行政部办事细则》,全宗号七,案卷号 6535。

(2) 关于刑事诉讼再审及非常上诉事项;(3) 关于巡回审判及战区检察官报告事项;(4) 关于审限事项。第四科主管:(1) 关于5年未满有期徒刑、拘役及罚金之执行事项;(2) 关于刑事诉讼审判及检举之行政事项;(3) 关于刑事涉外案件及少年案件报告事项;(4) 关于稽核刑事已结未结案件及被告羁押事项。同时,该《办事细则》规定司法行政部部长的责任是"各省法院民刑裁判书类违误之指正"。这些细则规定无疑主要是从管理者的角度对刑事案件的审判进行监督的,但是有它的合理之处。司法审判以公正为价值取向,而裁判文书无疑是审判公正最佳的载体,它是审判实践中"可以看得见的公正"。因此,通过审查裁判文书的方式进行监督,是树立司法权威的重要路径。而根据第三〇三〇号司法行政部训令①,国民政府时期,司法行政部对各法院的审判具有监督的职责。

> 查人民陈诉之刑事案件,本部认为有行查必要者,除关于督促诉讼进行者外,或事涉法官渎职,或原案情节重大,均非切实详查,不足以明真相,而凭查核。近查各该法院,对于此类案件,或未经实行调查,率行呈复,或仅检呈裁判书类,而于本案办理,及原呈所诉之实在情形如何,并未查明认定,一再饬查,延时误事,殊于监督职责,有所未尽。
>
> 嗣后各该法院对于部令饬查之刑事案件,务须就本案办理之有无不合,及原呈所诉之是否真实二点,注意详细查明,加具意见具复。如调查时制有笔录,书结、图说、照片、或摘录有重要关系文件,应一并抄检呈部。具有应予处分、办理或指示者,并即负责依法拟办,呈俟核夺。
>
> 至此类案件,何者应用书面查询?何者应调卷审核?何者须派员密查?何者须传案质证?尤应详核案情,酌量办理;并将呈诉要点及调查方法,于交办时指示承办人员注意,俾益进行。查复后如认事实尚欠明了,情节显有可疑者,即令再行设法详查,不得率尔呈复,以省周折。各该法院长官及奉派调查人员职责所在,即只考成有关,幸勿视同具文,致于究征!合行令仰该院长。首席检察官遵照,并转饬所属机关人员一体遵照。此令 二十四年六月十四日发

从1935年司法行政部的这份训令里,我们不难发现:国民政府对刑事审判工作监督的力度之大,工作之细致。它对监督人员的工作方法、工作责任

---

① 《法部督促各法院注意职责》,载《法律评论》1935年总第606期。

等都提出了严格的要求,该"训令"可谓是衡量国民政府刑事审判监督的重要依据。对于法官涉嫌渎职事宜,司法行政部不经过切实详查,就不能弄清真相,所以必须认真查核,以督促审判者。

其实,国民政府司法行政部对刑事审判的很多工作履行审核监督的职能,根据1938年的《法部工作概况》,有九项:(1)刑事表册之审核;(2)人民呈诉刑事事项之核办;(3)公务员犯罪事项之核办;(4)盗匪案件及其他特种犯罪事项之审核;(5)刑事诉讼进行及羁押被告等事项之审核;(6)死刑执行事项之审核;(7)无期徒刑有其徒刑拘役罚金及保安处分等事项之审核;(8)缓刑免刑事项之审核;(9)刑事诉讼审限事项之审核。从这些"职权"中,我们不难判断国民政府司法行政部"审核"工作的细致程度,这些工作的开展,在很大程度上预防和抑制了刑事审判腐败情况的发生,达到了审判监督的效果。

又根据1939年司法行政部的工作报告,司法行政部下属刑事司对死刑案件的覆准、无期徒刑案件、5年以上及未满5年有期徒刑、缓刑案件、宣告无罪案件、刑事涉外案件及公务员犯罪的审核,还留有刑事已结未结表及被告羁押之考核表等材料①,这是司法行政部对刑事审判监督的典型表现。刑事司的工作每半年报告一次,例如1940年上半年的《刑事司小组历次工作报告》指出:"本司经办各事项,仍依向例,于事实法令双方兼顾,妥慎办理。错误者指令依法纠正,迟延者督促迅速进行,轻微者令饬嗣后注意,重大者需分原办人员。对于人民陈诉事件,一方面注重其冤抑,一方面更防其滥诉。为求刑案上检验之参考,曾令法医研究所按月编送经办之鉴定书。俾供查阅。"特别是"刑事案件,关系人民之生命身体自由名誉财产甚钜。监督考核之方法,自不可不力求详密,倘发现错误,均随时纠正。若有一般性质者,并以通令明定办法,于详密之中,益求详密。故本部刑事司掌理之事务,亦较为繁重,细分之有二十余项。……综合观察,全国刑事案件,无分巨细,其不为本部监督考核所及,殆亦仅矣。"②

司法行政部通过表格上报审判情况用以监督各级法院审案情况,发现问题,及时以"指令"的形式与各省高级法院院长联系。这里有一份上报司法部的表格:

---

① 中国第二历史档案馆藏:《司法行政部指令》(1947年),全宗号七,案卷号3224。
② 中国第二历史档案馆藏:《刑事司小组历次工作报告》,全宗号七,案卷号9788。

表 8-1　安徽省太湖县司法处管收债务人或担保人报告书(三十五年十二月)①

被管收人	案由	管收月日	管收原因	已经管收日数	提讯次数及日期	管收处所	管收状况	承办员头衔	备考
徐鸾阶	亏公赋谷谷	十月二十四日	恐逃匿	两个月零六日	三次 十月二十五 十一月十六 十二月十四	太湖县司法处看守所	不排挤	审判官郑锡智 书记官张学明	
吴鹤群	亏公赋谷谷	十一月三十日	恐逃匿	一个月零一日	两次 十一月三十 十二月十九				
杨建斌	亏欠糙米	十二月十日	恐逃匿	二十一日	一次 十二月二十四日				

司法行政部在仔细审核上面的表格后,通过该院长发布指令。即1947年司法行政部给安徽省高等法院院长廖江南的指令:

> 呈及报告书均悉。查书载各案管收原因均仅以"恐逃匿"一语填注,究竟各该被管收人能否提出担保,未据叙明,殊嫌简略。又被管收人徐鸾阶一名,其管收日数已逾三月,核与强制执行法第二十四条之规定不合,该承办人员办事显有疏忽应即就被管收人之财产而予执行,勿再事管收为要。又管收处所填载为该司法处看守所,究竟"各该被管收人"与刑事被告之羁押处所是否隔离,未据相叙,嗣后均应注意,仰转饬知照,书存。此令。②

这一做法是司法行政部监督各级法院审判的较好途径和普遍措施,因而在档案中有记载,例如1940年下半年的刑事司工作报告中指出:"刑事已结未结案件表及被告羁押表之考核,此项表格为考查各司法机关有无积压案件与有无久押被告之方法关系甚为重要,由各法院按月报部,如发现有久延不结之案件或久押不释之被告,则必严令迅予各办法具报或将羁押理由呈复以凭查核,故而各法院尚无积压案不办或久押被告情事计办已结案件表二千六

---

① 中国第二历史档案馆藏:《司法行政部二十八年度工作报告》(1939年),全宗号七,案卷号9788。
② 中国第二历史档案馆藏:《司法行政部指令》(1947年),全宗号七,案卷号3224。

百八十八件、被告羁押表二千六百九十件。"①这里足见,国民政府司法行政部在刑事审判监督中所做的工作情况。

此外,国民政府司法行政部还通过频繁调动地方法院负责人的办法,达到监督法院院长腐败的目的。"南京国民政府时期,地方法院长官经常被司法行政部调任,每个院长在某地都不能长久任职,异地任用,限制了司法长官们建立自己的关系网。"②避免其培植亲信,进行司法腐败活动,这也是一种有效的监督措施。

(四) 法院检察部门的监督

南京国民政府时期,在各级法院内部设立检察部门,称其为"法院检察部门",作为向审判机关提起公诉的机关及司法审判的主要监督机构。1933年国民政府的权威法学期刊《法律评论》就登载了一条"法界消息",题为"冀高院训令下级法院注意宣判程序"。该消息内称:

> 河北高等法院检察处近以各县审理刑事案件多不履行宣判程序者于法殊属不合,特通令各兼理司法各县府嗣后应行宣告判决令云。为令遵事查逾刑判决应宣告之刑事诉讼法定有文明。近阅各县呈送上诉或覆判案件依法办理者固多,但亦有不履行宣判之程序,但未作成宣判笔录附卷,以致是否已履行无文考查均属于法不合,嗣后各该县政府审理刑事案件除不经辩论之判决外,无论何种判决均应履行宣判程序并制作宣判笔录附卷,以免呈送上诉或覆判后须将卷宗发还重行此项程序致稽,诉讼之进行事关奉行法令合亟令仰照切切此令云。③

这则消息告诉我们,高级法院的检察部门对下级法院的审判实行监督。而对于死刑案件,"各级检察官于谕知死刑判决确定后依法应检同全案卷证呈送司法行政部覆核,经详查后认为事实法律均无错误者始令准执行,其有错误或疑义者则分别情形依法办理。"④"检察官,对于刑庭判决各案,俱详加审核,遇有引用法律不当,或认定事实错误者,必依法申请上诉及覆判并非常上诉。"⑤"检察官系代表国家行使监督检举之权,在此抗战期间,对于侦查间

---

① 中国第二历史档案馆藏:《司法行政部刑事司 1940 年下半年工作报告》,全宗号七,案卷号 9783。
② 张仁善:《法律社会史的视野》,法律出版社 2007 年版,第 136 页。
③ 法界消息:《冀高院训令下级法院注意宣判程序》,载《法律评论》1933 年总第 519 期。
④ 中国第二历史档案馆藏:《国民党中央执行委员会历次全体会议刑事司工作报告》,全宗号七,案卷号 9787。
⑤ 中国第二历史档案馆藏:《广东高等法院检察处工作报告》,全宗号七(5),案卷号 196。

谍、搜捕奸细以及防止一切危害国家之行为,尤赖检察官之恪尽职责。"①这些规定将检察官的监督职能进行了确认。

检察部门对审判的监督开启于清末法律变革。1906年9月20日,清政府将原掌审判的刑部改为法部,专管司法行政;将原掌管案件复核的大理寺改为大理院,专管审判,并负有解释法律、监督各级审判的职责。同年12月27日颁布《大理院审判编制法》,规定自大理院以下各审判厅局,均附设检察局,设有专职检察官,负责对刑事案件提起公诉、监督审判及判决后的正当施行。法部明确规定,总检察厅监视大理院的行为,纠正判案错误。在《答复高等检察厅稿》中给各级检察厅规定的任务是:"诉讼一事,其始也检察起诉,其继也检察调查,其终也检察执行。"足见检察工作贯穿于整个诉讼过程之中了。② 对刑事审判来说,更是如此。"凡应公诉案件不问被害者之愿否诉讼,该管检察厅当即时起诉","预审或公判时均须检察官在庭监督"。这是后来的《各级审判厅试办章程》对检察官监督职权的明确规定。因此,检察部门对刑事审判的监督是最为恰当,也是最有资格的。

到国民政府时期,这种检察制度继续沿用。1935年《法院组织法》规定,最高法院设检察署,置检察官若干人,以一人为检察长。其他法院置检察官若干人,以一人为首席检察官。检察官兼行侦查与检察的职权,即实施侦查、提起与实行公诉,协助自诉,指挥刑事裁判之执行。检察官对于法院独立行使其职权。因此,尽管法院内部设立检察部门,但其在刑事方面具有一定的监督职能,主要体现在指挥侦查、监督刑事庭审过程、指挥刑事裁判的执行等,具体说来:

第一,在刑事案件审判前的侦查过程中,检察官主持侦查工作是检察制度的职能之一,由检察官指挥警察官一体实施侦查并享有对侦查全程的监督权。1928年公布的《刑事诉讼法》中规定检察官在侦查过程中有权命令司法警察协助侦查,或指挥司法警察官和司法警察侦查犯罪。1935年《刑事诉讼法》规定刑事侦查工作由检察官主持去完成,县长、警察局长及宪兵队长官作为司法警察官协助检察官开展侦查工作,1935年的《办理刑事诉讼案件应行注意事项》第57条规定,下级检察官,接受上级首席检察官命令续行侦查之案件。

第二,对案件审判的监督。根据1935年《刑事诉讼法》,法院"审理刑事案件,检察官不能拒绝莅庭"。这里,检察官莅庭的目的除了提起公诉,就是

---

① 中国第二历史档案馆藏:《司法院第二次工作报告》,全宗号七(2),案卷号172。
② 郭方正:《略谈中国近代检察制度》,载《法学杂志》1991年第1期。

实行审判监督。同年出台的《办理刑事诉讼案件应行注意事项》第57条：检察官对于在庭被告及被害人之陈述、证人之证言、鉴定人之报告，审判长提示之证物及宣读之文件，均应深切注意……依据该注意事项的第61条，检察官接受判决正本之送达，无论为公诉判决或自诉判决，应立就原判决认定事实有无错误，适用法则是否正当，以及诉讼程序有无瑕疵，量刑标准是否适当，分别调查，以决定应否提起上诉，不得任意搁置。而第63条规定，凡依法不得上诉者，检察官虽不得依通常上诉程序提起上诉，但遇有违法情形，仍可俟原判决确定后，出具意见书，呈请最高法院检察长提起非常上诉，以资纠正。非常上诉已在上文中所论及，国民政府刑事诉讼法律明确规定，某一案件的判决确定后，如果发现该案件的审判属违背法令的，最高法院的检察长可以向最高法院提起非常上诉，这也是检察部门对刑事审判实施监督的法定程序。"这种非常上诉权体现了检察机关对法院审判活动的全面性监督。"①从上述规定可知，检察官对审判过程的监督是全面和具体的。

  第三，指挥刑事裁判的执行。"同大陆法系德日等国一样，清末变法修律时，继受和引进了西方检察官对刑罚执行予以监督的制度。"②至国民政府时期，检察官对刑罚执行予以监督的制度继续沿用，从1935年的《办理刑事诉讼案件应行注意事项》里可以知道检察部门在刑事执行方面的监督作用。首先，检察部门对监所有监督职能。例如该"注意事项"的第44条规定，检察官对于监狱及看守所，务必随时勤加视察，指挥监所职员，解除犯人痛苦。也就是说，对于监狱、看守所等监禁场所的执行行为，检察官亦负有监督的权力。而第72条"检察官对于执行保护管束者应实行其监督权，关于保护管束人之感化监护禁戒或工作及其身体品行生计等情况，应随时加以调查，不得仅凭执行保护管束者之报告，转报交付机关，如发现执行保护管束者有违背义务情事，亦应随时督促，命令纠正，至接受执行保护管束者之报告事项，更应即时予以适当之处理。"并且，检察官对于自诉案件裁判之执行，与公诉案件并无区别。"受刑之宣告者，不问其为死刑、自由刑或财产刑，皆应由检察官指挥执行，即无罪之判决，被告人保证金、扣押物之发还，亦必由其指挥。"③后来，1945年修正公布的《刑事诉讼法》规定，执行裁判由作出裁判的法院之检察官指挥，因驳回上诉、抗告之裁判，或因撤回上诉、抗告而执行下级法院之裁判者，由上级法院之检察官指挥。指挥刑事裁判的执行，实质上

---

① 刘方：《检察制度史纲要》，法律出版社2007年版，第194页。
② 伦朝平：《刑事诉讼监督论》，法律出版社2007年版，第23页。
③ 黎藩：《检察制度存废论》，载何勤华、李秀清：《民国法学论文精萃·诉讼法律篇》，法律出版社2004年版，第515页。

时检察官亲自参与执行过程,从而达到监督刑事裁判执行的目的。

通常情况下,检察部门主要是通过审前侦查,参加法庭审判,审阅案卷、受理申诉等方式履行审判监督职能。庭审中,检察部门的公诉人代表国家指控犯罪,承担指控犯罪的举证责任,并依法对合议庭在事实认定、证据采信以及适用法律上进行监督,以法律监督者的身份对刑事审判活动的合法性、裁判活动的公正性进行审查和评价,促使合议庭依法对案件公正审理,保证司法公正顺利实现。① 国民政府时期的检察部门基本上是按照这一职能在实施和运作其监督权的。根据南京国民政府刑事诉讼法的相关规定,检察官的审判监督职能主要是通过出席法庭审判以及对刑事判决、裁定的上诉权、抗告权和非常上诉权来完成的。② 可以说,检察部门是刑事审判监督的主体,它不仅从形式上对刑事审判实施监督,而且从实质上对刑事审判的错误予以纠正。因此,在国民政府刑事审判监督体系中,检察部门的监督是极为实质和极为重要的。

(五) 其他力量的监督

1. 国民党的监督

在国民政府"党治国"的政治体制下,"国民党党务机关同时是执行者与立法者,既决定政策,也决定法律。"③因此,国民党对刑事审判的监督是天经地义的。上文提到监察院对刑事审判具有一定的监督作用,然而,"五院的院长(或主席)及委员等,应当一律由党的最高权力机关选择,并对党的最高权力机关负责。"④可见,国民党监督是整个国民政府工作的主导思想,正如学者所论述的那样:"从司法权上看,虽然《中华民国国民政府组织法》没有对司法机构的组成和任务作出明确规定,但由于中国国民党全国代表大会及其中央执行委员会最局权力机关的政治地位,也使得国民政府在组建和实际运作的过程中,也必须要实行国民党领导下的高度集权体制。同时,出于国民政府的主要官员大都是国民党党员,使得国民党对国民政府的指导和监督不仅是全面的,而且是具体的。"⑤显然,这种监督具有最高的效力。

国民党对刑事审判的监督,最突出的表现在特殊审判方面。根据1928年6月11日南京国民政府公布的《特种刑事临时法庭诉讼程序暂行条例》,

---

① 参见伦朝平:《刑事诉讼监督论》,法律出版社2007年版,第6页。
② 刘方:《检察制度史纲要》,法律出版社2007年版,第194页。
③ 田湘波:《中国国民党党政体制剖析》,湖南人民出版社2006年版,第277页。
④ 杨灵锐:《训政时期设立五院的几个问题讨论》,载《中央日报》1928年9月11日。
⑤ 韩秀桃:《司法独立与近代中国》,清华大学出版社2003年版,第344页。

国民党各省党部、国民党各特别市党部认为地方特种刑事临时法庭作出的判决违法时,可以向中央特种刑事临时法庭提起非常上诉;国民党中央党部认为中央特种刑事临时法庭的判决违法时,可以命令该法庭复审;中央特种刑事临时法庭认为原判决有错误,可以将判决发回重审,中央特种刑事临时法庭可以直接派员到原审法庭监督重审。还有1929年国民政府公布的《反革命案件陪审暂行法》也明确规定,国民党各级党部可以对反革命案件的审判实行干预。尤其是针对共产党人和革命志士的所谓"反革命"案件的处理权,全部操纵在国民党党部手中。① 显见,国民党对刑事审判的监督是比较明确和到位的。

国民党对刑事审判的监督一直没有放松,实行司法党化。② 根据《国民党中央执行委员会历次全体会议刑事司工作报告》,国民党中央执行委员会专设的刑事司主管事务有四件:(1)刑事羁押被告之考核;(2)国际交付犯罪事件之核办;(3)死刑案件之覆准;(4)小组会议关于刑事部分改进意见之实施。③ 从这里不难判断,国民党对刑事审判实施监督的事实。在刑事审判实践中,法官和检察官等司法人员必须认真贯彻国民党的党义和政纲,必须把自己的思维方法和论据建立在国民党的党义和政纲之上,使每一个司法行为都与其相符合,否则将被驱逐出司法队伍之外。

2. 民众监督

中国古代社会,在"圣人治世"思想的基础上,为了防止君主乃至臣下的行为过于偏颇,传统文化提倡"敬人保民"、"民贵君轻"、"保民而王"等理念,这些理念中蕴含着丰富的民众监督思想。④ 近代社会,这种民众监督思想随着社会环境的开放而更加活跃。广大民众对政治、经济及司法现状倍加关注。国民政府时期,法官相当于"公众人物",普通民众对他们的生活格外注意,民众对包括刑事审判在内的司法工作有自己的看法:

> 今日民习读张,一纸入官,辄至数番审级而犹晓晓未已,司法官办案之疏密,固不能以上诉件数之多寡为标准,然要不可不以最终判决撤

---

① 曾宪义:《检察制度史略》,中国检察出版社1992年版,第249页。
② 司法党化是"以党治国"理论在司法实践中的体现。也就是说,实行司法党化改革,主要的目的就是保证国民党对国民政府司法审判工作的绝对领导,从而使得司法工作能够围绕国民党的政治目标来进行。参见韩秀桃:《司法独立与近代中国》,清华大学出版社2003年版,第352页。
③ 中国第二历史档案馆藏:《国民党中央执行委员会历次全体会议刑事司工作报告》,全宗号七,案卷号9787。
④ 朱庆跃:《传统文化中的民众监督思想及其现实启示》,载《中共山西省委党校省直分校学报》2007年第1期。

销或维持原判之多寡为考绩准绳,因实际上办事精细于听断者,所判之案,论事引律准确。不但提起上诉者较少,且纵令上诉,而经上级撤销原判之件,亦不多见,或十仅一二焉;若办案粗疏并欠缺听断之技术者,则反是。①

这是当时的学界对司法审判工作的评价,实际上是民众通过发表文章的形式对国民政府的审判进行监督。同时,国民政府的民众对于司法审判官的违法违纪行为可以举报到相关部门,进行监督。例如,1940 年"福建浦城县司法处审判官陶守和被控案"就是其代表。该案件讲的是两个普通民众熊雪青、梁福安写信告到司法行政部的:"呈为浦城县司法处审判官陶守和贪污枉法败坏纪纲,请从严惩办事由。"接到此举报后,司法行政部下达训令给福建高等法院院长宋孟军,令文为:案据熊雪青、梁福安先后呈诉浦城县司法处审判官陶守和贪污枉法败坏纪纲,请从严惩办等情,到部。查陶守和未经部派,来呈所称是否属实,合行检发原呈令仰该院长查明办理具报。此令,检发原呈二件,办毕缴回。② 对司法审判腐败现象进行举报是国民政府的民众进行审判监督的通常方式。刑事审判涉及当事人的厉害关系较大,因而,司法官在刑事审判中的腐败现象比较严重,民众举报在一定程度上遏制了这种司法腐败现象。

三、刑事审判监督的意义

刑事审判活动是国家的重要司法活动。为了保障刑事审判严格地依法进行,国民政府对刑事审判设置了严密的监督机制,这一机制在当时具有重要的意义。

(一) 避免偏见,保障刑事审判的公正

众所周知,司法公正是司法的生命和灵魂,是人类司法活动的永恒主题。但该司法公正集中体现在审判上面,"司法公正就是公正司法,也就是公正审判。"③因此不如说,审判公正是司法的生命和灵魂。而审判公正离不开严密的监督体制的保障。刑事审判监督是制约和防止法官在刑事审判中违法

---

① 翁赞年:《培养司法元气论》,载《法律评论》1932 年总 434 期。
② 中国第二历史档案馆藏:《福建浦城县司法处审判官陶守和被控案》,全宗号七,案卷号 6215。
③ 熊先觉:《司法学》,法律出版社 2008 年版,第 13 页。

审判的有效机制之一，也是确保刑事审判公正的有效措施。美国最高法院首席法官沃伦·伯格指出："一个具有终审权和对其判决不容讨论的法庭比任何别的机构都需要更细致监督的监督。不容讨论的权威最容易导致自我放纵，最难做到不带偏见的自我分析。"美国的学者勒斯克也指出："法的目的在于主持公道，而法院的任务则是审判，公道地、不偏不倚地适用法律，解决争议。"①国内的学者也纷纷主张审判监督是检察机关维持公平正义的必然选择，因为监督的目的是为了保障国家法律的正确适用，维护司法公正。②司法公正，始终是司法活动的本质要求，司法活动作为适用法律解决冲突的活动，就是要对社会中存在的遭到破坏和扭曲的权利义务关系加以矫正，对于已经出现的冲突予以公平合理的解决，从而消除和预防冲突的再次发生。③由于审判活动是司法活动的重要组成部分，因而要保证审判活动达到司法公正的要求，则必须要对审判活动进行监督。这种要求与监督的目的正好相一致。

　　司法公正包括实体和程序两个方面，"审判公正在本质上是包含程序公正和结果公正的统一体，而实际上主要是程序公正并以程序公正去确保结果公正。"④国民政府法律对实体规范和司法程序都作出了详细明确的规定，但如何遵循实体规范及如何利用程序，则在很大程度上依靠司法人员的主观理解和尺度把握。就程序言，"衡量程序正当与否，有时并无一条明确的标尺，只体现在司法主体的一念之间：把关严格，用心办案，则程序正当；反之，则违背程序。""国民政府时期，司法人员故意违反司法程序办案司空见惯。"⑤因此，在整个刑事案件审理过程中，由检察官参与案件侦查、提起公诉、参与庭审及判决的执行极为重要，这是检察机关代表国家对刑事案件实行监督的主要力量。当案件办结后，其材料报到司法行政部又经过司法行政部的审核，接受再一次的监督，外界还有民众的监督等，使违反审判的司法官难逃"监督"关口，形成一个维护司法公正的防线。诚如有学者所言，刑事法庭确实需要以公平审判尤其是"过程中心主义"等价值观念为指引，事实上，法庭审判过程中一系列程序规则的设计并非单纯是为了确保案件真相得到最大限度的发现，而主要是围绕着如何确保公正审判尤其是审判过程的公正性这一

---

① 〔美〕勒斯克：《美国民事诉讼》，张茂译，法律出版社1997年版，第15页。
② 刘方：《检察制度史纲要》，法律出版社2007年版，第21页。
③ 邓思清：《论审判监督的理论基础》，载《法律科学》2003年第3期。
④ 宋世杰：《中国刑事诉讼发展与现代化》，湖南人民出版社2002年版，第99页。
⑤ 张仁善：《司法腐败与社会失控》(1928—1949)，社会科学文献出版社2005年版，第151—152页。

目标而进行的。①

在一定社会大多数人们的感受和认识中,审判公正主要反映在两方面:一是法官行为,即程序领域,评价的标准是程序是否公正;二是案件的结果,即实体处罚是否合理合法,亦即处罚公正与否。一行为及行为人是否应受处罚和处罚轻重,这些都是人们采用公正评价的范围,这也是表象层面上的感受和认识。② 实际上也是从程序和实体两个方面来考证审判的公正性问题,这种公正性问题的最佳解决路径是审判监督。因为在审判过程中,程序和实体两个方面展现在人们的面前,自然地接受人们的监督。

国民政府时期,对刑事审判监督意义的认识也非常明确。1927年8月16日,国民政府发布第148号训令称:"司法事务经纬万端,近值刷新时期,极应实行改进即如检察制度。"③曾有学者指出,检察制度有四大优点:(1)在刑事既采取干涉政策,有检察官可以实行检举犯罪,使犯罪人不致纵逸,籍以谋社会秩序之安宁;(2)在检察官之代行起诉,籍以减少人民之诉累;(3)在检察官之先行侦查,可以便利法官之审判;(4)在检察官之指挥执行,用以保全法院裁判之公平。此四利在学界已成定论。④ 上文已述,检察官指挥刑事审判的执行,实质上就是对刑事裁判的监督,维持裁判的公平性。因此,保障刑事审判的公正是刑事审判监督的首要意义。

(二) 防止腐败,杜绝冤假错案的发生

刑事审判监督是杜绝司法腐败滋生的主要措施,国民政府时期的刑事审判监督机制在一定程度上遏制了司法腐败,尤其是在国民政府前期,有如学者所言:"1928年至1930年,南京国民政府政治、经济、文化、教育上,曾一度出现'繁荣'景象,立法、司法等制度的变革颇有成效。司法腐败的现象依然存在,但政府仍在用心去纠正,去改革,并能取得相应成效。"⑤这种纠正及改革,主要依靠监督机制。

我们知道,国民政府时期,法官判案遵循"自由心证"原则,但是,有的法官滥用该原则,为所欲为,如果缺乏监督和制约机制,必然出现大量的冤假错

---

① 李奋飞:司法解释中非法证据排除规则虚置的成因,京师刑事法治网 http://www.criminal-lawbnu.cn/criminal/Info/showpage.asp? pkID=15602。
② 陈兴良:《刑事司法研究——情节·判例·解释·裁量》,中国方正出版社1996年版,第413页。
③ 国民政府司法院参事处:《国民政府司法例规》(上),民国19年2月,第163页。
④ 孙晓楼:《我国检察制度之评析》,载《法学杂志》1937年第9卷第5期。
⑤ 张仁善:《司法腐败与社会失控——以南京国民政府后期为个案的分析》,载《江苏社会科学》2003年第3期。

案。例如,1939年,广西桂平地区发生了一起杀母案。儿子患有间歇性神经病,平素不孝。一天,母亲赶集,他让母亲买肉回来,母亲没有答应。等母亲赶集回来,儿子将其母亲砍死后潜逃。说明儿子行凶杀母时并没有发病,理应判重刑。但是,承办该案的桂平地院推事在调查时听人说那儿子有疯病,就轻易宣判无罪,后经司法部门进一步调查,被告"儿子"杀母时神经正常,所以该推事显然偏离了公正,没有依据犯罪事实,错误断案,结果被人举控,由司法行政部记过二次示惩。① 这里,司法行政部门及民众对该杀母案的监督可以说非常有效的。无形之中,司法行政部门及民众的行为对其他司法官起到警醒作用,特别是那些勾结豪富及讼棍的司法官。据学者考证,"南京国民政府时期,县级官员大多交结地方豪富、讼棍,以取得他们政治和经济上的支持;地方豪富、讼棍,也依仗县府发展自己的势力,牟取私利。在县长兼理司法的一些县,县长为了取悦地方豪绅,在审理涉及其利益的案件时,往往不惜牺牲小民利益,满足豪富、讼棍们的要求。"② 因此,对审判的监督必不可少。

  司法腐败不仅严重妨碍了刑事审判活动的正常进行,而且严重损害了公众对司法权威的信仰。因而规范司法人员办案行为是对诉讼程序的最有力保障,其中强化检察机关对审判活动的监督尤为重要。南京国民政府刑事诉讼法规定,对于非最高法院作出的一审或二审判决,如果检察官认为判决不当,有权依据上诉程序向上级法院提出上诉;对于非最高法院的裁定,检察官如果认为不妥,可以向上级法院提出抗告。各级法院的检察官对于法院已经发生法律效力的判决,发现该审判违背了有关法令,应当将该案案卷及证物移送最高法院之检察长,申请提起非常上诉。对于已经发生法律效力的裁判,需要更定刑罚的,"由该案犯罪事实最后判决之法院之检察官申请该法院裁定之"。③ 上诉、抗诉等救济措施使得司法腐败得不偿失,也保证了案件的公正合理解决。在这些措施下,司法腐败现象多由他人举报、告发等被发觉,从而遭到严厉制裁。

  同时,在这一体制之下,也不乏涌现一些清廉的法官,他们能够恪守司法公正原则,实践中自觉抵制腐败行为,主动拒收行贿钱财,并向主管汇报。一些当事人为了获得司法官的关照,想方设法给司法官"好处"。而一些司法官拿了当事人的贿赂,很难公正办案,往往会手下留情或网开一面,这种"交易"是导致司法不公的主要根源。正如学者指出的那样:司法不仅具有解决

---

① 中国第二历史档案馆藏:《司法行政部训令》,全宗号七,案卷号197。
② 张仁善:《司法腐败与社会失控》(1928—1949),社会科学文献出版社2005年版,第180页。
③ 曾宪义:《检察制度史略》,中国检察出版社1992年版,第269—271页。

各种冲突和纠纷的权威地位,而且司法裁判乃是解决纠纷的最终手段,法律的公平正义价值在很大程度上需要靠司法的公正具体体现。司法腐败所造成的影响远比其他形式的腐败严重,它亵渎法律权威,动摇人们对法律的信仰。① 只有防止腐败,才能有效杜绝错案的发生。

(三) 打击犯罪,促进刑法的良性运行

犯罪现象是任何时期、任何国家都无法回避的问题。打击犯罪,保护国家和人民利益理当是国民政府刑事法制的主要任务和宗旨。犯罪时最严重的违法行为,在国民政府时期,"所谓犯罪之者,以现在之法制为基础而观察之,即系依法律应受刑罚之行为也。换言之,即依法律以刑罚为制裁之违法行为也。"②对于犯罪,国民政府制定了一系列刑事法律和法规去打击,以维护社会秩序。那么,对于一起刑事犯罪案件,只有作出公正的审判,使犯罪者得到应有的惩罚,才能达到打击犯罪的目的。

事实上,国民政府时期的社会状况非常复杂,而且处于长期动荡不安的状态。当事人背景复杂,司法官良莠混杂,如果缺乏监督机制,司法人员可以趁机玩弄法律,坑蒙当事人。例如,1939年1月,广东英德地区张瑞麟突然死亡,其亲属陈祖培向英德法院请求派检察官前往验尸,恰巧该院检察官的妻子被日机炸伤住院,陪护妻子就医。人命关天,被害人家属十分焦急,陈祖培只好请求该书记官梁寿禔前往勘验。梁乘机向陈索要60元大洋做差旅费,经陈恳求,减少到小洋70元。验尸后,陈祖培又给梁大小洋各6元。事后,受害人家属将梁寿禔索费一事向广东高院首席检察官进行了举报。结果,梁寿禔发财未成,反被刑事审判,以"假借职务上之权力,诈欺取财",被判处有期徒刑1年,缓刑2年。③ 梁寿禔案经司法行政部通报后,在司法界影响很大。这实际上是审判前侦查监督的典型例子,它杜绝了后来类似案件的发生,更重要的是促使司法官严格遵循法律规定,依法惩治犯罪,有利于打击犯罪分子的犯罪行为,也警醒了社会上正在犯罪或准备犯罪的危险分子。

此外,刑事审判只有通过相应的监督机制,才能促进刑事法制的良性运行。例如,国民政府司法行政部要求各级法院定期上报案件审理材料进行审核备案,其目的除了从形式上纠正所报案件裁判书格式以外,还监督案件的审理期限。国民政府时期,诉讼拖延成为当时司法的主要弊端:

---

① 张兆松:《刑事司法公正的制度选择》,法律出版社2008年版,第240页。
② 刘震:《从社会现象以观察犯罪》,载《法律评论》1927年总183期。
③ 中国第二历史档案馆藏:《司法行政部训令》,全宗号七,案卷号197。

大凡案件不入法院则已,一入法院,便不知要拖延多少时候,才能结案,往往案甚轻微,但因须种种程序,以致犯数月之罪,羁押经年;处十元之罚,开庭十次。如某地方法院有一件侵占白米九十余石的案件,自二十年(1931年)三月三十日起自诉,迄二十二年(1933年)二月二日方始三审终结。在三次判决中,最高只判了十个月的徒刑,终局判决,只为徒刑五月,但全案却延展了将近二年。①

　　从上面的史料中,可以看出国民政府时期的某些法院办案效率之低下,使百姓深受案件拖延之累,问题久拖不决之苦,既败坏了法院的形象,也阻滞了刑事法制的正常运行。这也正是国民政府司法行政部设置审查上报材料的主要根源。因此,打击犯罪,促进刑事法制的良性运行将是刑事审判监督的不可或缺的意义。

---

① 阮毅成:《所期望全国司法会议者》,载《东方杂志》第32卷第10号,1935年5月16日印行。

第九章 南京国民政府时期刑事审判制度的成就与不足

审判评价不仅贯穿于审判活动过程,更多地发生在审判活动之后。南京国民政府自1927年4月成立到1949年4月垮台整整22年,在这20余年的统治过程中,刑事审判立法及司法成为国民政府政治生活当中的重要内容。今天,它虽已被载入史册,但留给后人许多评鉴和研究的空间。例如,有学者认为,国民政府的前十年在建设近代国民国家的过程中取得了相当的成果,得到了一些相应的评价。从政治角度来讲,则表现为以法治为中心,整理整顿国家对人民的统治体制的一种形式。① 还有学者认为,20世纪20年代末到30年代,在政治、经济、社会等许多领域制定了相关的法规,进一步为确立中央集权的国家统治体制进行了整备。② 对国民政府统治的前十年法制,学界基本达成共识。但是,对南京国民政府时期刑事审判制度的成就与不足该如何评价,则是摆在我们面前的新课题。不过,评价的基本立场是历史唯物主义的,不要因为国民党曾与共产党对立过,就一味批判,历史学家黄仁宇曾说在中国的现代化进程中,国民党和共产党各做了半份功夫。③ 的确,在审判制度现代化方面,国民党也做过一定的努力,取得了一定的成就。在这里,不妨做一点基本的探讨和评述。

一、南京国民政府时期刑事审判制度的特点

有学者曾对国民政府刑事审判特点进行了归纳,认为:(1)标榜虚伪的"司法独立",实际上行党、军、警、特混合参与的司法审判;(2)表面上鼓吹所谓公开审判,实际上却大肆进行秘密审判;(3)限制被害人的自诉权;(4)剥夺重要案犯,特别是所谓"政治犯"的诉讼权利和上诉权。④ 这种归纳不够客观和全

---

① 〔韩〕裴京汉:《从韩国看的中华民国史》,社会科学文献出版社2004年版,第201页。
② 何一民:《简论民国时期城市行政民主化与法制化的发展趋势》,载《西南民族学院学报(社科版)》2003年第1期。
③ 转引自付春杨:《民国时期政体研究》(1925—1947年),法律出版社2007年版,第236页。
④ 刘方:《检察制度史纲要》,法律出版社2007年版,第186页。

面,南京国民政府的刑事审判制度是特定历史的产物,具有自己的特色。

(一) 刑事审判立法频繁,可操作性较强

关于南京国民政府的刑事立法,有学者做过评价,认为它"是我国历史进入新民主主义革命之后,由旧中国最后的一个反动政府制定和颁行的反动刑律。出于此时国际环境和国内的经济、政治形势的变化,这个刑事立法也出现了新的情况和新的特点"[①]。对于这样的结论,笔者不敢苟同,至少它不失片面。纵观南京国民政府在各个不同阶段的刑事立法,仔细阅读其基本法、实施法、刑事特别法及配套规定,可以发现:南京国民政府的刑事审判立法完备,可操作性较强。

南京国民政府时期,随着社会形势的变化,刑法及刑事诉讼法为主体的刑事审判制度经历了多次修正。从 1927 年 4 月奠都南京后,国民政府即开始了刑法、刑诉法及施行法的制定及修改的历程。从始初暂用北洋政府的刑事法律,到 1928 年的刑事法律草案和法典、1935 修正案和法典的制颁,以及 1945 年抗战结束后的再次微调。期间,国民政府还临时制定了相当多的单行刑事法规、特别法律等。单就惩治汉奸犯罪而言,就有若干部配套法规,除了《惩治汉奸条例》,还有《修正惩治汉奸条例》、《汉奸自首条例》、《防止汉奸间谍活动办法大纲》、《公务员家属及同僚间相互检察奖励暂行条例》及《组织民众肃奸纲领及办理联保连坐切法办法》等。可以说,整个国民政府刑事立法非常频繁。通过频繁的刑事立法,使得刑事规范越来越细密,针对性和应用性都很强,具有极强的可操作性。并且刑事诉讼法与当时的其他基本法律的修改是同步的,尤其与刑法典同步。而关于为何频繁修改刑法典,当时的刑法学家蔡枢衡先生曾经专门做过考证,在他看来:

> 具备近代刑法体系中的中国刑法法典,自清律以来,二十余年间,数经修订,迄去年十二月立法院又有刑法修正案初稿之草成。自法律之安定性言,修正频繁,良非所宜。然法律之命脉,在于适合社会之要求。社会下层基础既经发展,其法律关系自亦不能不随之变化,尤其在企图脱出封建社会,用训政过程省略并防止资本主义之阶段,以进入大同社会之中国革命过程中,其法律之使命,于适应时代要求之外,并须具有促进社会,使向理想目标进展之精神。故修改之频繁,正所以证明社会进化及革命过程进展之急剧。[②]

[①] 李光灿:《中国刑法通史》(第 8 分册),辽宁大学出版社 1987 年版,第 320 页。
[②] 蔡枢衡:《刑法文化之展望》,载《法律评论》1934 年总第 559 期。

毫无疑问,国民政府的刑法及刑事诉讼法在继承北洋军阀政府的刑法及刑事诉讼律的基础上,根据国内外形势的变化而及时进行调整,从1928年的刑法及刑事诉讼法到1934年的刑法及刑事诉讼法,尤其是从抗日战争前的《危害民国紧急治罪法》、《维持治安紧急办法》,到20世纪40年代后期的《战乱时期危害国家紧急治罪条例》以及《特种刑事法庭审判条例》等的公布。只有法条规定具体明确,才能给审判人员的审判工作带来便利,减少错案的概率。

当然,频繁的刑事立法,与国民政府时期的形势和司法界主要领导人的主张也是分不开的。南京国民政府建立后,刑法学家王宠惠出任司法院长,他极力主张法律应"适时和宜民",坚持立法在形式和内容上的不断更新,他曾亲自主持了北洋政府和南京国民政府时期的刑法修订。早在北洋政府时期,他就认为,第一次刑法修正案有违"近代民主精神"之处甚多,现因"时势变迁,刑事政策亦有变动之必要",故"参酌各邦立法,斟酌本国情势",于1919年拟成《刑法第二次修正案》。1928年,王宠惠主持制定《中华民国刑法》及《中华民国刑事诉讼法》,既考察了西方现代刑事立法的趋向,又考虑了中国的现实国情,贯穿了刑法修订不仅要"适时",而且要"宜民"的思想。

王宠惠曾于1948年7月25日关于"法学之功用"的讲话中再次强调法律变动的必要性,他认为,"故法律的功用,在维持社会的安定,就此点而言,法律应求固定。但是思想风习以及生活方式,常随形势之变移,不断在演变之中,故法律亦应顺应潮流,以求适合社会之需要。就此点言,法律亦不能一成不易。"[①]并主张"欲使法律之能适应社会需要有两条途径,可资遵循:一是以立法方式,订定新的法律,或修改旧的法律;一是以解释方法,保持固有的法律,而予以新的解释,使条文依旧而意义更新。"[②]就这样,在王宠惠的极力主张和倡导之下,刑事审判制度得以及时调整,适应了不断变化的国内外形势的需要,保持了较强的可操作性特色。

(二)吸收西方刑事法制,兼顾中国的固有传统

从内容上看,南京国民政府时期的刑事审判制度总体上是效仿西方的,主要是吸收了大陆法系的规范。例如1935年新刑法,仿欧陆刑法,据刑法起草委员会报告称新刑法"侧重于防卫社会主义",广泛参酌了最近外国立法

---

① 王宠惠著、张仁善编:《王宠惠法学文集》,法律出版社2008年版,第310页。
② 同上。

例,如1932年《波兰刑法》,1931年之《日本刑法修正案》,1930之《意大利刑法》,1928年之《西班牙刑法》,1927年之《德国刑法草案》,1926年之《苏俄刑法》等,以资借镜。① 大陆法系国家普遍采取纠问式或审问式的审判模式,强调法官的积极主动性,要求法官主动地调查证据,控辩双方的权利是被压制和消极的。还有大陆法系国家传统上强调对犯罪嫌疑人、被告人权利的限制,注重国家机关在发现犯罪、制裁犯罪中的主要作用。这些内容和风格在国民政府的刑事法律中依稀可见。正如学者所认为的那样,国民政府的刑法基本上是采用近代的刑法体系与刑事立法原理原则的,但从体例和条文形式看,则包含了不少近代资产阶级刑事立法的原理原则。如罪行法定、刑事责任年龄,刑法的效力、时效,犯罪的各种分类,刑罚的适用,以及程序法中的不告不理,一事不再理,辩护制度等。②

当然,国民政府时期没有一味地照搬西方法制,是在考虑本国条件的基础上,结合本国传统而进行的法制创新。就刑事审判制度而言,南京国民政府"刑法的制定吸收了当时国际上已经出现的保安处分、教育感化处分较先进的制度,又适度保留了对直系尊亲属犯罪加重处罚的传统内容"③。充分说明国民政府时期的刑事审判制度具有吸收西方刑事法制精神、兼顾中国的固有传统的特点。

的确,南京国民政府时期,对于传统制度持一定的认可态度。"六法"的制定,资产阶级法制的移植与封建法制的继承性交织,是国民政府立法的显著特色之一。④ 这也是符合一个民族法律发展的脉络和精神的。也诚如学者黄宗智所言:"国民党法律不是其德国范本的副本,它是以晚清草案为蓝本、经连续两次修订的产物。这些修订在某些重要方面使法律更切合中国的既存习俗与现实,在其他方面它们则引入了更进一步的根本性改变。"⑤刑事审判制度的不断修正和发展,实际上就是外来刑事法制本土化、本国传统刑事法制变革的过程,国民政府立法、司法等相关机构在承继固有与继受外来之间扮演着协调者的角色。

鉴于此,有学者认为,"南京国民政府时期,普通法律体系的构建走的是大陆法系道路,宪政体现则是欧美体系与中国特色的结合。司法体制上,大

---

① 谢振民:《中华民国立法史》,中国政法大学2000年版,第1131页。
② 李光灿:《中国刑法通史》(第8分册),辽宁大学出版社1987年版,第322—323页。
③ 蒋立山:《法律现代化——中国法治道路问题研究》,中国法制出版社2006年版,第162页。
④ 周少元:《二十世纪中国法制变革与法律移植》,载《中外法学》1999年第2期。
⑤ 黄宗智:《法典、习俗与司法实践:清代与民国的比较》,上海书店出版社2003年版,第3页。

陆法系的印记更为深刻。"①因此,吸收西方刑事法制,兼顾中国的固有传统是南京国民政府刑事审判制度的特点之一。诚如学者所论:"从清末到国民党的南京政府,中国诉讼法制不断地吸收、融合西方诉讼法律文化,推动了近现代中国诉讼法制的成长和发展。"②

(三)刑事审判制度的特别立法,凸显国民政府统治的专制性

专制,依据《辞海》的解释,原指奴隶制或封建制国家中,由君主实行专横统治的政治体制。由前文我们知道,南京国民政府时期制定了很多刑事审判方面的特殊规范,具体数量无法统计,但它们无一不体现国民政府统治的专制性。例如,国民政府建立前后所制定的《国民政府反革命罪条例》及《暂行反革命治罪法》是专门针对"反革命罪"的法律规范,但是它们定罪模糊,凡是反对政府和反对当权者就是"反革命",其矛头直指共产党。其实,政府及当权者并非"完人",应该允许别人提意见或批评。但是一个"反革命"的罪名及严厉的处罚将政府及当权者推到独裁者的位置上,凸显国民政府统治的专制性。因此,有学者评价:"这些刑事特别法规,是国民党刑事立法的重要组成部分,也是国民党维护党治和军治特权,镇压共产党及其他人民团体的最凶恶武器。"③这也是导致国民党政权走向覆灭的重要原因之一。

在司法审判方面,国民政府经常适用刑事特别法,设立特别刑事法庭,用以处理所谓特别的刑事案件。并且,经过特别刑事法庭审判的案件"不准上诉",表现出极端的专制色彩。尤其是对涉及共产党人的"犯罪"案件,特种审判更是专制主义占上风,不考虑审判主体、审判程序。根据记载,1929年12月,中央执行委员会组织部要求国民政府"严令司法机关对共产党案件不得稍事姑息",必须"严密侦查、尽法惩治"、"捕后严办",尤不得"失之过宽"。1930年8月,国民政府密令:对捕获之共党,"其情节重大者,应即以军法从事,其首要案犯,如有已送法院者,亦应迅即交回军事机关办理。"④由此可见,国民政府为了政治利益考虑,使用特别刑事程序无一不体现国民政府统治的专制性。这也是国民政府最终失掉民众拥护的主要因素,使其过去在刑事审判制度方面所建立的功劳被这一专制做法所抵消。

---

① 林明、马建红:《中国历史上的法律制度变迁与社会进步》,山东大学出版社2004年版,第404页。
② 左卫民:《刑事程序问题研究》,中国政法大学出版社1999年版,第22页。
③ 王敏:《规范与价值:近代中国刑事法制的转型》,法律出版社2008年版,第254页。
④ 同上书,第280页。

(四) 注重便利于民,保障被追诉人及第三人的权利

国民政府在政治统治方面表现专制的同时,也一定程度地考虑到普通民众对于自己统治的重要性,因此关注普通民众的利益。从1938年国民政府司法院的工作报告里可以发现,国民政府的刑事审判注重便民。

> 值兹非常时期,如仍办理迟滞,不独在押之刑事被告有发生意外危险之虞,即民事两造,所感受拖累之痛苦,亦较平时为深切。爰于上年九月间,通令各级法院,在法令所许范围内,对于诉讼程序,务求敏捷,裁判及其他书类之制作,务求简单。……又以刑事告诉告发或自首,均得以言词为之,爰令各第一审法院设置申告铃,将使用规则张贴于门外,人民有所申告,即可按铃,值日检察官一闻铃声,应立刻出庭传讯。有如最高法院,自上年十月起,对于刑事案件,除原判宣告刑为死刑或无期徒刑者外,一律厉行法律审,自诉人为被告不利益而上诉者亦同,其审判并得以三人合议行之。……凡此皆所以求程序之简捷,以便利人民为主也。①

国民政府时期,因各地条件不一,难以统一,给民众求诉维权带来障碍。对此,各级法院尽量克服自身困难,积极探索,以便利于民为核心,不断完善审判工作。如设立缮状处,设置改进具体的办事机构,以便利诉讼当事人。

另一方面,国民政府的刑事诉讼法尤其是1935年《刑事诉讼法》,在一定程度上加强了对犯罪嫌疑人的权利保障。首先,该法规定"于查获犯罪嫌疑人后,除有必要情形外,应于三日内移送该管检察官侦察。"以及在侦查过程中可以准许被告的委托代理人到场,以保障被告免于受到司法机关的非法刑讯。并明确规定了羁押期限,一般情形下,侦查羁押期限为2个月,审判羁押期限为3个月。如嫌疑人被羁押的时间已经超过原判决的刑期,司法机关应将被羁押人立即释放。对于判处6个月以下有期徒刑及孕妇、产妇、重病人须停止羁押者,其申请停止羁押的,司法机关对其申请不得予以驳回。同时,给予被羁押人相应的救济途径,即"对于违法之羁押,不问在侦查或审判中,被羁押人或其法定代理人、保佐人或亲属得向实施羁押之公务员所属之法院请求撤销。"其次,规定讯问被告人的方式方法,"应出以恳切之态度,不得强暴、胁迫、利诱、诈欺及其他不正当方法";如果以这些方法或超期羁押期间获得的证据,不得作为认定事实的依据。检察官应随时视察羁押处所,以

---

① 中国第二历史档案馆藏:《司法院第二次工作报告》,全宗号七(2),案卷号172。

保证被告人的人身权利不被任意侵害。再次,对住宅的搜查和相关物品的扣押,应在日出后、日落前进行,且有可成立的理由。只有在被告逃匿的情况下,才可以没收被告提交的保证金,对司法机关无故没收被告保证金予以严格限制。尤其是对当事人,其地位不同于被告人,应严格保护其权利。所以刑事诉讼法规定对于第三人之身体、物件采取搜查、勘验等侦察手段时,应符合法定条件、遵守法定方式。此外,执行拘提或逮捕嫌疑人时要保护他们的身体和名声。无疑,这些规定有益于被追诉人权利的保障。

(五) 有法而不行,也是国民政府刑事审判活动的特点之一

国民政府刑事法律比较健全已是不争的史实,但是,由于审判机构的不统一和不完善,致使刑事审判活动存在不规范的地方较多,有法而不行的现象也是常有的事,正如有学者指出的那样,"南京政府时期立法多于牛毛,但所立之法并没有得到认真执行。"①因而将它作为国民政府刑事审判活动的特点之一。

从表面上看,国民政府《惩治贪污条例》对贪污罪的处刑似乎相当重,但是,该条例从来就未被认真执行过。除了偶尔打几只小苍蝇搪塞一下舆论,平平民愤之外,大饱私囊的国民政府要员从不受惩罚。② 当时的《法令周刊》曾发表评论指出:"法治的进化决不是单纯地需要优良的法律,而且要使优良的法律能见诸实施,所以立法的进步,是促进法治的原动力,司法的努力,才是实现促进法治的唯一途径。"③

例如公设辩护人制度,"此次国民政府公布之新刑事诉讼法,能采用此优良而合于时代制度之要求之制度,吾人固表十二分的满意,不过吾人更有所希望者,即此种设施之得早日具体实现是。裁判上之机会均等原则,诉讼之迟延,无产者不利益之等等弊端,将因公设辩护人制度之实现而消灭。"④"公立辩护人之地位,纯系公共机关,故其保护被告之利益,一以公正为归,决不致徒费程序,迁延岁月,亦不致为虚构之辩护,使被告得受不当利益之判决。要之,公立辩护人之参与,有阐明事实真相之利益,无论何人,不能否认者也。"⑤但是,作为公设辩护人的律师素质参差不齐,素质较差的律师往往不

---

① 赵金康:《南京国民政府法制理论设计及其运作》,人民出版社 2006 年版,第 359 页。
② 李光灿:《中国刑法通史》(第 8 分册),辽宁大学出版社 1987 年版,第 295 页。
③ 《论丛:民国二十四年法治论坛展望》,载《法令周刊》1935 年总第 236 期。
④ 朱显祯:《刑事裁判上之公共辩护人制度》,载何勤华、李秀清:《民国法学论文精萃》(第 4 卷),法律出版社 2004 年版,第 334 页。
⑤ 谢光第:《论公立辩护人制度》,载何勤华、李秀清:《民国法学论文精萃》(第 4 卷),法律出版社 2004 年版,第 323 页。

将精力放在案件的法律问题上,而是从司法当局到社会势力方面寻求案件的解决,这也是国民政府有法不行的突出现象。

二、南京国民政府时期刑事审判制度的价值

德国著名的法学家拉德布鲁赫曾言:"法律只有在涉及价值的立场框架中才可能被理解。法律是一种文化现象,也就是说,是一种涉及价值的事物。"①我国社会科学界一般认为价值具有两种含义:一是指体现在商品中的社会必要劳动;二是指客观事物的有用性或具体的积极作用。② 刑事审判价值当属第二种,被学者界定为"是刑事审判满足社会有序性发展并为刑事审判本身所固有的性状,标志着刑事审判与社会主体对之的愿望和要求相互联系、相互作用的法律关系范畴。"③刑事审判价值,既是刑事审判在具体运转过程中所要实现的价值目标,又是人们据以评价和判断一项刑事审判是否正当、合理的价值标准。在一定程度上,南京国民政府刑事审判制度是特定历史的产物,既顺应了世界近代刑事法律发展的趋势,也契合了本国社会政治经济文化的实际,具有一定的价值可言。

(一) 处理刑事案件,维护了国民政府的社会秩序

解决矛盾纠纷和维护社会秩序是一切审判制度设计的终极价值追求,正如日本法学家棚濑孝雄所说:审判制度的首要任务就是纠纷的解决。"④并且"依据法律规范来裁定具体的个别纠纷,从而维护作为权利义务体系的法秩序,正是依法审判为根本原则的近代司法的一个根本属性。"⑤美国的彼得·斯坦等人也认为,"与法律永相伴随的基本价值,便是社会秩序","维持社会和平是实现其他价值的先决条件。"⑥刑事审判也不例外,处理刑事案件也是社会纠纷解决的一大类型,其最终目的是追究罪犯的刑事责任,通过适用刑罚以恢复被扭曲的社会秩序,实现社会的正义。国民政府统治期间,力求在刑事审判的立法及司法的过程中维护司法公正,藉以稳定社会秩序。因此,南京国民政府时期的刑事审判制度,具有很重要的社会价值和历史意义。

---

① 〔德〕拉德布鲁赫:《法哲学》,王朴译,法律出版社2005年版,第4页。
② 卓泽渊:《法的价值论》,法律出版社1999年版,第2页。
③ 杜宝庆:《刑事审判价值论》,法律出版社2008年版,第15页。
④ 〔日〕棚濑孝雄:《纠纷的解决与审判制度》,王亚新等译,中国政法大学出版社1994年版,第1页。
⑤ 同上书,第30页。
⑥ 〔美〕彼得·斯坦等:《西方社会的法律价值》,中国人民大学出版社1989年,第38页。

从南京国民政府的《司法院组织法》《法院组织法》《刑事诉讼法》等基本法律来观察,平等地保护诉讼权利、追求司法公正、维护社会秩序是它们的共同价值目标。当然,有学者指出:"南京国民政府在对其司法制度进行总体价值定位时,过于片面追求司法秩序、司法效率,忽略了对司法公正的维护,忽略了对诉讼主体的权利保护,实际上没有建立起一个公正的、均衡的司法价值体系。"① 这种观点有失偏颇,至少从刑事审判的角度看它是不全面的。在现实生活当中,如一个人犯了罪受到法院的审判,从而使其受到应有的惩罚,这一刑事审判制度设计本身就是一种公正。因为审判权在本质上是一种判断权,它是对罪与非罪、此罪与彼罪、罪轻与罪重的判断。② 这种判断,让人们从实体及程序等方面体验到司法公正的内涵,南京国民政府时期的刑事审判制度自然没有偏离这一内涵价值。

国民政府刑事审判活动的实体及程序规范设计细密具体,可操作性强,自然体现了公正性。至于实务层面,依据当时的司法档案材料,可以肯定国民政府的司法机构对刑事案件的处理是尽职尽责的。国民政府时期的学者在研究刑事诉讼制度的时候,也对刑诉的实务有所关注,例如有一起1929年10月份发生刑事案件,侦查卷宗封面及依法处理的文件目录③如下,从这些详细的文件材料中,我们可以清晰地了解到当时的司法机构刑事审判工作的细致程度及执法力度,这种细致及力度使审判公正获得充分保障。

北平地方法院检察处侦查卷宗						
主办		案由				卷宗号数
检察官 孙正	书记官 李中	杀人未遂及强盗				民国十八年侦字第六四七〇号
开始月日	审限	处分月日	结果		被告	羁押月日及号数
民国十八年十月三十一日	民国十八年十一月十二日	民国十八年十一月九日	起诉		赵信 男犯	民国十八年十月三十一日押字第五八六四号
						保押与否
						未

---

① 张晋藩:《中国司法制度史》,人民法院出版社2004年版,第557页。
② 参见王少南:《审判学》,人民法院出版社2003年版,第27页。
③ 陈瑾昆、李良:《刑事诉讼实务》,北平朝阳大学1930年版,第165—260页。

告诉人起诉书送达证书	被告起诉书看守所送达覆函	证人金太讯问笔录	证人钱忠讯问笔录	证人钱忠金太传票送达证书	押票及执行回证	讯问被告笔录附扣押目录	被告陈述笔录附证物目录	司法警察逮捕报告笔录	司法警察官现场调查笔录	告诉笔录	司法警察官报告书	警署送案公函	文件目次
一七	一六	一五	一二	一一	一〇	九	七	六	五	三	二	一	页次
													备考

虽然国民政府时期的特别审判矛头主指共产党及进步人士,但是,通过刑事审判,追究犯罪,维护社会的秩序和安全则是整个国民政府刑事审判制度设计的宗旨,也是一个国家社会普遍的价值诉求。正如英国著名的法官丹宁勋爵所言:"倘若一个正直的人可以受到杀人犯或盗贼的侵害,那么他的人身自由就分文不值了。"①所以,查明案件的事实真相,公正地定罪量刑,恢复被犯罪所破坏的社会秩序是国民政府刑事审判不可忽视的义务和责任,更是刑事审判作为一项重要的维护国家和人民的制度的崇高价值追求。从国民政府司法院的工作报告中常见到这样的表述:"刑事诉讼,贵在蒐集证据,发见真实,以资定谳。"②也就是说,刑事审判,关键在于证据的收集,发现案件事实,作为定罪量刑的依据。只有收集到证据,发现了案件事实,再结合法律规定作出比较公正的裁判。

为了确保裁判的公正性,国民政府法律又设定了法庭审理过程中的公设辩护人制度,规定了第一次裁判后的救济措施,如覆判、上诉、抗告等,并且建立了多层次多渠道的监督机制。司法行政部要求:"各级法院关于刑事事件,发生疑问,呈请核实到部。如非属于解释法令范围,均随时解答,以利进行。若本部发现其不合者,亦随时指示改进。有一般性质者,并以通令行之。"③力争做到实体真实与正当法律程序的相互配合,做到惩罚犯罪与保护人权的有机统一。也只有确保裁判的公正性,才能维护社会秩序。可以说,适用刑罚来惩治和预防犯罪,维护社会秩序是刑事审判制度赖以存在的基础。

---

① 〔英〕丹宁勋爵:《法律的正当程序》,李克强等译,法律出版社 1999 年版,第 109 页。
② 中国第二历史档案馆藏:《司法院第二次工作报告》,全宗号七(2),案卷号 172。
③ 中国第二历史档案馆藏:《刑事司小组历次工作报告》,全宗号七,案卷号 9788。

(二) 治理犯罪,保障了国民政府的经济发展

治理犯罪,保障经济发展也是国民政府刑事法制的主要任务和宗旨。正如英国法学家边沁所言,刑事审判程序的价值标准必须与刑罚的一般理论结合起来分析。刑法的首要目的在于惩罚和抑制犯罪这一危害社会的行为,减少人类的痛苦,最大限度地增加大多数社会成员的幸福。① 前文已述,尽管当时的财政经济比较困难,但是司法机关仍积极工作,与破坏经济秩序的犯罪分子进行斗争,严厉制裁经济犯罪,惩治贪污腐败。根据研究,国民政府时期,犯罪比较严重,就影响经济发展的犯罪而言:

> 关于刑事者,经济犯罪案件比率特大,观于一国经济犯罪案件之多寡,可知其国民经济之荣枯,三五年度(1946年),经济犯罪案件竟占42%以上,此实吾国国民经济情况严重之象征。由于社会经济不景气,窃盗案件向居一切案件之首位,就三五年度而言,占全部刑事案件的17%;上海多方杂处,向为吾国内藏污纳垢之所,故掳人勒卖之风甚炽。三五年度,上海发生窃盗案件占全国的27.41%……②

一个国家或地区刑事犯罪的增长率与其经济发展之间的关系历来是犯罪学理论界研究、争论的课题。从国民政府1946年全国犯罪案件类型的统计分析史料里,我们不难判断,除了战争,南京国民政府严重的经济犯罪是阻滞当时经济发展的重要根源。人类物质资料的生产方式,是整个社会最根本的基础和社会发展的决定力量。犯罪行为和规定犯罪行为的法律及由此而派生的法律关系,都产生于相同的条件即一定历史阶段的社会生产关系。一般情况下,作为社会法律现象的犯罪属于社会上层建筑范畴,无疑要受到经济发展的影响和制约。尽管有学者认为,"犯罪是一种复杂的社会现象,它是各种社会矛盾激化的综合反映,由各国的政治、经济、法律、道德、文化、传统等多方面的因素所决定,决不可能表现为单一与经济发展水平相对应的线性关系。"③

"司法审判首先要考虑的事,就是要消灭犯罪和不法行为。"④因为犯罪

---

① Gerald. Postema, The Principle of Unility and Law of Procedure: Benthams Theory of Adjudication, in *Georgia Law Review*, Vol.11, 1393, 1977.
② 中国第二历史档案馆藏:《三五年度司法现象分析》,载《司法统计年刊》(三五年),第21页。全宗号七,案卷号2030。
③ 夏健祥:《我国毒品犯罪与经济发展关系初探(上)》,载《犯罪研究》1998年第5期。
④ 〔美〕小查尔斯·F.亨普希尔:《美国刑事诉讼——司法审判》(第1册),北京政法学院刑事诉讼法教研室1984年编印,第6页。

必然引起破坏和危害。为了治理国民政府危害社会的经济犯罪,必须建立和完善刑事审判制度,严厉打击和惩治经济犯罪行为。正因为如此,才唤起政府对刑事法律的重新修订,"几年以来,国难的严重,农村的破产,城市的不景气。无论在罪责上、刑度上,现行刑事法律实不足尽他社会防范的目的!急切需要对原有刑事法律进行必要调整。"①为适应更好地打击犯罪、促进经济发展的需要,国民政府一方面尽快完善刑事立法,一方面加强刑事司法,力争快速、公正地处理一些与经济犯罪有关的案件。

而且在治理犯罪的方法上,南京国民政府也较北洋政府有所进步,引进了"保安处分制度",相当于今天的"社区矫正制度",对那些处在犯罪边缘的特殊人群进行有效治理,即对于未满 14 岁而不罚者或减刑及赦免的少年犯施以感化教育;对于心神丧失而不罚或因精神耗弱、喑哑而减刑者施以监护;对于吸毒或酗酒而犯罪者,施以禁戒;对于有犯罪习惯或以犯罪为常业或游荡懒惰成习而犯罪者,责令入劳动场所强制工作;对犯传播性病罪者施以强制治疗;对判处缓刑、假释的犯罪人实行保护管束等等,通过教育、监护、禁戒、强制工作、强制治疗、保护管束等措施,预防高危人群中犯罪行为的发生,实现保护社会安全的目的。②将犯罪行为控制在萌芽状态,这也是减少治理犯罪成本的最佳措施和方法,在一定程度上保障了经济的发展。

简言之,治理犯罪是国民政府刑事审判的重要功能,只有有效地惩治犯罪,才能维护正常的经济秩序,进而促进政治社会的安定,保护国民的合法权益不受侵犯。否则,如果没有严格的刑事处罚制度,将导致犯罪猖獗,人民无法安居,社会难以安宁,国家经济难以为继。

(三) 刑事审判制度变革,为司法的现代化提供了前提

司法现代化是法制现代化的有机组成部分,或者说法律制度现代化是司法现代化的前提。南京国民政府时期,作为法律制度重要组成部分的刑事审判制度随着西学的深入而不断完善,刑事审判规范越来越细密,越来越具备现代化的特征,为司法的现代化提供了前提,而司法的现代化是审判制度的更高价值追求。

刑事审判是司法活动的重要组成部分,国民政府刑事审判制度的变革实际上是司法现代化的冰山一角,凸显了国民政府在司法改革及司法现代化方面的贡献。诚如张晋藩教授所言,"南京国民政府在 1928 年至 1935 年短短

---

① 俞承修:《刑法修正案的时代背景》,载《法令周刊》1935 年总第 235 期。
② 付春阳:《民国时期政体研究(1925—1947)》,法律出版社 2007 年版,第 171—172 页。

的 7 年时间,就基本确立了法律形式意义上的司法制度现代化。其实现司法制度现代化的方式主要是以理性建构为主,即通过立法来推进司法制度的现代化。"并且,"与清末、北洋政府时期相比较,南京国民政府实施的司法制度现代化具有整体性发展的特点。"① 从清末到南京国民政府时期,中国诉讼法制不断地吸收、融合西方诉讼法律文化,推动了近现代中国诉讼法制的成长和发展,刑事审判制度正是在这一现代化过程中发展起来的。

同时,这种司法的现代化进程与司法改革是相伴随的。客观地来看,"抗战以前,南京国民政府的司法改革力度大,起色快,按此趋势发展下去,司法改革循序渐进,成果定会更加丰硕。殊料抗战烽火燃起,政府疲于应付内忧外患,不少司法改革计划不得不因此停顿或迟缓,打乱了司法改革步伐。"② 尽管如此,但是它的影响是深远的,使得西方先进的司法理念和制度开始在中国植根,为我国司法的现代化奠定了坚实的基础。

具体到刑事审判制度内部,刑事诉讼的立法与司法充分保障涉讼公民的个人权利,严格限制司法权的运用。一定程度上,国民政府的刑事诉讼法尤其是 1935 年《刑事诉讼法》代表了南京国民政府刑事审判程序规范发展的最高水平。它贯彻了司法独立、审判公开等比较先进的司法原则,同时加强对犯罪嫌疑人的权利保障,强调审判公正与审判效率的统一,增加了预防犯罪的保安处分规定。这些制度的设计标准充分表明,南京国民政府在刑事审判制度方面的现代化水平,为刑事司法的现代化奠定了基础。

具体到刑事司法设施及司法队伍而言,南京国民政府设有专门的司法院统领中央各司法机关,不同性质的刑事案件由不同层级的司法机关进行处理,其建制也较为合理。在司法人员的培养方面,已基本走上正轨,司法官的考试已经完全正规化,律师的制度也更加严格,而且涌现了一批在国际上享有很高声誉的刑事法官和辩护律师。尽管在国民政府时期,财政经济比较困难,但是,司法院及司法行政部一直没有放松对司法设施的投入及司法队伍的培养。1941 年,国民政府将司法投入由地方财政改为中央财政拨付,以期推进司法改革及现代化,提高司法的地位和国际形象。

刑事诉讼是国家利益与公民个人利益冲突和协调的集中体现,标志着一国民主和人权保障的程度,同时刑事诉讼也是国家权力在诉讼中运行的典型代表,标志着一国诉讼法治化的程度。③ 在职权主义模式下,刑事审判是刑

---

① 张晋藩:《中国司法制度史》,人民法院出版社 2004 年版,第 558—559 页。
② 张仁善:《国民政府时期司法独立的理论创意、制度构建与实践障碍》,载《法律史学研究》2004 年第 1 期。
③ 卞建林:《刑事诉讼的现代化》,中国法制出版社 2003 年版,第 23 页。

事诉讼的最核心内容,一国诉讼法治化的程度是司法现代化的集中体现。国民政府对刑事审判的管理是极为严格的,对于一件刑事案件从侦查到覆判都有完整的管理过程的材料可以反映。例如,江苏高等法院第二分院民国三十六年度司法统计年报"刑事类"的目录内容①如下:

一、侦查案件报告表(1)(2)
二、检察官检举案件报告表(1)(2)
三、第一审刑事案件总报告表
四、刑事第一审公诉案件报告表
五、刑事第一审自诉案件报告表
六、刑事再审案件报告表
七、死刑徒刑拘役执行报告表
八、罚金执行报告表
九、刑事宣告缓刑人数报告表
十、刑事案件刑之减刑人数报告表
十一、刑事案件刑之加重人数报告表
十二、刑事案件免刑人数报告表
十三、第二审刑事案件总报告表
十四、刑事第二审公诉案件报告表(2)(4)
十五、刑事第二审自诉案件报告表(2)(4)
十六、刑事抗告案件报告表
十七、刑事覆判案件报告表

　　从上述"目录内容"足以看出当时的法院对刑事审判工作的重视程度及管理水平,也正由于细致的制度设计,使得南京国民政府统治时期是"中国法律文化真正迈出具有现代意义的步伐,开始与世界法律文化逐渐交融的重要时期"②。还有学者认为,"从纵向比较来看,自清末所开启的中国法制现代化,经北洋政府,到南京国民政府,客观地说,在中国法制史上,树立了法制现代化的里程碑。"③的确,南京国民政府为达到其政治统治目的及适应形势发展的需要,广泛吸取西方的优秀法律成果,制定并实施了一整套完整的法律体系,将中国法律的近代化推到了旧中国所能达到的最高水平,刑事审判

---

① 江苏淮安市档案馆:《江苏高等法院第二分院民国三十六年度统计年报"刑民事类"》,全宗号7,第477卷。
② 武树臣:《中国传统法律文化》,北京大学出版社1994年版,第598页。
③ 赵金康:《南京国民政府法制理论设计及其运作》,人民出版社2006年版,第356—357页。

制度的现代化只是其缩影而已。但是,这种法制现代化的思路值得后人参考。

三、南京国民政府时期刑事审判制度的不足

我们考察一个事物,绝对不能割断它的基本历史联系。南京国民政府时期的刑事审判制度,作为特定历史的产物,必然带有历史的局限性,在此做一简要分析。

(一)法律实施显露审判实践与审判理论的差距

上文已述,有法而不行,也是国民政府刑事审判活动的特点之一。南京国民政府时期法律较完备,但真正实施不多,这也是不争的史实。当时的"中国社会与法律之间存在着甚为遥远的距离",尤其"在乡村及带有地方性质之都会中,新法律远不如旧道德之深入人心,为一般人所重视,为大众所服从。"①因此,国民政府刑事审判制度的这些条款,并不意味着一定实行。例如,1935年国民政府《刑法》第125条规定:"有追诉或处罚犯罪职务之公务员,为下列行为之一者,处一年以上十年以下有期徒刑,"其中第2款:"意图取供而施强暴胁迫者"即属此范围,可以说,暴力取证属普遍现象。而同时期的《刑事诉讼法》第98条规定:"讯问被告,应以恳切之态度,不得用强暴、胁迫、利诱、诈欺、违法羁押或其他不正之方法,且与事实相符者,得为证据。"

对此,有学者指出,虽然从表面上看,南京国民政府反对刑讯的态度非常坚决,但由于当时军法混战,大量案件都以所谓"军法从事",中统、军统等特别组织在现实生活中大行刑迅逼供之道,尤其对广大共产党人、进步人士更是用刑残酷到了极点,可以说集中外古今封建法西斯手段之大成。② 台湾地区刑法学家蔡墩铭指出:"民国成立以还所颁行之刑法典,虽三易其内容,但所采者无非西洋之立法原则,殊少顾及中国文化之精神。……中国现行刑法之施行所以尚称顺利,实因吾国不时处于动乱年代,刑法之主要条文,悉为特别刑法越俎代庖,设一旦特别刑法废止,而西洋之道德观念未遍及于国人之间,则现行刑法不合中国社会之需要,显而易见。"③的确,国民政府刑事审判实践与司法理论相差甚巨。

另一方面,国民政府可以用刑事特别法来否定原有的刑事法律规定,也

---

① 赵金康:《南京国民政府法制理论设计及其运作》,人民出版社2006年版,第360页。
② 陈卫东:《中欧遏制酷刑比较研究》,北京大学出版社2008年版,第38页。
③ 蔡墩铭:《唐律与近世刑事立法之比较研究》,台北五洲出版社1968年版,第346页。

可以用判例司法解释来否定它。如在罪刑法定原则方面,"从立法上看,一面在宪法、刑法上规定罪刑法定原则,另一面又用刑事特别法否定罪刑法定原则;从司法上看,一面对普通刑事案件适用罪刑法定原则,另一面对特别刑事案件则不适用罪刑法定原则。"①国民政府的法庭、宪兵、特务,在对待政治犯、迫害共产党人与爱国民主人士时,从来就是按罪刑擅断、法外用刑、滥施重刑等封建法西斯的野蛮残酷的刑罚办事的。② 检察官公诉制度,往往坐误时机,难于发现真实,"中国警察,近年来甚多进步,但法律之理论与实务,终不若检察官训练有素,令其协助侦查犯罪自有其必要,惟若委以提起公诉之重责,尚非其时也。"③

当然,实际运行中,国民政府的司法制度存在着较多的缺陷。如司法系统不完善,很多县并没有设立地方法院,县长亲自兼理地方司法,司法权与行政权合二为一,这必然干扰了司法公正。④ "尽管实现法治是国民党的基本政治目标,国民政府的各项法律制度也较为完善,但实际上却难以依法而治。"⑤所以,在分析国民政府刑事诉讼原则时,我们要看到它虽采取了一些资产阶级的刑事诉讼的立法原则,如果只就其立法原则来看,有其合理之处;但是这些立法原则在国民政府的审判实务中,其运用极为有限,尤其是在所谓特种刑事实件的领域,则完全抛弃了这些原则。⑥ 究其深层次原因,国民政府时期的学者梅汝璈指出:

> 我们中国是一个政治落后,经济落后,教育落后的国家,这是毋庸讳言的。但是在法律方面,我们却又顶喜欢采纳世界上最时髦最进步的制度和条文。所以结果是那些制度和条文在实际上形同虚设,等于具文。即拿现行刑法而论,它有缓刑制度,它有假释制度,它有感化教育,它有监护制度。可是,在实际上,这些制度几乎等于虚设!这是稍微关心中国司法实况的人们都知道的。……我们虽不愿责备立法当局只务高远,不顾国情;但是我们却不能不希望司法和行政当局加倍努力。以期立法和司法行政能够渐渐地走到一根水平线上去。换句话说,我们希望条文上的法律制度和实际上的法律制度能够渐渐地趋于一致,不要彼

---

① 彭凤莲:《中国罪刑法定原则的百年变迁研究》,载韩玉胜:《刑法学博士论文精萃(2006届)》,中国检察出版社2007年版,第12页。
② 李光灿:《中国刑法通史》(第8分册),辽宁大学出版社1987年版,第251页。
③ 何勤华、姚建龙:《赵琛法学论著选》,中国政法大学出版社2006年版,第64页。
④ 张宪文等著:《中华民国史》(第2卷),南京大学出版社2006年版,第95页。
⑤ 黄小彤:《从军法到司法:20世纪三四十年代国民政府贪污案审理权的转移》,载《云南民族大学学报(哲社版)》2007年第2期。
⑥ 李光灿:《中国刑法通史》(第8分册),辽宁大学出版社1987年版,第309页。

此的距离相差太远。①

今天的学者认为,在一定意义上讲,中国现代法律制度从技术上是借鉴西方而来的,是仿造西方法律"硬件"的产品。然而,由于中国传统历史文化背景、政治、哲学等观念与这些法律的宗主国之间的异质,决定了中国人在操作这台"进口机器"过程中要经历着诸多痛苦的折磨并付出代价。其中最为突出的是,这种写在纸上的法律制度与人们实际的价值判断之间存在着很大的差距。② 进言之,传统法文化作为文化传统的一个重要组成部分,是经过长期积淀而形成的,自然具有顽强的生命力,它的排他性和同化力使得任何与其价值观念相异的外来文化都难以立足,能够立足的则被改造得接近或符合其价值观念而失却本来的性质,发挥不了应有的作用。诚如学者所言,中国社会的传统力量依然以巨大的惯性继续向前滑行。西方之林植根于中国土壤,往往结出畸形之果。统治者常常以自己的意志凌驾于法律之上,各级官吏也成了他们所辖范围的主宰。这种状况,已经形成了某种观念和意识,深入浸润于人们的心理之中,形成了一种顽固的因循。民国时期的司法界乃至整个社会,依然纠缠于这个痼疾,弄权玩法,屡见不鲜。③

所以,尽管我们在很大程度上引进了西方法律制度,但时至今日都还不完全具备适合这种法律制度实施的法文化,这就使这些法律制度在贯彻过程中注定要走样,失却其原有的功效。当然,不能因此而否定这场法制变革的历史功绩,认为中国法制变革失败的观点是不足取的。④ 正是这种传统的因素才导致审判实践与审判理论的差距。

(二) 审判的人力资源不充足,影响了审判质量

南京国民政府虽然规定了严格的司法官任职资格和考试选用程序,但是由于地方司法人才缺乏,在地方法院任职的推事、检察官、书记官,往往是不具备法律专业知识的人员。⑤ 虽然1935年《法院组织法》对推事等司法人员有严格的专业要求,但还是有很多法官没有进过法律院校学习,只是参加过短期培训就匆匆上岗。更有甚者,在"司法党化"的形势下,有些原无法官资

---

① 梅汝璈:《刑法修正案的八大要点述评》,载载何勤华、李秀清:《民国法学论文精萃》(第5卷),法律出版社2004年版,第40页。
② 左卫民、王凌:《中国刑事诉讼法制现代化历程论纲》,载《法律科学》1995年第1期。
③ 张庆军、孟国祥:《民国司法黑幕》,江苏古籍出版社1997年版,第1—2页。
④ 左卫民:《刑事程序问题研究》,中国政法大学出版社1999年版,第28—29页。
⑤ 张晋藩:《中国司法制度史》,人民法院出版社2004年版,第562页。

格的人,因系国民党党员,有国民党要人援引,一跃而成为高等法院院长。①从而给专业知识要求严格的刑事审判带来巨大的障碍。另一方面,法官人力缺乏,而刑事案件却有增无减,积案严重,于是法官工作量加大,使其没有充分的时间仔细处理所办案件,也在一定程度上影响了案件的审判质量。

提高审判效率,必须拥有足够的训练有素的法官、检察官和警察。国民政府的司法队伍状况使审判效率的提高永远成为理想。因为审判、检察等司法人员数量有限,不能保证所有的刑事案件都有司法人员去过问;而即使有司法人员去过问,但囿于专业知识的限制,不能迅速准确地处理其所经手的刑事案件。因为刑事案件大多比较复杂,要经过严格的侦查取证、逻辑推理等过程。作为审判官和检察官,必须要熟练地运用专业知识,具有丰富的办案经验方能胜任。否则,则容易办错案或冤案。据记载,1946 年南京国民政府监察院于右任院长曾收到一封控告皋兰县地方法院推事、书记官的检举信,经复查,所控告的案件确属推事错判。且该案件的错判不是因为推事、书记官徇私受贿,而是因为对法律知识的缺乏。经查证,整个皋兰县地方法院竟然没有一部《六法全书》文本,对任何案件的裁判都出自推事个人对法律的理解。司法官是专业人才,并且依法执行司法职务,为国民政府法院组织法所明文规定,但是在地方司法机关的实际运作过程中,由于司法人员缺乏、业务素质低下,加上经费紧张、设施简陋,致使立法院颁行的法律、司法院发布的司法解释难以被遵照执行。②

就检察官和警察力量而言,也是令人叹为观止。除了没有独立的机构以外,南京国民政府的检察官和警察力量也很薄弱。有资料反映,"检察官办案弛缓,绩效不彰,则因负额有限,经费不充,案件繁多,检警虽有联系,而因隶属不同,指挥不如理想,故检察效能,未能发挥尽致,故不能即谓检察官公诉制度之不合理也。"③其中主要原因是检警人手不够——司法资源有限,没有竞争机制,无法获得较大的收益,尽管制度合理,但是,没有人去执行,其效果肯定无法断定。

还有,"公设辩护人制度,其目的在扶助无资历之刑事被告,为一种公共辩护机关,我国《刑事诉讼法》,已采用此制,惟迄未贯行,虽依同法施行法规定,在未有公设辩护人以前,法院应指定律师或学习推事辩护,然自法院组织法施行后,学习推事早经停派,担任指定辩护者通常一律师充之。而律师因职

---

① 林明、马建红:《中国历史上的法律制度变迁与社会进步》,山东大学出版社 2004 年版,第 406 页。
② 参见张晋藩:《中国司法制度史》,人民法院出版社 2004 年版,第 562—563 页。
③ 何勤华、姚建龙:《赵琛法学论著选》,中国政法大学出版社 2006 年版,第 64 页。

业关系,对于指定案件,往往勉为出庭,未能尽辩护之职责,且未设律师公会之地,无资为之被告,更无从享有公设辩护人之利益,稽法衡情。"① 这里,同样因为从事司法辩护的律师人数很有限,他们的一般业务都忙不过来了,更何况那种没有收益的公设辩护人业务,虽然政府有补贴,也没有几个律师愿意去做,除非那些政治觉悟很高的律师。总之,国民政府时期人力资源的有限性,在客观上制约了刑事案件的审理质量。

(三) 审判程序过于繁琐,严重影响审判效率

通过诉讼渠道解决纠纷意味着司法资源的投入,如何以较少的投入取得最大的收益,是立法、司法机关和诉讼当事人乃至普通民众所共同关心的问题。南京国民政府时期,刑事审判同民事审判一样启用了多级程序。这种程序设定在解决刑事案件的同时,也与司法资源的不足、案件数量加大等形成了较大的反差和矛盾。有学者指出:案件的增多需要更便捷的诉讼制度,以有效率地恢复被破坏的社会秩序。人权的维护却需要更能体现司法公正与民主的诉讼制度,而这样的制度必然是司法成本高昂、耗时费力的。结果,臃肿的诉讼程序面对数量巨大的案件不堪重负。司法人员为实现解决纠纷的制度功能,不得不冲破制度所设定的藩篱。② 对于当事人来说,他们也常常对法院审判望而却步。最高法院收结案件,前后一般只相差半年,但当事人一经上诉,至少得等上一年多,才拿到判决书。每一个案子,仅审理就得花费6个月时间。

可以说,国民政府时期,无论是司法人员或是当事人都深感审判程序过于繁琐。从刑事审判程序可知,国民政府的刑事审判需要遵循刑事诉讼法的一系列程序规定。如上诉未叙明理由的,应在上诉后10内,补充提交理由书于原审法院;对方当事人接受载有上诉理由之上诉状,或补交理由书送达后,得于7日内提出答辩书于原审法院,如果是检察官作为对方当事人的,还应就上诉理由提出答辩书;答辩书应提出缮本,由原审法院的书记官送达于上诉人;原审法院在接受答辩书或提出答辩书之期间已满,将该案送交第三审法院之检察官;检察官接受卷证后,除无意见外,应于7日内添具意见书送交第三审法院。如此辗转递送,颇费周折,再加上交通不便等因素,往往第三审法院接受案卷,在上诉1年或几个月之后,1个案子的审结,动辄延迟许久,

---

① 中国第二历史档案馆藏:《司法院第二次工作报告》,全宗号七(2),案卷号172。
② 马明亮:《协商性司法——一种新程序主义理念》,法律出版社2007年版,第5页。

大多为中间程序所耽误。① 因此,南京国民政府时期,人们对审判过程提出意见:

> 办案粗疏,上诉过多。今日民习读张,一纸入官,辄至数番审级而犹晓晓为已,司法官办案之疏密,固不能以上诉件数多寡为标准,然要不可不以最终判决撤消或维持原判之多寡为考绩准绳。因实际上办事精细于听断者,所判之案,论事引律准确;不但提起上诉者较少,且纵令上诉,而经上级审撤消原判之件,亦必不多见,或十仅一二焉;若办案粗疏并欠缺听断之技术者,则反是。②

人类社会的任何制度设计都是有成本的,诉讼也不例外,作为一项以解决社会纠纷为宗旨的制度装置,国家为推动司法活动的进行需要投入大量的人力、物力和财力。由于资源本身的稀缺性,国家在一定时期内投入司法领域的社会资源总是有限的,这就要求任何理性化的司法程序在设计和运作上都必须具备一定的经济合理性,必须遵循成本最少而产出最大的效益规律。③ 诉讼效益是指在刑事诉讼程序中投入最小的司法资源,以最短的时间最有效的解决最多的刑事案件。审判效率集中体现在简易程序上。简易程序的确立,对于情节较轻或者被告人自愿供述有罪的案件采取相对于普通程序简洁明快的程序,以减少司法资源的不必要的流失。

由于审判程序过于繁琐,再加上国民政府时期司法资源的不足,严重影响审判效率。国民政府的一份《司法制度改革方案》里曾提到"改进法官之任用待遇及办案效率",具体内容是:

> 办案效率之改进,首当慎重法官之人选,如果员额较少,官俸较厚,固易遴选贤能,但因才任用人得当尤为紧要,现制法官之下所配置之书记官员额既少又多滥竽,以致法官办案往往无人辅助,动必躬亲,实为极不经济,兹宜多置书记官,并概由法官自行推荐,俾能实得辅助,以期法官节省无谓之劳力而增进办案之效率。④

(四) 一度放弃刑事司法管辖权,伤害了民众的感情

1943年10月,国民政府针对美国军人在华刑事犯罪的现象,特别制定

---

① 焦易堂:《最高法院刑事收案激增之探讨及其补救方案》,载新编《法律评论》1936年9月1日,第1卷第1号。
② 翁赞年:《培养司法元气论》,载《法律评论》1932年总第434期。
③ 谢佑平、万毅:《刑事诉讼法原则:程序正义的基石》,法律出版社2002年版,第396页。
④ 中国第二历史档案馆藏:《司法制度改革方案》,全宗号七,案卷号9322。

了《处理在华美军人员刑事案件条例》,其中第 2 条规定,美军人员在中国所犯刑事之案件,经美国政府军事当局声明愿归中国政府管辖,由中国法院裁判之。也即中国司法机关对美国军事人员没有强制性的管辖权,因此在中国犯罪的美国军人一般都由美国军方审理,他们有机会在美国军事当局获得从轻处理,这种司法上的放纵,使得在华美国军人无视中国的法律,据史料记载,1945 年 8 月至 1946 年 11 月期间,美国在华军人制造了 3800 余起刑事案件,对中国人民的利益造成了极大的伤害。① 另据天津国民党警察局档案统计,自 1945 年 10 月 1 日到 1947 年 9 月,驻扎天津的美国军人共实施重大车祸、故意杀人、抢劫、强奸、捣毁财物等犯罪案件 365 起,导致中国民众死亡、重伤达 2000 余人。美军没有任何责任人受到刑罚。② 表面上,如该《条例》第 2 条所规定的,"中华民国政府,为便利共同作战,并依互惠精神对于美军人员在中国境内所犯之刑事案件,归美军军事法庭及军事当局裁判,其处理依本条例之规定。"实际上,是南京国民政府想利用美国的力量和援助,对付自己的政治对手共产党,为此,不惜牺牲国家的司法管辖权和广大民众的切身利益。而以特种刑事法庭审理案件,采取合议制,判决不得上诉或抗告,这种制度是典型的法西斯审判方式,在很大程度上剥夺了公民的诉权,同样伤害了民众的感情。

(五) 司法腐败问题严重,败坏了国民政府的形象

尽管南京国民政府时期,刑事审判制度设计很完美,监督机制也比较到位,但仍有腐败现象发生,并且刑事审判是司法腐败的"重灾区"。对此,南京大学张仁善教授做过比较详细的研究,在他看来,"南京国民政府时期,司法界不良社会关系滋生出一系列司法腐败,旧时的'衙门八字朝南开,有理没钱莫进来'等谚语,仍适用于国民政府时期。"③此时的司法独立形同虚设,"鉴于中国社会当时腐败的现实,以及法官的自身素质,并不能使司法界成为一方净土。'司法独立'也成了镜花水月,纸上具文。权力、金钱、人际关系,各种有形无形之网羁绊、约束着执法官思想、意志的独立发挥而抹之不去。20 世纪 30 年代中期,广东某县法院承理的一桩杀人案即为一例。"④就刑事案件而言,"表面看来,审、控、辩诸方都各自按照法律程序,处理案件,其

---

① 张晋藩:《中国司法制度史》,人民法院出版社 2004 年版,第 556 页。
② 转引自:《沈崇案——谢泳和两篇文章略评》,http://ccga.pku.edu.cn/html/ziliao/20100322/2420.html。
③ 张仁善:《法律社会史的视野》,法律出版社 2007 年版,第 158 页。
④ 张庆军、孟国祥:《民国司法黑幕》,江苏古籍出版社 1997 年版,第 64 页。

实,私下交易从未停止过。法官想从案件中获得好处,又不便张口直接向当事人索贿时,最好的办法就是由律师出面办理,他们的要求可以经过律师之口向当事人转达,律师为了今后办案时增加胜数,多乐意配合。"①律师与法官勾结,使刑事审判腐败日渐凸显。

张仁善教授通过研究还发现:"南京国民政府时期,由于缺少实现司法公正的社会大环境,一系列司法改革提案未能尽付实施,整个国家政治生活中,司法腐败是受社会指责最多的对象之一,也是导致南京国民政府失去民心、社会失控的主要原因之一。""司法腐败与政治腐败如影随形,司法腐败源于政治腐败,加剧了政治腐败。"②

并且,南京国民政府后期,司法腐败的加深,使得民众对追求秩序、公平、正义的法律价值产生了怀疑,本该是社会公正象征的司法威信,在民众心目中一落千丈,悲观失望情绪在国民政府朝野弥漫,人们对当局宣传的各种消息惘然难信,国民政府后期,这种现象日渐严重。民国三十七年一月,国民党政府的案卷中自记:"查川沙县司法审判官戴冕,大肆囤结米粮,查获有案。顷悉该法官在职以来,滥用职权,拘押被告,责令交保.缴纳保证金,籍此费用营利……"③政府官员并没有因为国家困难,腐败行为就有所收敛,反而变本加厉地贪污受贿。④ 由此可见,南京国民政府时期的刑事审判实践中,腐败现象如影随形,严重干扰了正常的司法秩序,成为社会公害,造成了恶劣的社会影响,也严重破坏了国民政府的形象。

综上,审判评价不仅贯穿于审判活动过程,更多地发生在审判活动之后。南京国民政府时期,刑事审判立法及司法作为当时政府工作及社会生活的重要内容,无时无刻不引起人们的关注。由于特定历史条件的驱使,南京国民政府的刑事审判制度具有自己的特色。在某种程度上,它既顺应了世界近代刑事法律发展的趋势,也契合了本国社会政治经济文化的实际,具有一定的价值。当然,它也带有某些历史的局限性。历史是留给后人评说的,探讨南京国民政府的刑事审判制度的成就与不足,是个永无止尽的话题。

---

① 张仁善:《法律社会史的视野》,法律出版社 2007 年版,第 151 页。
② 张仁善:《司法腐败与社会失控》(1928—1949),社会科学文献出版社 2005 年版,第 6、419 页。
③ 桂波达:《民国时期的浦东审判机构》,载《上海档案》1997 年第 1 期。
④ 张仁善:《司法腐败与社会失控——以南京国民政府后期为个案的分析》,载《江苏社会科学》2003 年第 3 期。

参考文献

一、史料类

《大清新刑律》
《大清刑事诉讼律草案》
《法院编制法》
《立法院公报》
《大公报》
《中华民国史档案资料汇编》
《法令周刊》
《法律评论》
《法学杂志》
《中华民国史事纪要》
《胡汉民先生文集》
《中华民国立法史》
《国民政府政治制度档案史料选编》
《孙中山全集》
《刑事诉讼法问答》
《清续文献通考》
《司法行政部训令》
《司法院工作报告》
《司法制度改革方案》
《司法行政部办事细则》
《中国检察制度史资料汇编》
《上海地方法院工作报告》
《民国法规集成》
《特种刑事法规集解》
《民国史料丛刊》

二、著作类

《马克思恩格斯全集》(第1卷),人民出版社1995年版。

刘澄清:《中国刑事诉讼法精义》(上册),刘澄清律师事务所1948年版。
陈光中:《刑事诉讼法学五十年》,警官教育出版社1999年版。
陈光中:《刑事诉讼法学》,中国政法大学出版社1996年版。
陈光中:《中国刑事诉讼程序研究》,法律出版社1993年版。
陈光中:《外国诉讼程序比较研究》,法律出版社1988年版。
陈瑞华:《刑事审判原理论》,北京大学出版社1997年版。
陈瑞华:《刑事诉讼的前沿问题》,中国人民大学出版社2000年版。
孙华璞:《刑事审判学》,中国检察出版社1992年版。
熊先觉:《中国司法制度新论》,中国法制出版社1999年版。
宋世杰:《刑事审判制度研究》,中国法制出版社2005年版。
宋世杰:《中国刑事诉讼发展与现代化》,湖南人民出版社2002年版。
樊崇义、吕萍:《刑事诉讼法》,中国人民公安大学出版社2002年版。
李光灿:《中国刑法通史》(第8分册),辽宁大学出版社1987年版。
李春雷:《中国近代刑事诉讼制度变革研究(1895—1928)》,北京大学出版社2004年版。
张培田、张华:《近现代中国审判检察制度的演变》,中国政法大学出版社2004年版。
张晋藩:《中国民法通史》,福建人民出版社2003年版。
张晋藩:《中国司法制度史》,人民法院出版社2004年版。
公丕祥:《中国法制现代化进程》(上卷),中国人民公安大学出版社1991年版。
公丕祥:《法哲学与法制现代化》,南京师范大学出版社1998年版。
公丕祥:《东方法律文化的历史逻辑》,法律出版社2002年版。
公丕祥:《中国的法制现代化》,中国政法大学出版社2004年版。
郭成伟:《清末民初刑诉法典化研究》,中国人民公安大学出版社2006年版。
张国福:《中华民国法制简史》,北京大学出版社1986年版。
宁汉林、魏克家:《中国刑法简史》,中国检察出版社1997年版。
徐家力:《中华民国律师制度史》,中国政法大学出版社1998年版。
孔庆泰等:《国民政府政治制度史》,安徽教育出版社1998年版。
张宪文等:《中华民国史》(第2卷),南京大学出版社2006年版。
陈文兴:《司法公正与制度选择》,中国人民公安大学出版社2006年版。
何勤华、李秀清:《民国法学文萃》(第1卷),法律出版社2003年版。
何勤华、李秀清:《民国法学论文精萃》(第4卷),法律出版社2004年版。
何勤华、李秀清:《民国法学文萃》(第5卷),法律出版社2004年版。
杨鸿烈:《中国法律思想史》(下册),中国政法大学出版社2004年版。
王宠惠著、张仁善:《王宠惠法学文集》,法律出版社2008年版。
孙文恺:《社会学法学》,法律出版社2005年版。
张仁善:《司法腐败与社会失控(1928—1949)》,社会科学文献出版社2005年版。
张仁善:《法律社会史的视野》,法律出版社2007年版。
林明、马建红:《中国历史上的法律制度变迁与社会进步》,山东大学出版社2004年版。

黄宗智:《清代的法律、社会与文化:民法的表达与实践》,上海书店 2001 年版。

黄宗智:《法典、习俗与司法实践:清代与民国的比较》,上海书店 2003 年版。

周长军:《刑事裁量权论》,中国人民公安大学出版社 2006 年版。

陈璞生:《中国特别刑事法通论》,中华书局 1939 年版。

王少南:《审判学》,人民法院出版社 2003 年版。

徐晓光:《中国少数民族法制史》,贵州民族出版社 2002 年版。

张静如:《国民政府统治时期中国社会之变迁》,中国人民大学出版社 1993 年版。

费正清:《剑桥中华民国史(1912—1949)》(下卷),中国社会科学出版社 1998 年版。

朱汉国:《中华民国史》,四川人民出版社 2006 年版。

郑大华:《民国思想史论》,社会科学文献出版社 2006 年版。

余明侠:《中华民国法制史》,中国矿业大学出版社 1994 年版。

张建伟:《刑事司法体制原理》,中国人民公安大学出版社 2002 年版。

王　敏:《规范与价值:近代中国刑事法制的转型》,法律出版社 2008 年版。

董　皓:《司法解释论》,中国政法大学出版社 1999 年版。

华友根:《20 世纪中国十大法学名家》,上海社会科学院出版社 2006 年版。

田宏杰:《中国刑法现代化研究》,中国方正出版社 2001 年版。

陈兴良:《刑事司法研究——情节·判例·解释·裁量》,中国方正出版社 1996 年版。

叶孝信:《中国法制史》,北京大学出版社 1989 年版。

李交发:《中国诉讼法史》,中国检察出版社 2002 年版。

廖与人:《中华民国现行司法制度》(上、下),黎明文化事业公司 1982 年版。

周　健:《军事法史纲》,海潮出版社 1998 年版。

樊崇义、吕萍:《刑事诉讼法学》,中国人民公安大学出版社 2002 年版。

叶　青:《中国审判制度研究》,上海社会科学院出版社 2002 年版。

程维荣:《中国审判制度史》,上海教育出版社 2001 年版。

谢森等:《民刑事裁判大全》,卢静仪点校,北京大学出版社 2007 年版。

姚　莉:《反思与重构——中国法制现代化进程中的审判组织改革研究》,中国政法大学出版社 2005 年版。

汪海燕:《刑事诉讼模式的演变》,中国人民公安大学出版社 2004 年版。

王均安:《特种刑事法令集解》,朱鸿达校阅,世界书局 1932 年版。

徐静村:《刑事诉讼法学》,法律出版社 1999 年版。

夏　勤:《刑事诉讼法释疑》(第 6 版),任超、黄敏勘校,中国方正出版社 2005 年版。

夏　勤:《刑事诉讼法要论》,重庆商务印书馆 1944 年版。

陈朴生:《刑事证据法》,台湾三民书局 1970 年版。

江　伟:《证据法学》,法律出版社 1999 年版。

《马克思恩格斯全集》(第 1 卷),人民出版社 1956 年版。

隋光伟:《羁押法论》,吉林人民出版社 2006 年版。

章武生等著:《司法现代化与民事诉讼制度的建构》,法律出版社 2003 年版。
齐树洁:《民事程序法》,厦门大学出版社 2003 年版。
锁正杰:《刑事程序的法哲学原理》,中国人民公安大学出版社 2002 年版。
诺内特、塞尔兹尼克:《转变中的法律与社会》,张志铭译,中国政法大学出版社 1994 年版。
张仲麟:《刑事诉讼法新论》,中国人民大学出版社 1993 年版。
王德玲:《民事检察监督制度研究》,中国法制出版社 2006 年版。
樊崇义、吕萍:《刑事诉讼法学》,中国人民公安大学出版社 2002 年版。
陈卫东:《自诉案件审判程序论》,中国政法大学出版社 1989 年版。
陈卫东:《刑事特别程序的实践与探讨》,人民法院出版社 1992 年版。
陈卫东:《中欧遏制酷刑比较研究》,北京大学出版社 2008 年版。
李建明:《刑事司法改革研究》,中国检察出版社 2003 年版。
李建明:《冤假错案》,法律出版社 1991 年版。
王蔚章:《现行民刑诉讼程序辑要》,中华印书局 1933 年版。
赵晓华:《晚清诉讼制度的社会考察》,中国人民大学出版社 2001 年版。
郭　卫:《刑事诉讼法论》,上海法学编译社 1946 年版。
江海飙:《新刑事诉讼法精义》,中华书局 1936 年版。
陈璞生:《中国特别刑诉法通论》,中华书局 1939 年版。
马贵翔:《刑事简易程序概念的展开》,中国检察出版社 2006 年版。
许兰亭:《刑事一审程序理论与实务》,中国人民公安大学出版社 2002 年版。
蔡道通:《刑事法治的基本立场》,北京大学出版社 2008 年版。
陈瑾昆:《刑法总则讲义》,吴允锋勘校,中国方正出版社 2004 年版。
甄贞等:《法律监督原论》,法律出版社 2007 年版。
王立民:《法律思想与法律制度》,中国政法大学出版社 2001 年版。
钱端升:《民国政制史》(上册),上海书店 1939 版。
国民政府监察院:《监察制度史要》,中华书局 1933 年版。
周继中:《中国行政监察》,江西人民出版社 1989 年版。
陈旭麓:《近代中国社会的新陈代谢》,上海人民出版社 1992 年版。
萨孟武:《中国宪法新论》,台湾三民书局 1993 年版。
刘　方:《检察制度史纲要》,法律出版社 2007 年版。
伦朝平:《刑事诉讼监督论》,法律出版社 2007 年版。
田湘波:《中国国民党党政体制剖析》,湖南人民出版社 2006 年版。
韩秀桃:《司法独立与近代中国》,清华大学出版社 2003 年版。
曾宪义:《检察制度史略》,中国检察出版社 1992 年版。
陈兴良:《刑事司法研究——情节·判例·解释·裁量》,中国方正出版社 1996 年版。
张兆松:《刑事司法公正的制度选择》,法律出版社 2008 年版。

付春杨:《民国时期政体研究》(1925—1947年),法律出版社2007年版。

蒋立山:《法律现代化——中国法治道路问题研究》,中国法制出版社2006年版。

林明、马建红:《中国历史上的法律制度变迁与社会进步》,山东大学出版社2004年版。

赵金康:《南京国民政府法制理论设计及其运作》,人民出版社2006年版。

卓泽渊:《法的价值论》,法律出版社1999年版。

杜宝庆:《刑事审判价值论》,法律出版社2008年版。

武树臣:《中国传统法律文化》,北京大学出版社1994年版。

彭凤莲:《中国罪刑法定原则的百年变迁研究》,中国人民公安大学出版社2007年版。

何勤华、姚建龙:《赵琛法学论著选》,中国政法大学出版社2006年版。

马明亮:《协商性司法——一种新程序主义理念》,法律出版社2007年版。

谢佑平、万毅:《刑事诉讼法原则:程序正义的基石》,法律出版社2002年版。

〔美〕本杰明·卡多佐:《司法过程的性质》,商务印书馆1998年版。

〔美〕小查尔斯·F.亨普希尔:《美国刑事诉讼》,北京政法学院1984年印制。

〔美〕彼得·斯坦等:《西方社会的法律价值》,中国人民大学出版社1989年。

〔美〕勒斯克:《美国民事诉讼》,张茂译,法律出版社1997年版。

〔美〕约翰·亨利·梅利曼:《大陆法系》,顾培东、禄正平译,法律出版社2004年版。

〔美〕费正清:《剑桥中华民国史》,孟庆龙等译,中国社会科学出版社1998年版。

〔英〕丹宁勋爵:《法律的正当程序》,李克强等译,法律出版社1999年版。

〔英〕罗 素:《西方哲学史》(上卷),何兆武译,商务印书馆1982年版。

〔法〕孟德斯鸠:《论法的精神》,张雁深译,商务印书馆1976年版。

〔德〕约阿希姆·赫尔曼:《德国刑事诉讼法典》,李昌珂译,中国政法大学出版社1995年版。

〔德〕马克斯·韦伯:《新教伦理与资本主义精神》,彭强、黄晓京译,陕西师范大学出版社2002年版。

〔荷〕冯 客:《近代中国的犯罪、惩罚与监狱》,徐有威等译,江苏人民出版社2008年版。

〔日〕棚濑孝雄:《纠纷的解决与审判制度》,王亚新等译,中国政法大学出版社1994年版。

〔日〕大谷实:《刑法讲义总论》,日本成文堂1986年版。

〔日〕谷口安平:《程序的正义与诉讼》,王亚新、刘荣军译,中国政法大学1996年版。

〔日〕田口守一:《刑事诉讼法》,刘迪等译,法律出版社1999年版。

〔意〕贝卡利亚:《论犯罪与刑罚》,黄风译,中国大百科出版社1993年版。

〔韩〕裴京汉:《从韩国看中华民国史》,社会科学文献出版社2004年版。

Roscoce Pound. Criminal Justice in America. New Jersy: Transaction Publishers, 1998.

Gerald. Postema, The Principle of Unility and Law of Procedure: Benthams Theory of

Adjudication, in *Georgia Law Review*, Vol. 11, 1393, 1977.

Cordon C. Barclay, The Criminal Justice System in England and Wales, 1995.

D. Luban, *Lawyers and Justice: An Ethical Study*, Princeton: Princeton University Press, 1998.

Mirjan R. Damaska, *Adversary System*. Sanford Kadished, *Encyclopedia of Crime and Justice*, New York: The Free Press, 1983.

Paul Roberts and Adrian Zuckerman, *Criminal Evidence*, Oxford University Press, 2004.

三、论文类

陈瑞华：二十世纪中国之刑事诉讼法学，载《中外法学》1997年第6期。

何勤华：《中国近代刑事诉讼法学的诞生与成长》，载《政法论坛》2004年第1期。

梁治平：《中国法的过去、现在与未来：一个文化的检讨》，载《比较法研究》1987年第2期。

张仁善：《论中国近代法律精英的法治理想》，载《河南省政法管理干部学院学报》2006年第1期。

张仁善：《司法腐败与社会失控——以南京国民政府后期为个案的分析》，载《江苏社会科学》2003年第3期。

张仁善：《国民政府时期司法独立的理论创意、制度构建与实践障碍》，载《法律史学研究》2004年第1期。

左卫民、王凌：《中国刑事诉讼法制现代化历程论纲》，载《法律科学》1995年第1期。

谢冬慧：《民事审判的法理基础——以南京国民政府为例》，载《台湾法研究》2008年第4期。

孙长永：《审判中心主义及其对刑事程序的影响》，载《现代法学》1999年第4期。

陈瑞华：《刑事审判程序价值论》（上），载《政法论坛》1995年第5期。

倪　铁：《中国侦查学的近代化探源》，载《犯罪研究》2007年第4期。

聂　鑫：《民国司法院：近代最高司法机关的新范式》，载《中国社会科学》2007年第6期。

朱庆跃：《传统文化中的民众监督思想及其现实启示》，载《中共山西省委党校省直分校学报》2007年第1期。

徐　矛：《居正与法院——国民政府五院制度撷述》，载《民国春秋》1994年第6期。

黄小彤：《从军法到司法：20世纪三四十年代国民政府贪污案审理权的转移》，载《云南民族大学学报》（哲学社会科学）2007年第2期。

张明、陈峰：《宋代军事审判管辖问题考论》，载《人文杂志》2007年第5期。

吴观雄：《不告不理的现实价值》，载《法制日报》2002年10月21日。

郑牧民：《论中国古代的管辖制度》，载《长沙航空职业技术学院学报》2007年第4期。

赵永红：《中国古代诉讼回避制度》，载《中央政法管理干部学院学报》2000年第

5 期。

〔英〕乔纳森·科恩:《证明的自由》,何家弘译,载《外国法译评》1997 年第 3 期。

石经海:《我国羁押制度的法文化考察》,载《法律科学》2008 年第 3 期。

季卫东:《程序比较论》,载《比较法研究》1993 年第 1 期。

李家莉:《汉奸的由来》,载《文史月刊》2009 年第 1 期。

张慧、杨瑞:《刑事特别程序探析》,载《兰州学刊》2004 年第 3 期。

周生春、朱丹:《论台湾监察院的过去、现在和将来》,载《浙江大学学报》1994 年第 3 期。

郭宝平:《民国监察体制述论》,载《政治学研究》1989 年第 6 期。

何一民:《简论民国时期城市行政民主化与法制化的发展趋势》,载《西南民族学院学报(社科版)》2003 年第 1 期。

周少元:《二十世纪中国法制变革与法律移植》,载《中外法学》1999 年第 2 期。

夏健祥:《我国毒品犯罪与经济发展关系初探》(上),载《犯罪研究》1998 年第 5 期。

后　　记

本课题的研究计划还要追溯到 2006 年下半年我的博士毕业论文选题的时候，受恩师公丕祥教授的点拨，我力求对当下研究相对比较薄弱的民国后期南京国民政府时期的审判制度做一点关注工作。当时，我的博士论文选题为《南京国民政府时期民事审判制度研究》，而根据案件的性质，审判制度分为三类：即民事审判、刑事审判及行政审判，于是，在我的脑海里萌生了将南京国民政府时期三大审判制度分别做一点考证和分析工作的想法，并且列入了自己的学术规划之中。

此后，我在搜集博士论文资料的过程中，就开始关注与本课题有关的资料及相关信息，2008 年上半年，我的博士论文《南京国民政府时期民事审判制度研究》草成，且顺利地通过了毕业答辩。紧接着我辞去了原来的工作，到中国人民大学法学院开始了博士后研究工作。博士后期间，我除了完成合作导师安排的任务——"法律与全球化"研究之外，主要精力用在了本课题的资料收集及研究方面。从 2009 年 7 月到 2010 年 7 月，完成了本课题大部分的写作任务。紧接着，我拿着这个尚未完成的成果申报了 2010 年下半年的国家社科基金后期资助，也如愿以偿，庆幸自己的努力终于有了收获。

于是，我按照立项评审意见的要求，逐一修改完善本课题成果，并将其作为自己 2011 年科研工作的重心。除了完成教学任务之外，我几乎将所有的课余时间都花在了本课题的写作及修改上。尽管常常感到力不从心，或者思考时的困惑不堪。但是，最终还是有了这点收获——书稿草成，在看到这一成果的时候，更多的感受是快乐。当然，在享受快乐的同时，我更多的是想到在我的背后默默地支持我的老师、领导、朋友及家人，是他们的鼓励和关心，才成就了本课题的顺利进行。

首先，本课题研究在申报国家社科基金的过程中，曾得到我的博士导师公丕祥教授与同为博士生导师的南京师范大学法学院李建明与蔡道通两位教授的极力推荐，在此，我要向他们表达最诚挚的崇敬和感激之情。这里，我还要特别感谢全国社科基金的大力支持，充足的经费是提高科研质量及学术水平的重要保障，对此，本人在研究及写作过程中有了切身的体会。

其次,我要特别感谢南京审计学院法学院的程乃胜院长、齐兴利书记、刘爱龙副院长、胡智强副院长等领导以及法学院的全体同仁,他们在工作安排上给了我极大的帮助和照顾,在精神上给予我极大的支持和鼓励,使我能够全身心地投入本书的写作和修改工作,在此一并致谢。

再次,我要特别感谢我的家人:年逾七十的老父亲和老婆婆,一个生活在乡下老家,一个生活在另一座城市,他们为了不影响我的工作,默默地在家操持家务,照顾孩子;我的先生胡继桃,尽管他业务繁忙,但是对我的工作,他从无怨言,多年来总是坚定地支持着我,做我的坚强后盾;还有我那特别懂事的儿子胡正天,更令我欣慰,我长期在外学习,现在又在另一座城市工作,很少和他在一起,关心他也非常有限,为此,我常常感到内疚和自责。但是,他总是很理解地安慰我:妈妈,您放心,我会自己照顾好自己的。儿子的宽慰,让我更加感到自己努力做好工作的这份责任。

最后,还要特别感谢北京大学出版社的大力支持。我将努力工作,以求回报恩情。也只有通过努力,取得优异的成绩,才能回报一切支持和关心我的同仁们。

2012 年 4 月于南京莫愁临时寓所